전국수협

최신기출유형 + 모의고사 5회 + 무료NCS특강

SD에듀
(주)시대고시기획

2024 최신판 SD에듀 전국수협 인적성검사
최신기출유형 + 모의고사 5회 + 무료NCS특강

Always with you

사람의 인연은 길에서 우연하게 만나거나 함께 살아가는 것만을 의미하지는 않습니다.
책을 펴내는 출판사와 그 책을 읽는 독자의 만남도 소중한 인연입니다.
SD에듀는 항상 독자의 마음을 헤아리기 위해 노력하고 있습니다. 늘 독자와 함께하겠습니다.

머리말

전국수협은 투명하고 깨끗한 세상을 만들기 위한 윤리경영에 앞장서고 있으며, 어업인과 수산물 가공업자의 경제 · 사회 · 문화적 지위의 향상과 어업 및 수산물가공업의 경쟁력 강화를 통하여 국민경제 및 수산업, 어촌 발전에 기여해온 수산인의 협동조합이다.

전국수협은 수산인 104만 명, 전국 91개 조합, 어촌계 2,029개소로 조합되어 있으며, 제주지역에도 7개가 위치해 있다. 전국수협 채용은 서류, 필기, 면접 세 가지 전형으로 진행된다.

이에 SD에듀에서는 전국수협 인적성검사를 준비하는 수험생들이 시험에 효과적으로 대비할 수 있도록 다음과 같은 특징을 가진 본서를 출간하게 되었다.

도서의 특징

❶ 2023년 기출복원문제를 수록하여 최근 출제경향을 한눈에 파악할 수 있도록 하였다.

❷ 적성검사 출제영역별 출제유형분석과 실전예제를 수록하여 체계적인 학습이 가능하도록 하였다.

❸ 최종점검 모의고사 2회와 OMR 답안카드를 제공하여 실전처럼 연습할 수 있도록 하였다.

❹ 인성검사와 전국수협 실제 면접 기출 문제를 수록하여 한 권으로 채용 전반에 대비할 수 있도록 하였다.

끝으로 본서를 통해 전국수협 인적성검사를 준비하는 여러분 모두에게 합격의 기쁨이 있기를 진심으로 기원한다.

SDC(Sidae Data Center) 씀

○ 비전

어업인이 부자되는 어부(漁富)의 세상

어업인 권익 강화

살기 좋은 희망찬 어촌

지속가능한 수산환경 조성

중앙회·조합·어촌 상생발전

○ 윤리경영

투명하고 깨끗한 세상! 수협이 앞장선다.

윤리경영을 통한 세계화

철저한 윤리경영의 실천 및 확산

윤리경영시스템의 운영 및 사회공헌

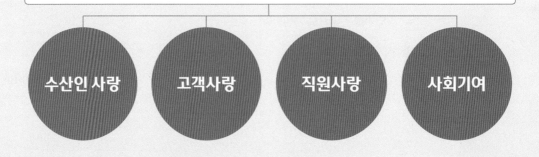

수산인 사랑   고객사랑   직원사랑   사회기여

⟳ 심벌마크

수협 심벌마크는 수협운동을 상징적으로 대변하는 조형으로써 CI(Corporate Identity) 디자인 시스템의 가장 중요한 요소이며 모든 시각 커뮤니케이션 활동의 핵심이 된다.

수협 심벌마크의 외곽타원은 어민의 삶의 터전인 푸른 바다, 맑은 물을 상징하며 4마리의 물고기 도형은 어민과 어민, 수협과 어민, 수협과 정부 사이의 상호협동을 의미한다.

물고기와 파도문양의 합성으로 형성되는 활기찬 역동감은 수협운동을 통한 진취적인 선진국가로의 발전을 추구하는 수협의 기상을 뜻한다.

⟳ 인재상

협동 + 소통
Cooperation

▶ 협동과 소통으로 시너지를 창출하는 수협인
- 동료와 팀워크를 발휘하여 조직의 목표 달성에 기여하는 사람
- 다양한 배경과 생각을 가진 사람들과 의견을 조율하여 문제를 해결하는 사람

창의 + 혁신
Creativity

▶ 창의와 혁신으로 미래에 도전하는 수협인
- 번뜩이는 생각과 새로운 시각으로 변화하는 시대에 앞서 나가는 사람
- 유연한 자세로 변화를 추구하며 새로운 분야를 개척하는 사람

친절 + 배려
Consideration

▶ 친절과 배려로 어업인과 고객에 봉사하는 수협인
- 고객을 섬기는 따뜻한 가슴으로 고객 행복에 앞장서는 사람
- 상대방의 입장에서 생각하고 행동하는 너그러운 마음을 품은 사람

신입행원 채용 안내 INFORMATION

⟳ 응시자격

학력	• 제한 없음[단, 졸업예정자는 24년 2월 예정자에 한해 지원 가능하나 면접일 이후 근무 가능한 자여야 함(근무 불가능시 합격 취소될 수 있음)] ※ 졸업예정자 자격으로 지원하였으나 24년 2월까지 졸업이 불가한 경우 합격 취소
연령	• 제한 없음(단, 마감일 현재 우리 조합 정년 이상인 자 제외)
기타	• 우리 조합 인사규정상 채용결격사유에 해당하지 않는 자 • 우리 조합 업무 관련 자격증 소지자 우대 • 취업지원대상자, 장애인은 관련법령에 의해 가점 등 부여

⟳ 채용절차

| 지원서 접수 | 필기고시 | 면접전형 | 최종합격 | 임용 |

서류전형 채용 홈페이지(shinsa.incruit.com)를 통한 온라인 지원서 접수

필기고시 필기고시 고득점자 순으로 채용예정인원의 수협별 배수 내외 선발

구분	내용
일반관리계	• 필수과목(30%) : 인 · 적성검사 • 선택과목(70%) : 민법(친족, 상속편 제외), 회계학(원가관리회계, 세무회계 제외), 경영학(회계학 제외), 수협법(시행령, 시행규칙 포함), 상업경제 중 택 1
기술기능계	• 필수과목(100%) : 인 · 적성검사

※ 인성검사 성적은 제외하나, '부적합'의 경우 불합격 처리

면접전형 인성면접, 실무면접 등 채용 홈페이지 추후 공고

최종합격 면접점수 고득점자 순으로 선발자 중 신체검사 합격자에 한하여 임용

임용 선발자 중 최종 합격자에 한하여 임용

⟳ 채용일정

채용공고	접수기간	서류발표	필기고시	필기발표
2023.09.11	2023.09.11 ~ 09.25	2023.10.06	2023.10.14	2023.10.20
2022.09.16	2022.09.16 ~ 09.30	2022.10.07	2022.10.23	2022.10.28
2021.10.19	2021.10.19 ~ 11.02	2021.11.16	2021.11.20	2021.11.24
2021.05.04	2021.05.04 ~ 05.18	2021.05.27	2021.05.29	2021.06.02
2020.12.30	2020.12.30 ~ 01.13	2021.01.21	2021.01.23	2021.01.27

⟳ 필기고시

구분	문항 수		시간
인성검사	252문항		30분
적성검사	언어력	50문항	60분
	수리력		
	분석력		
	지각력		

※ 상기 필기전형 방식 및 시간, 구성은 2023년 하반기 채용공고를 기준으로 합니다.
※ 채용 직무별 선택과목이 상이하므로, 반드시 해당되는 채용공고를 확인하기 바랍니다.

⟳ 출제경향

언어력	• 지문의 길이가 긴 편이다. • 수협은행 상품 · 문학 · 철학 · 과학 등 다양한 분야의 지문이 출제된다. • 주제 · 제목 찾기, 나열하기, 내용일치, 빈칸추론 등 다양한 유형이 골고루 출제된다.
수리력	• 방정식을 활용하는 응용수리 문제의 출제비중이 낮다. • 복잡한 수치로 구성된 도표 자료나 그래프 등을 분석하고 계산하는 자료해석 유형과 금리 계산 문제의 출제비중이 높다.
분석력	• 전형적인 참 · 거짓, 명제 추론 문제부터 조건에 따른 시간 · 장소 추리와 같은 문제처리 유형이 출제된다.
지각력	• 제시되지 않은 문자 찾기 · 문자의 개수 찾기 · 표와 비교하는 응용사무지각 문제들이 출제된다.

❖ 자세한 채용절차는 직무별 채용방침에 따라 변경될 수 있으니 반드시 채용공고를 확인하기 바랍니다.

주요 금융권 적중 문제 TEST CHECK

언어력 ▶ 내용일치

14 다음 글을 읽고 이해한 내용으로 적절하지 않은 것은?

> 2008년 서브프라임 모기지(Sub-prime Mortgage)로 인해 미국의 은행이 위기를 맞이하면서 금융
> 위기가 전 세계로 확산되었고, 미국은 양적완화를 통해 경제를 회복하려 했다. 최근 미국의 GDP
> 성장률이 오르고 실업률 수준이 낮아지자 미국은 현재 출구전략을 추진 중에 있다. 그렇다면 여기서
> 양적완화와 출구전략은 무엇일까?
> 양적완화는 중앙은행이 정부의 국채나 다른 금융 자산 등을 매입하여 시장에 직접 유동성을 공급하
> 는 정책을 말한다. 이는 중앙은행이 기준금리를 조절하여 간접적으로 유동성을 조절하던 기존 방식
> 과 달리, 시장에 직접적으로 통화를 공급하여 시장의 통화량 자체를 늘림으로써 침체된 경기를 회복
> 하고 경기를 부양시키려는 통화 정책이다.
> 간접적으로 통화량을 늘리는 기존의 방식으로는 금리 인하, 재할인율 인하, 지급준비율 인하 등의
> 방법이 있다. 재할인율 인하는 중앙은행이 시중은행에 빌려주는 자금의 금리를 낮춰 유동성을 조절

수리력 ▶ 자료해석

25 다음은 지방자치단체 여성 공무원 현황에 대한 자료이다. 다음 중 적절하지 않은 것은?

〈지방자치단체 여성 공무원 현황〉

(단위 : 명, %)

구분	2017년	2018년	2019년	2020년	2021년	2022년
전체 공무원	266,176	272,584	275,484	275,231	278,303	279,636
여성 공무원	70,568	75,608	78,855	80,666	82,178	83,282
여성 공무원 비율	26.5	27.7	(가)	29.3	29.5	29.8

① 2017년 이후 여성 공무원 수는 꾸준히 증가하고 있다.

② (가)에 들어갈 비율은 35% 이상이다.

③ 2022년도에 남성 공무원이 차지하는 비율은 70% 이상이다.

④ 2022년 여성 공무원의 비율은 2017년과 비교했을 때, 3.3%p 증가했다.

분석력 ▶ 명제

32 제시된 명제가 모두 참일 때, 빈칸에 들어갈 명제로 가장 적절한 것은?

> 전제1. 모든 사람은 권리능력을 가지고 있다.
> 전제2. _____
> 결론. 모든 사람은 소유권을 행사할 수 있다.

① 권리 능력을 가지고 있으면, 소유권을 행사할 수 없다.

② 권리 능력을 가지고 있으면, 사람이 아니다.

③ 소유권을 행사할 수 없으면, 권리 능력을 가질 수 있다.

④ 권리를 가지고 있으면, 소유권을 행사할 수 있다.

IBK기업은행

의사소통능력 ▶ 내용일치

01 다음은 개인정보보호 세칙의 일부 내용이다. 다음을 이해한 내용으로 적절하지 않은 것은?

〈개인정보보호 세칙〉

제11조(동의를 받는 방법)
① 개인정보책임자가 개인정보의 처리에 대하여 정보주체의 동의를 받을 때에는 정보주체의 동의 없이 처리할 수 있는 개인정보와 정보주체의 동의가 필요한 개인정보를 구분하여야 하며, 정보 주체의 동의는 동의가 필요한 개인정보에 한한다. 이 경우 동의 없이 처리할 수 있는 개인정보라 는 입증책임은 개인정보책임자가 부담한다.
② 개인정보책임자는 다음 각 호의 어느 하나에 해당하는 경우에는 정보주체에게 법 제15조 제2항 각 호 또는 법 제17조 제2항 각 호 또는 법 제18조 제3항 각 호의 사항을 알리고 각각 별도의 동의를 받아야 한다.
　1. 개인정보를 수집·이용하고자 하는 경우로서 법 제15조 제1항 제2호부터 제6호까지에 해당

문제해결능력 ▶ 문제처리

05 I은행에서는 새로운 지점의 고객 유치를 위해 다음 〈조건〉과 같은 금융상품을 개발하였다. 해당 지점에서 고객이 개설할 수 있는 금융상품의 경우의 수는 몇 가지인가?(단, 동시에 여러 개 금융상 품이 결합된 경우 별도의 경우의 수로 고려한다)

조건
• 금융 상품은 1번부터 10번까지 있다.
• 예금 상품은 1 ~ 3번, 적금 상품은 4번, 5번이다.
• 예금 또는 적금 상품 1 ~ 5번 내에서 중복해서 개설할 수 없고, 하나만 가입 가능하다.
• 투자 상품은 6, 7번, 카드 상품은 8번, 기타 상품은 9, 10번이다.
• 예금 또는 적금 상품을 개설할 경우에만 투자 상품이나 기타 상품을 개설할 수 있다.
• 카드 상품은 예금 상품을 개설해야 만들 수 있다.
• 투기를 막기 위해 각 고객은 투자 상품 또는 기타 상품을 최대 1개까지만 개설할 수 있다.

수리능력 ▶ 자료추론

15 I사는 현재 모든 사원과 연봉 협상을 하는 중이다. 연봉은 전년도 성과지표에 따라서 결정되고 직원들의 성과지표가 다음과 같을 때, 가장 많은 연봉을 받을 직원은 누구인가?

〈성과지표별 가중치〉

(단위 : 원)

성과지표	수익 실적	업무 태도	영어 실력	동료 평가	발전 가능성
가중치	3,000,000	2,000,000	1,000,000	1,500,000	1,000,000

〈사원별 성과지표 결과〉

구분	수익 실적	업무 태도	영어 실력	동료 평가	발전 가능성
A사원	3	3	4	4	4
B사원	3	3	3	4	4
C사원	5	2	2	3	2
D사원	3	3	2	2	5

※ (당해 연도 연봉)=3,000,000원+(성과금)

주요 금융권 적중 문제 TEST CHECK

NH농협은행 6급

2023년 적중

의사소통능력 ▶ 주제·제목찾기

14 다음은 NH농협은행의 홈페이지에 게시된 윤리경영을 주제로 자주 묻는 질문에 대한 답변들을 정리한 것이다. 다음 빈칸 (A) ~ (D)에 들어갈 질문에 해당되지 않는 것은?

> NH농협은행 윤리경영에 대해 궁금해 하시는 사항을 알려드립니다.
>
> 질문 : _____ (A) _____
> 답변 : 정직과 신뢰를 바탕으로 공정하고 투명한 윤리경영을 통하여 기업가치 증대와 건전한 금융산업 발전에 이바지하고, 기업의 사회적 책임을 다함으로써 농업인의 경제·사회·문화적 지위 향상과 농업경쟁력 강화를 통한 농업인의 삶의 질 향상과 국민경제의 균형발전에 이바지한다는 농협의 설립목적을 달성하는 데 궁극적 가치가 있습니다.
>
> 질문 : _____ (B) _____
> 답변 : 윤리헌장은 기업이 추구하는 가치와 목표를 제시하는 내용을 담고 있습니다. 또한 기업의 이해관계자에 대한 책임과 의무를 규정하며 '우리는 누구이며, 무엇을 하며, 무엇을 위하여

2023년 적중

수리능력 ▶ 금융상품 활용

01 N은행에서 근무하는 A사원은 고객 甲에게 적금 만기를 통보하고자 한다. 甲의 가입 상품 정보가 다음과 같을 때, A사원이 甲에게 안내할 금액은?

> • 상품명 : N은행 희망적금
> • 가입자 : 甲(본인)
> • 가입기간 : 24개월
> • 가입금액 : 매월 200,000원 납입
> • 적용금리 : 연 2.0%
> • 저축방법 : 정기적립식
> • 이자지급방식 : 만기일시지급, 단리식

① 4,225,000원 ② 4,500,000원

2023년 적중

문제해결능력 ▶ 문제처리

02 같은 해에 입사한 동기 A, B, C, D, E는 모두 N은행 소속으로, 서로 다른 부서에서 일하고 있다. 이들이 근무하는 부서와 해당 부서의 성과급은 다음과 같다. 부서배치에 관한 조건 및 휴가에 관한 조건을 참고했을 때 다음 중 항상 옳은 것은?

〈부서별 성과급〉

비서실	영업부	인사부	총무부	홍보부
60만 원	20만 원	40만 원	60만 원	60만 원

※ 각 사원은 모두 각 부서의 성과급을 동일하게 받는다.

〈부서배치 조건〉

• A는 성과급이 평균보다 적은 부서에서 일한다.
• B와 D의 성과급을 더하면 나머지 세 명의 성과급 합과 같다.
• C의 성과급은 총무부보다는 적지만 A보다는 많이 받는다.

KB국민은행

의사소통능력 ▶ 내용일치

Hard

01 다음은 K은행의 송금과 관련된 내용이다. 자료의 내용을 바르게 이해한 것은?

구분		영업시간	영업시간 외
송금 종류		소액 송금, 증빙서류 미제출 송금, 해외유학생 송금, 해외체재자 송금, 외국인 또는 비거주자 급여 송금	
송금 가능 통화		USD, JPY, GBP, CAD, CHF, HKD, SEK, AUD, DKK, NOK, SAR, KWD, BHD, AED, SGD, NZD, THB, EUR	
송금 가능 시간		03:00 ~ 23:00(단, 외화계좌출금은 영업시간 09:10 ~ 23:00에 가능)	
인출 계좌		원화 또는 외화 인터넷뱅킹 등록계좌	
환율 우대		매매마진율의 30%	환율 우대 없음
	소액 송금	건당 미화 3,000불 상당액 이하	
	증빙서류 미제출 송금	1일 미화 5만 불 상당액 이하, 연간 미화 5만 불 상당액 이하	

수리능력 ▶ 금융상품 활용

25 은행 출장을 간 A사원과 B팀장은 은행 직원의 추천으로 각각 다른 상품에 가입하였다. 다음 〈정보〉를 고려할 때, A사원과 B팀장 중 만기 시 받는 세전 총 이자금액은 누가 얼마나 더 많이 받는가? (단, 백 원 단위에서 반올림한다)

〈정보〉

• A사원
 - 5개월 만기 연이율 12% 월복리 적금상품 가입
 - 매월 초 10만 원 납입
• B팀장
 - 1년 만기 연이율 2% 단리 예금상품 가입
 - 원금 200만 원

---

① A사원, 15,000원   ② A사원, 25,000원

③ B팀장, 10,000원   ④ B팀장, 25,000원

문제해결능력 ▶ 참·거짓

17 일남 ~ 오남 5형제가 둘러앉아 마피아 게임을 하고 있다. 이 중 1명은 경찰, 1명은 마피아이고, 나머지는 시민이다. 다음 5명의 진술 중 2명의 진술이 거짓일 때 옳은 것을 고르면?(단, 모든 사람은 진실 또는 거짓만 말한다)

• 일남 : 저는 시민입니다.
• 이남 : 저는 경찰이고, 오남이는 마피아예요.
• 삼남 : 일남이는 마피아예요.
• 사남 : 확실한 건 저는 경찰은 아니에요.
• 오남 : 사남이는 시민이 아니고, 저는 경찰이 아니에요.

---

① 일남이가 마피아, 삼남이가 경찰이다.

③ 오남이가 마피아, 이남이가 경찰이다.

도서 200% 활용하기 STRUCTURES

1 2023년 기출복원문제로 출제경향 파악

2023 기출복원문제

※ 정답 및 해설은 기출복원문제 바로 뒤 p.014에 있습니다.

01 언어력

01 다음 문단을 논리적 순서대로 바르게 나열한 것은?

(가) 논리 실증주의자와 포퍼는 지식을 수학 지식이나 논리학 지식처럼 경험과 무관한 것과 과학적 지식처럼 경험에 의존하는 것으로 구분한다. 그 과학적 지식은 과학적 방법에 의해 누적된다고 주장하며, 가설이 과학적 지식의 후보가 된다고 보았다.

(나) 하지만 콰인은 가설만 가지고서 예측을 논리적 발견된 금속 M은 열을 받으면 팽창한다는 가설만 예측을 이끌어낼 수 없다. 먼저 지금까지 관찰한 지식과 M에 열을 가했다는 조건 등이 필요하다는

(다) 그들을 가설로부터 논리적으로 도출된 예측을 관찰지 판단함으로써 그 가설을 시험하는 과학적 방법을 경우에, 포퍼는 예측이 틀리지 않는 한, 그 예측을 된다고 주장한다.

(라) 이렇게 예측은 가설, 기존의 지식, 여러 조건 등을 다. 그러므로 예측이 거짓으로 밝혀지면 정확히 무는 것이다. 이로부터 콰인은 개별 가설뿐만 아니라는 전체 지식이 경험을 통한 시험의 대상이 된다

① (가) - (다) - (나) - (라) ② (
③ (나) - (다) - (라) - (가) ④ (

04 S사의 친목회에서 임원진(회장, 부회장, 총무)을 새롭게 선출하려고 한다. 친목회 전체 인원이 17명일 때, 회장, 부회장, 총무를 각 1명씩 뽑는 총 경우의 수는?(단, 작년에 임원진이었던 3명은 연임하지 못한다)

① 1,360가지 ② 2,184가지
③ 2,730가지 ④ 4,080가지

05 다음은 예식장 사업 형태에 대한 자료이다. 이에 대한 설명으로 옳지 않은 것은?

〈예식장 사업 형태〉

(단위 : 개, 백만 원, m²)

구분	개인경영	회사법인	회사 이외의 법인	비법인 단체	합계
사업체 수	1,160	44	91	9	1,304
매출	238,789	43,099	10,128	791	292,807
비용	124,446	26,610	5,542	431	157,029
면적	1,253,791	155,379	54,665	3,534	1,467,369

※ {수익률(%)} = $\left\{\dfrac{(매출)}{(비용)}-1\right\} \times 100$

① 예식장 사업은 대부분 개인경영 형태로 이루어지고 있다.
② 사업체당 매출액이 평균적으로 가장 큰 예식장 사업 형태는 회사법인 예식장이다.
③ 예식장 사업은 매출액의 약 50% 정도가 수익이 되는 사업이다.
④ 수익률이 가장 높은 예식장 사업 형태는 회사법인 형태이다.

▶ 2023년 10월 14일에 시행된 전국수협 필기고시의 기출복원문제를 수록하였다.
▶ 전국수협 인적성검사의 최근 출제경향을 파악할 수 있도록 하였다.

SD에듀

2 출제유형분석 & 실전예제로 영역별 체계적 학습

출제유형분석

01 주제 · 제목찾기

│유형분석│

- 글의 목적이나 핵심 주장을 정확하게 구분할 수 있는지 평가한다.
- 문단별 주제·화제, 글쓴이의 주장·생각, 표제와 부제 등 다양한 유형으로 출제될 수 있다.

다음 글의 제목으로 가장 적절한 것은?

감시용으로만 사용되는 CCTV가 최근에 개발된 신기술과 융합되면서 그 용도가 점차 확대되고 있다. 대표적인 것이 인공지능(AI)과의 융합이다. CCTV가 지능을 가지게 되...해 행위를 판단할 수 있게 된다. 단순히 사람의 눈을 대신하면 C...하고 있는 셈이다.

인공지능을 장착한 CCTV는 범죄현장에서 이상 행동을 하는 사람...을 예측해 통합관제센터로 통보할 수 있다. 또 수상한 사람의...수행하고, 차량번호 및 사람 얼굴 등을 인식해 관련 정보를 분...한국전자통신연구원(ETRI)에서는 CCTV 등의 영상 데이터를 활...에 예측하는 영상분석 기술을 연구 중인 것으로 알려져 있다. 인...재해를 예측하는 데 사용될 수도 있다. 장마철이나 국지성 집중...하는 것은 물론 산이나 도로 등의 붕괴 예측 등 다양한 분야에...

① AI와 융합한 CCTV의 진화
② 범죄를 예측하는 CCTV
③ 당신을 관찰한다, CCTV의 폐해
④ CCTV와 AI의 현재와 미래

정답 ①

제시문은 CCTV가 인공지능(AI)과 융합되면 기대할 수 있는 효과(범인 추...융합한 CCTV의 진화가 적절하다.

유형풀이 Tip

- 글의 중심이 되는 내용은 주로 글의 맨 앞이나 맨 뒤에 위치한다. 따라...
- 첫 문단과 마지막 문단에서 실마리가 잡히지 않은 경우 그 문단을 뒷받침하...나간다.

출제유형분석 01 실전예제

01 다음 글의 주장으로 가장 적절한 것은?

옛날 태학에서는 사람들에게 풍악을 가르쳤기 때문에 명칭을 '성균관(成均館)'이라 하였다. 그러나 지금 태학에서는 풍악을 익히지 않으니 이 이름을 쓰는 것은 맞지 않고 '국자감'으로 바꾸는 것이 옳다. 국자(國子)란 원래 왕실의 적자(嫡者)와 공경대부의 적자인데, 지금 태학에는 국자만 다니는 것이 아니기에 명칭과 실상이 서로 어긋나지만 국자감이 그래도 본래 의미에 가깝다.

옛날에 사람을 가르치는 법은 원래 두 길이었다. 국자는 태학에서 가르쳤는데 대사악(大司樂)이 주관했고, 서민은 향학에서 가르쳤는데 대사도(大司徒)가 주관하였다. 순 임금이 "기여, 너에게 악(樂)을 맡도록 명하노니 주자(冑子)를 가르치되 온화하게 하라."했으니, 이것은 태학에서 국자를 가르친 것이다. 순 임금이 "설이여, 백성들이 서로 친근하지 않는구나. 너를 사도(司徒)로 삼으니, 공경하게 오교(五敎)를 펼쳐라."했으니, 이것은 향학에서 서민을 가르친 것이다. 『주례』에 대사악이 육덕(六德)으로 국자를 가르쳤는데 이것도 순 임금이 기에게 명하던 그 법이고, 대사도가 향삼물(鄕三物)로 만민을 가르쳤는데 이것도 순 임금이 설에게 명하던 그 법이었다. 오늘날은 국자가 어떤 인물인지, 성균이 어떤 의미인지 알지 못하여, 서민의 자식이 국자로 자칭하고, 광대의 노래를 성균에 해당시키니 어찌 잘못된 것이 아니겠는가?

왕제(王制)는 한(漢)나라의 법이다. 왕제가 시행된 이래로 국자와 서민이 함께 태학에 들어가게 되었다. 그 제도가 2천 년이나 내려왔으니, 옛 제도는 회복할 수 없게 되었다. 비록 그렇지만 국자를 가르치던 법을 없어지게 해서는 안 된다. 우리나라 제도에 종학(宗學)이 있어 종실 자제를 교육했었는데, 지금은 혁파되었다. 태학은 종실 자제를 교육하던 곳인데 까닭 없이 서민에게 양보하고 따로 학교를 세워 종학이라 한 것도 잘못된 일인데 지금은 그것마저 혁파되었으니 개탄할 일이 아닌가? 지금 태학의 명륜당은 종학으로 만들어 종실의 자제 및 공경의 적자가 다니게 하고, 비천당은 백성들이 다니는 학교로 만들어 별도로 운영하는 것이 합당할 것이다.

① 종실 자제 위주의 독립된 교육은 잘못된 일이다.
② 성균관에서 풍악을 가르치던 전통을 회복해야 한다.
③ 향학의 설립을 통해 백성에 대한 교육을 강화해야 한다.
④ 왕제보다는 『주례』의 교육 전통을 따르는 것이 바람직하다.

PART 1

▶ '언어력 · 수리력 · 분석력 · 지각력'의 출제유형분석과 실전예제를 수록하였다.
▶ 출제영역별 유형분석과 유형풀이 Tip을 통해 체계적인 학습이 가능하도록 하였다.

도서 200% 활용하기 STRUCTURES

3 최종점검 모의고사로 실전 연습

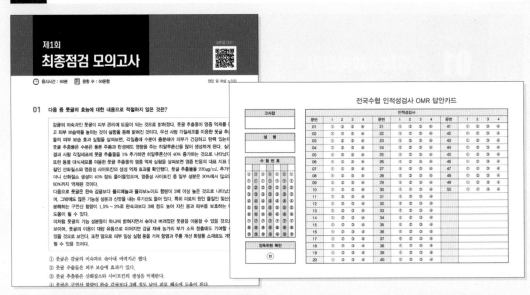

▶ 실제 시험과 유사하게 구성된 최종점검 모의고사 2회를 통해 최종 마무리를 할 수 있도록 하였다.
▶ OMR 답안카드를 제공하여 실제 시험에 응시하는 것처럼 연습할 수 있다.

4 인성검사부터 면접까지 한 권으로 대비

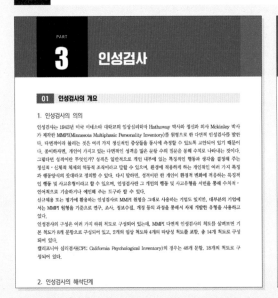

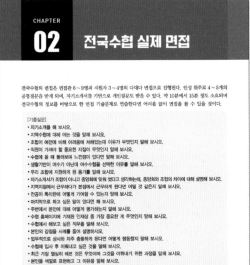

▶ 인성검사 모의연습을 통해 필기고시에서 시행되는 인성검사를 대비할 수 있도록 하였다.
▶ 면접 기출 질문을 통해 실제 면접에서 나오는 질문을 미리 파악하고 연습할 수 있도록 하였다.

5 Easy & Hard로 난이도별 시간 분배 연습

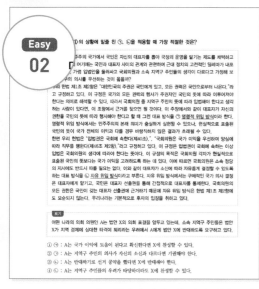

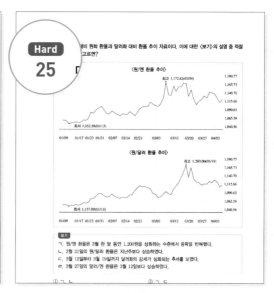

▶ Easy&Hard 표시로 문제별 난이도에 따라 시간을 적절하게 분배하여 풀이하는 연습이 가능하도록 하였다.

6 정답 및 오답분석으로 완벽 마무리

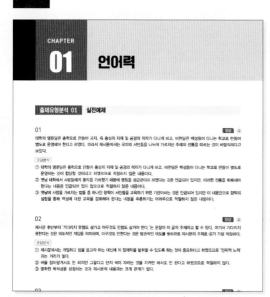

▶ 정답에 대한 상세한 해설과 문제별 오답분석을 수록하여 혼자서도 완벽하게 학습을 마무리할 수 있도록 하였다.

이 책의 차례 CONTENTS

Add+

2023년
기출복원문제

※ 정답 및 해설은 기출복원문제 바로 뒤 p.014에 있습니다.

01 언어력

01 다음 문단을 논리적 순서대로 바르게 나열한 것은?

> (가) 논리 실증주의자와 포퍼는 지식을 수학 지식이나 논리학 지식처럼 경험과 무관한 것과 과학적 지식처럼 경험에 의존하는 것으로 구분한다. 그 과학적 지식은 과학적 방법에 의해 누적된다고 주장하며, 가설이 과학적 지식의 후보가 된다고 보았다.
>
> (나) 하지만 콰인은 가설만 가지고서 예측을 논리적으로 도출할 수 없다고 본다. 예를 들어 새로 발견된 금속 M은 열을 받으면 팽창한다는 가설만 가지고는 열을 받은 M이 팽창할 것이라는 예측을 이끌어낼 수 없다. 먼저 지금까지 관찰한 모든 금속은 열을 받으면 팽창한다는 기존의 지식과 M에 열을 가했다는 조건 등이 필요하다는 것이다.
>
> (다) 그들은 가설로부터 논리적으로 도출된 예측을 관찰이나 실험 등의 경험을 통해 맞는지 틀리는지 판단함으로써 그 가설을 시험하는 과학적 방법을 제시한다. 논리 실증주의자는 예측이 맞을 경우에, 포퍼는 예측이 틀리지 않는 한, 그 예측을 도출한 가설이 하나씩 새로운 지식으로 추가된다고 주장한다.
>
> (라) 이렇게 예측은 가설, 기존의 지식, 여러 조건 등을 모두 합쳐야만 논리적으로 도출된다는 것이다. 그러므로 예측이 거짓으로 밝혀지면 정확히 무엇 때문에 예측에 실패한 것인지 알 수 없다는 것이다. 이로부터 콰인은 개별 가설뿐만 아니라 기존의 지식과 여러 조건 등을 모두 포함하는 전체 지식이 경험을 통한 시험의 대상이 된다는 총체주의를 제안한다.

① (가) - (다) - (나) - (라)　　　　② (가) - (라) - (나) - (다)

③ (나) - (다) - (라) - (가)　　　　④ (나) - (라) - (다) - (가)

02 다음 글을 읽고 핀테크에 대해 이해한 내용으로 적절하지 않은 것은?

스마트폰을 사용할 줄 알면 은행에 갈 일이 없다. 은행에 가도 은행원이 해주는 건 스마트폰이 해줄 수 있는 일이다. 즉, 스마트폰이 은행원의 일을 한다. 송금도 다 스마트폰으로 하며, 심지어 쉽다. 예를 들어, 핀테크 간편 송금 앱을 사용하면 1개의 비밀번호로 3단계만 거쳐도 송금 완료. 이전의 송금 절차에는 평균적으로 5개의 암호와 약 37회의 클릭이 필요했지만 이제 다 사라졌다. 이게 핀테크다. 핀테크(FinTech)란 금융(Finance)과 기술(Technology)의 합성어로, 금융과 IT의 결합을 통한 금융서비스를 의미한다.

핀테크의 가장 강력한 장점은 지급과 결제의 간편성으로 볼 수 있다. 그냥 앱을 열고 기기에 갖다 대기만 하면 된다. 스마트폰에 저장된 신용카드나 계좌정보가 NFC 결제 기기와 자연스럽게 반응하여 처리된다. 송금 서비스는 더 쉽다. 공동인증서가 당신에게 선사했던 절망의 시간을 떠올려 보라. 핀테크의 물결 속에서 보수적이었던 금융권 역시 오픈 뱅킹으로 속속 전환하고 있다. 외환 송금 또한 무리 없다. 심지어 수수료도 절감할 수 있다. 여기에 우리나라 핀테크의 꽃이라고 할 수 있는 인터넷 전문은행도 있다. 가입부터 개설까지 10분도 걸리지 않는다. 100년 후에 지갑이라는 물건은 조선 시대 상투처럼 사라질지도 모른다.

핀테크는 리스크 관리 수준 또한 끌어올리고 있다. 과거의 경우 통장을 만들기 위해서는 은행 창구 방문이 필수였다. 신분증을 내밀고 본인 확인을 거쳐야만 했다. 지금은 어떤가? 비대면 실명 인증이라는 기술이 금융을 만나 핀테크로 완성되었다. 더 이상 은행에 가지 않아도 된다. 인터넷 전문은행 또한 비대면 실명 인증을 통해 실현된 핀테크다. 물론 여전히 보안 문제가 걱정이긴 하다. 개인정보를 캐내는 해킹 수법도 날이 갈수록 발전하고 있다. 하지만 핀테크는 기존의 방식을 넘어 발전하고 있다. 이미 스마트폰에는 지문 인식, 안면 인식을 통한 본인 인증 기술이 쓰이고 있다. 조만간 핀테크는 간편성을 넘어 보이스피싱과 같은 금융 범죄를 근본적으로 방지하는 형태로 발전할 것이다.

다음으로 핀테크는 이상적인 금융 플랫폼을 실현하고 있다. 과거에는 수수료를 당연하게 여기던 때가 있었다. 마치 문자 하나에 50원의 가격을 매기는 것처럼 말이다. 어떤 거래에 있어 은행이나 금융기관의 매개 비용은 당연한 대가였다. 이제 핀테크는 그 당연함을 지웠다. 또한 핀테크는 온라인 플랫폼을 통해 새로운 형태의 대출을 만들어냈다. 바로 P2P(Peer to Peer)대출이다. P2P대출은 공급자(투자)와 수요자(대출)가 금융기관의 개입 없이도 직접 자금을 주고받을 수 있게끔 만들었다. 크라우드 펀딩도 하나의 핀테크다. 크라우드 펀딩은 사업자 등이 익명의 다수(Crowd)로부터 SNS를 통해 후원을 받거나 특정 목적으로 인터넷과 같은 플랫폼을 통해 자금을 모으는 투자 방식이다. 실험적이고 번뜩이는 아이템을 가졌지만, 수익성을 이유로 투자받지 못했던 창업가에게는 기적 같은 통로가 생긴 것이다.

① 핀테크를 활용한 P2P대출은 금융기관의 개입을 통한 투자와 대출을 가능하게 한다.
② 핀테크는 비대면 실명 인증을 가능하게 하여, 고객들은 은행에 가지 않아도 된다.
③ 핀테크는 수수료 절감을 통해 이상적인 금융 플랫폼을 실현하고 있다.
④ 핀테크의 크라우드 펀딩은 자금력이 부족한 창업자들에게 기회가 될 수 있다.

03 다음 글의 제목으로 가장 적절한 것은?

일반적으로 소비자들은 합리적인 경제 행위를 추구하기 때문에 최소 비용으로 최대 효과를 얻으려 한다는 것이 소비의 기본 원칙이다. 그들은 '보이지 않는 손'이라고 일컬어지는 시장 원리 아래에서 생산자와 만난다. 그러나 이러한 일차적 의미의 합리적 소비가 언제나 유효한 것은 아니다. 생산보다는 소비가 화두가 된 소비 자본주의 시대에 소비는 단순히 필요한 재화, 그리고 경제학적으로 유리한 재화를 구매하는 행위에 머물지 않는다. 최대 효과 자체에 정서적이고 사회 심리학적인 요인이 개입하면서, 이제 소비는 개인이 세계와 만나는 다분히 심리적인 방법이 되어버린 것이다. 곧 인간의 기본적인 생존 욕구를 충족시켜 주는 합리적 소비 수준에 머물지 않고, 자신을 표현하는 상징적 행위가 된 것이다. 이처럼 오늘날의 소비문화는 물질적 소비 차원이 아닌 심리적 소비 형태를 띠게 된다.

소비 자본주의의 화두는 과소비가 아니라 '과시 소비'로 넘어간 것이다. 과시 소비의 중심에는 신분의 논리가 있다. 신분의 논리는 유용성의 논리, 나아가 시장의 논리로 설명되지 않는 것들을 설명해 준다. 혈통으로 이어지던 폐쇄적 계층 사회는 소비 행위에 대해 계급에 근거한 제한을 부여했다. 먼 옛날 부족 사회에서 수장들만이 걸칠 수 있었던 장신구에서부터, 제아무리 권문세가의 정승이라도 아흔아홉 칸을 넘을 수 없던 집이 좋은 예이다. 권력을 가진 자는 힘을 통해 자기의 취향을 주위 사람들과 분리시킴으로써 경외감을 강요하고, 그렇게 자기 취향을 과시함으로써 잠재적 경쟁자들을 통제한 것이다.

가시적 신분 제도가 사라진 현대 사회에서도 이러한 신분의 논리는 여전히 유효하다. 이제 개인은 소비를 통해 자신의 물질적 부를 표현함으로써 신분을 과시하려 한다.

① '보이지 않는 손'에 의한 합리적 소비의 필요성
② 소득을 고려하지 않은 무분별한 과소비의 폐해
③ 계층별 소비 규제의 필요성
④ 소비가 곧 신분이 되는 과시 소비의 원리

04 다음 글을 읽고 추론한 내용으로 가장 적절한 것은?

> 휴대전화를 새 것으로 바꾸기 위해 대리점에 간 소비자가 있다. 대리점에 가면서 휴대전화 가격으로 30만 원을 예상했다. 그런데 마음에 드는 것을 선택하니 가격이 25만 원이라고 하였다. 소비자는 흔쾌히 구입을 결정했다. 그러면서 뜻밖의 이익이 생겼음에 좋아할지도 모른다. 처음 예상했던 휴대전화의 가격과 실제 지불한 액의 차이, 즉 5만 원의 이익을 얻었다고 보는 것이다. 경제학에서는 이것을 '소비자 잉여(消費者剩餘)'라고 부른다. 어떤 상품에 대해 소비자가 최대한 지불해도 좋다고 생각하는 가격에서 실제로 지불한 가격을 뺀 차액이 소비자 잉여인 셈이다. 결국 같은 가격으로 상품을 구입하면 할수록 소비자 잉여는 커질 수밖에 없다.
>
> 휴대전화를 구입하고 나니, 대리점 직원은 휴대전화의 요금제를 바꾸라고 권유했다. 현재 이용하고 있는 휴대전화 서비스보다 기본요금이 조금 더 비싼 대신 분당 이용료가 싼 요금제로 바꾸는 것이 더 이익이라는 설명도 덧붙였다. 소비자는 지금까지 휴대전화의 요금이 기본 요금과 분당 이용료로 나누어져 있는 것을 당연하게 생각해 왔다. 그런데 곰곰이 생각해 보니, 이건 정말 특이한 가격 체계였다. 다른 제품이나 서비스는 보통 한 번만 값을 지불하면 되는데, 왜 휴대전화 요금은 기본요금과 분당 이용료의 이원 체제로 이루어져 있는 것일까?
>
> 휴대전화 회사는 기본요금과 분당 이용료의 이원 체제 전략, 즉 '이부가격제(二部價格制)'를 채택하고 있다. 이부가격제는 소비자가 어떤 상품을 사려고 할 때, 우선적으로 그 권리에 상응하는 가치를 값으로 지불하고, 실제 상품을 구입할 때 그 사용량에 비례하여 또 값을 지불해야 하는 체제를 말한다. 이부가격제를 적용하면 휴대전화 회사는 소비자의 통화량과 관계없이 기본 이윤을 확보할 수 있다.
>
> 이부가격제를 적용하는 또 다른 예로 놀이 공원을 들 수 있다. 이전에는 놀이 공원에 갈 때 저렴한 입장료를 지불했고, 놀이 기구를 이용할 때마다 표를 구입했다. 그렇기 때문에 놀이 기구를 골라서 이용하여 사용료를 절약할 수 있었고, 구경만 하고 사용료를 지불하지 않는 것도 가능했다. 그러나 요즘의 놀이 공원은 입장료를 이전보다 엄청나게 비싸게 책정하고 놀이기구의 사용료를 상대적으로 낮게 책정했다. 게다가 '빅3'니 '빅5'니 하는 티켓을 만들어 놀이 기구 이용자로 하여금 가격의 부담이 적은 것처럼 느끼게 만들었다. 결국 놀이 공원의 가격 전략은 사용료를 낮추고 입장료를 높게 받는 이부가격제로 굳어지고 있는 것이다.
>
> 여기서 놀이 공원의 입장료는 상품을 살 수 있는 권리를 얻기 위해 지불해야 하는 금액에 해당한다. 그리고 입장료를 내고 들어간 사람들이 놀이 기구를 이용할 때마다 내는 요금은 상품의 가격에 해당하는 부분이다. 우리가 모르는 가운데 기업의 이윤 극대화를 위한 모색은 계속되고 있다.

① 놀이 공원의 '빅3'나 '빅5' 등의 티켓은 이용자를 위한 가격제이다.
② 이부가격제는 이윤 극대화를 위해 기업이 채택할 수 있는 가격 제도이다.
③ 소비자 잉여의 크기는 구입한 상품에 대한 소비자의 만족감과 반비례한다.
④ 휴대전화 요금제는 기본요금과 분당 이용료가 비쌀수록 소비자에게 유리하다.

05 다음 글에 대한 내용으로 적절하지 않은 것은?

블록체인이 무엇일까. 일반적으로 블록체인은 '분산화된 거래장부' 방식의 시스템으로 거래 정보를 개인 간 거래(P2P) 네트워크에 분산해 장부에 기록하고 참가자가 그 장부를 공동관리함으로써 중앙 집중형 거래 기록보관 방식보다 보안성이 높은 시스템이라고 정의한다. 보통 사람들은 모든 사용자가 동일한 장부를 보유하고 거래가 일어나면 한쪽에서 고친 내용이 네트워크를 타고 전체에 전파된다는 사실까지는 쉽게 이해하지만, 왜 이런 분산원장 방식이 중앙집중형 관리 방식보다 안전한지까지는 쉽사리 납득하지 못하고 있다. 이는 블록체인에 대한 중요한 특성 한 가지를 간과했기 때문인데 이것이 바로 합의(Consensus) 알고리즘이다. 블록체인 네트워크에서 '합의'는 모든 네트워크 참여자가 같은 결괏값을 결정해 나아가는 과정을 뜻한다. 블록체인은 탈중앙화된, 즉 분산된 원장을 지니고 있는 개개인이 운영해 나가는 시스템으로 개인들이 보유하고 있는 장부에 대한 절대 일치성(Conformity)이 매우 중요하며, 이를 위해 블록체인은 작업증명(Proof of Work)이라는 합의 알고리즘을 사용한다.

작업증명은 컴퓨터의 계산 능력을 활용하여 거래 장부(블록)를 생성하기 위한 특정 숫자 값을 산출하고 이를 네트워크에 참여한 사람에게 전파함으로써 장부를 확정한다. 여기서 특정 숫자 값을 산출하는 행위를 채굴이라 하고 이 숫자 값을 가장 먼저 찾아내서 전파한 노드 참가자에게 비트코인과 같은 보상이 주어진다. 네트워크 참여자들은 장부를 확정하기 위한 특정 숫자 값을 찾아내려는 목적을 가지고 지속적으로 경쟁하며, 한 명의 채굴자가 해답을 산출하여 블록을 생성·전파하면 타 채굴자는 해당 블록에 대한 채굴을 멈추고 전파된 블록을 연결하는 작업을 수행한다. 그렇다면 동시에 여러 블록들이 완성되어 전파되고 있다면 어떤 일이 발생할까?

예를 들어 내가 100번 블록까지 연결된 체인을 가지고 있고, 101번째 블록을 채굴하고 있던 도중 이웃으로부터 101번(a)이라는 블록을 받아 채택한 후 102번째 블록을 채굴하고 있었다. 그런데 타 참가자로부터 101번(b)이라는 블록으로부터 생성된 102번째 블록이 완성되어 전파되었다. 이런 경우, 나는 102번째 블록과 103번째 블록을 한꺼번에 채굴하여 전파하지 않는 이상 101(a)를 포기하고 101(b)와 102번째 블록을 채택, 103번째 블록을 채굴하는 것이 가장 합리적이다.

블록체인의 일치성은 이처럼 개별 참여자가 자기의 이익을 최대로 얻기 위해 더 긴 블록체인으로 갈아타게 되면서 유지되는 것이다. 마치 선거를 하듯 노드 투표를 통해 과반수의 지지를 받은 블록체인이 살아남아 승자가 되는 방식으로 블록체인 네트워크 참여자들은 장부의 일치성을 유지시켜 나간다. 이 점 때문에 블록체인 네트워크에서 이미 기록이 완료된 장부를 조작하려면, 과반수 이상의 참여자가 가지고 있는 장부를 동시에 조작해야 하는데 실질적으로 이는 거의 불가능에 가까워 "분산원장 방식이 중앙 집중형 방식보다 보안에 강하다."라는 주장이 도출되는 것이다.

① 작업증명에서 특정 숫자 값을 먼저 찾아내서 전파할 경우 보상이 주어진다.
② 블록체인의 일치성은 개별 참여자가 더 긴 블록체인으로 갈아타게 되면서 유지된다.
③ 거래장부 기록 방식은 분산원장 방식이 중앙집중형 관리 방식보다 안전하다.
④ 타인으로부터 특정 블록이 완성되어 전파된 경우, 특정 블록에 대해 경쟁하는 것이 합리적이다.

01 세계적으로 전 세계 인구의 10%가 걸리는 Z병이 문제가 되고 있으며, Z병을 검사했을 때 오진일 확률이 90%이다. S를 포함한 100명이 검사를 받았을 때, S가 검사 후 병에 걸리지 않았다고 진단 받았다면 오진이 아닐 확률은?

① 20%

② 30%

③ 40%

④ 50%

02 비가 온 다음 날 비가 올 확률은 $\frac{1}{3}$, 비가 안 온 다음 날 비가 올 확률은 $\frac{1}{8}$이다. 내일 비가 올 확률이 $\frac{1}{5}$일 때, 모레 비가 안 올 확률은?

① $\frac{1}{4}$

② $\frac{5}{6}$

③ $\frac{5}{7}$

④ $\frac{6}{11}$

03 다음은 A, B, C, D사의 남녀 직원 비율을 나타낸 자료이다. 이에 대한 설명으로 옳지 않은 것은?

〈회사별 남녀 직원 비율〉

(단위 : %)

구분	A사	B사	C사	D사
남	54	48	42	40
여	46	52	58	60

① 여직원 대비 남직원 비율이 가장 높은 회사는 A이며, 가장 낮은 회사는 D이다.

② B, C, D사의 여직원 수의 합은 남직원 수의 합보다 크다.

③ A사의 남직원이 B사의 여직원보다 많다.

④ A, B사의 전체 직원 중 남직원이 차지하는 비율이 52%라면 A사의 전체 직원 수는 B사 전체 직원 수의 2배이다.

04 S사의 친목회에서 임원진(회장, 부회장, 총무)을 새롭게 선출하려고 한다. 친목회 전체 인원이 17명일 때, 회장, 부회장, 총무를 각 1명씩 뽑는 경우의 수는?(단, 작년에 임원진이었던 3명은 연임하지 못한다)

① 1,360가지

② 2,184가지

③ 2,730가지

④ 4,080가지

05 다음은 예식장 사업 형태에 대한 자료이다. 이에 대한 설명으로 옳지 않은 것은?

〈예식장 사업 형태〉

(단위 : 개, 백만 원, m^2)

구분	개인경영	회사법인	회사 이외의 법인	비법인 단체	합계
사업체 수	1,160	44	91	9	1,304
매출	238,789	43,099	10,128	791	292,807
비용	124,446	26,610	5,542	431	157,029
면적	1,253,791	155,379	54,665	3,534	1,467,369

※ $\{수익률(\%)\} = \left\{ \dfrac{(매출)}{(비용)} - 1 \right\} \times 100$

① 예식장 사업은 대부분 개인경영 형태로 이루어지고 있다.

② 사업체당 매출액이 평균적으로 가장 큰 예식장 사업 형태는 회사법인 예식장이다.

③ 예식장 사업은 매출액의 약 50% 정도가 수익이 되는 사업이다.

④ 수익률이 가장 높은 예식장 사업 형태는 회사법인 형태이다.

01 다음은 혜진이가 지원한 S디자인회사 지원 현황을 조사한 자료이다. 혜진이가 패션디자인팀에 지원했다는 결론을 이끌어내기 위해 필요한 정보는?

> • 비주얼 머천다이징팀과 광고그래픽팀에 둘 다 지원하는 사람은 패션디자인팀에도 지원했다.
> • 광고홍보팀과 경영지원팀에 둘 다 지원하는 사람은 패션디자인팀에도 지원했다.
> • S디자인회사 지원자 모두 인테리어팀이나 액세서리 디자인팀 중 적어도 한 팀에 지원했다.
> • 인테리어팀에 지원하는 사람은 모두 비주얼 머천다이징팀에 지원했다.
> • 액세서리 디자인팀에 지원하는 사람은 모두 광고홍보팀에 지원했다.

① 혜진이는 광고홍보팀과 광고그래픽팀에 지원했다.
② 혜진이는 인테리어팀과 광고홍보팀에 지원했다.
③ 혜진이는 광고그래픽팀과 경영지원팀에 지원했다.
④ 혜진이는 액세서리 디자인팀과 비주얼 머천다이징팀에 지원했다.

02 제시된 명제가 참일 때, 다음 빈칸에 들어갈 명제로 가장 적절한 것은?

> • 환율이 하락하면 국가 경쟁력이 떨어졌다는 것이다.
> • _____
> • 수출이 감소했다는 것은 GDP가 감소했다는 것이다.
> • 수출이 감소하면 국가 경쟁력이 떨어진다.

① 국가 경쟁력이 떨어지면 수출이 감소했다는 것이다.
② GDP가 감소해도 국가 경쟁력은 떨어지지 않는다.
③ 환율이 상승하면 GDP가 증가한다.
④ 환율이 하락해도 GDP는 감소하지 않는다.

03 S사는 제품 하나를 생산하는 데 원료 분류, 제품 성형, 제품 색칠, 포장의 단계를 거친다. 어느 날 제품에 문제가 발생해 생산팀장은 직원들을 불러 책임을 물었다. A ~ D직원 중 한 사람은 거짓을 말하고 세 사람은 참을 말할 때, 거짓을 말한 직원과 실수가 발생한 단계를 바르게 짝지은 것은?(단, A는 원료 분류, B는 제품 성형, C는 제품 색칠, D는 포장 단계에서 일하며, 실수는 한 곳에서만 발생했다)

- A : 나는 실수하지 않았다.
- B : 포장 단계에서 실수가 일어났다.
- C : 제품 색칠에선 절대로 실수가 일어날 수 없다.
- D : 원료 분류 과정에서 실수가 있었다.

① A – 원료 분류   ② B – 포장
③ D – 원료 분류   ④ D – 포장

04 S공장에서 제조하는 볼트의 일련번호는 다음과 같이 구성된다. 일련번호는 형태 – 허용압력 – 직경 – 재질 – 용도 순으로 표시할 때, 다음 중 직경이 14mm이고, 자동차에 쓰이는 스테인리스 볼트의 일련번호로 가장 적절한 것은?

형태	나사형	육각	팔각	별
	SC	HX	OT	ST
허용압력(kg/cm²)	10 ~ 20	21 ~ 40	41 ~ 60	61 이상
	L	M	H	P
직경(mm)	8	10	12	14
	008	010	012	014
재질	플라스틱	크롬 도금	스테인리스	티타늄
	P	CP	SS	Ti
용도	항공기	선박	자동차	일반
	A001	S010	M110	E100

① HXL014SSM110   ② OTH014SSS010
③ SCP014TiE100   ④ STM012CPM110

05 다음은 친환경 농법 아이디어 공모전에 대한 참가자 '가 ~ 자'의 평가표이다. 제시된 〈조건〉에 근거할 때, 예상 소모비용의 총합은?

〈친환경 농법 아이디어 공모전 평가표〉

구분	예상 소모비용 (만 원/월)	경제성	노동 효율	접근성	환경 영향력
가	500	A	A	B	C
나	750	B	B	C	A
다	900	C	A	A	A
라	600	B	B	B	B
마	850	B	C	A	A
바	950	C	B	C	A
사	550	A	A	A	C
아	800	B	A	A	A
자	700	A	B	C	B

※ 평가 등급은 A － B － C 순으로 함

조건
• 접근성 평가는 고려하지 않는다.
• 환경 영향력이 최저 등급인 참가자는 모두 제외한다.
• 환경 영향력을 제외한 분야별로 최고 등급인 참가자를 모두 채택한다.

① 1,500만 원/월　　　　② 2,100만 원/월
③ 2,400만 원/월　　　　④ 3,150만 원/월

※ 다음 중 제시된 도형과 같은 것을 고르시오. [1~2]

01

①
②

③
④

02

①
②

③
④

03 다음 제시된 좌우의 문자를 비교할 때, 같은 문자의 개수는?

라넵튬퓨떠션챱 - 라넫튠퓨떠션챱

① 1개   ② 2개
③ 3개   ④ 4개

04 다음 제시된 문자와 다른 것은?

☆★▽●⊙♣◎♠♡☆

① ☆★▽●⊙♣◎♠♡☆   ② ☆★▽●⊙♣◎♠♡☆
③ ☆★▽●⊙♣◎♠♡☆   ④ ☆★▽●⊙♣◎♥♡☆

05 다음 표에 제시되지 않은 문자는?

간자	간도	간평	간국	간주	간소	간장	간식	간판	간첩	간수	간기
간지	간수	간과	간인	간추	간격	간파	간조	간이	간포	간세	간초
간판	간인	간도	간장	간이	간수	간초	간세	간수	간격	간포	간소
간국	간식	간파	간주	간지	간과	간자	간기	간추	간조	간평	간첩

① 간결   ② 간과
③ 간판   ④ 간포

01 언어력

01	02	03	04	05					
①	①	④	②	④					

01

정답 ①

먼저 지식에 대한 논리 실증주의자와 포퍼의 의견을 제시하는 (가) 문단이 와야 하며, 그들의 가설을 판단하는 과학적 방법에 대한 (다) 문단이 그 뒤에 오는 것이 적절하다. 이어서 논리 실증주의자와 포퍼와 달리 가설만 가지고서 예측을 도출할 수 없다는 콰인의 의견인 (나) 문단이 오는 것이 적절하며, 마지막으로는 이를 통한 콰인의 총체주의적 입장의 (라) 문단 순으로 나열되어야 한다.

02

정답 ①

P2P대출은 공급자(투자)와 수요자(대출)가 금융기관의 개입 없이도 직접 자금을 주고받을 수 있다.

오답분석
② 세 번째 문단에서 확인할 수 있다.
③ · ④ 마지막 문단에서 확인할 수 있다.

03

정답 ④

제시문에서는 현대 사회의 소비 패턴이 '보이지 않는 손' 아래의 합리적 소비에서 벗어나 과시 소비가 중심이 되었으며, 그 이면에는 소비를 통해 자신의 물질적 부를 표현함으로써 신분을 과시하려는 욕구가 있다고 설명하고 있다.

04

정답 ②

놀이 공원이나 휴대전화 요금제 등을 미루어 생각해 볼 때, 이부가격제는 이윤 추구를 최대화하려는 기업의 가격 제도이다.

05

정답 ④

제시문의 세 번째 문단에 따르면 타인으로부터 특정 블록이 완성되어 전파된 경우, 채굴 중이었던 특정 블록을 포기하고 타인의 블록을 채택한 후 다음 순서의 블록을 채굴하는 것이 가장 합리적이라고 하였다.
따라서 제시문의 내용으로 적절하지 않은 것은 ④이다.

오답분석
① 특정 숫자 값을 산출하는 행위를 채굴이라 하고 이 숫자 값을 가장 먼저 찾아내서 전파한 노드 참가자에게 비트코인과 같은 보상이 주어진다.
② 블록체인의 일치성은 이처럼 개별 참여자가 자기의 이익을 최대로 얻기 위해 더 긴 블록체인으로 갈아타게 되면서 유지되는 것이다.
③ 네트워크에 분산해 장부에 기록하고 참가자가 그 장부를 공동관리하는 분산원장 방식이 중앙집중형 거래 기록보관 방식보다 보안성이 높다.

02 수리력

01	02	03	04	05					
④	②	③	②	④					

01

정답 ④

구분	오진 ○	오진 ×	합계
감염	x	$10-x$	$100\times0.1=10$
비감염	$90-x$	x	$100\times0.9=90$
합계	$100\times0.9=90$	$100\times0.1=10$	100

Z병에 감염되었으나 감염되지 않았다고 진단받은 사람이 x 명일 때, Z병에 감염되었을 때 감염되었다고 진단받은 사람은 $(10-x)$명이고, Z병에 감염되지 않았을 때 감염되지 않았다고 진단받은 사람은 x명이다.

따라서 Z병에 감염되지 않았다고 진단받았을 때, 오진이 아닐 확률은 $\dfrac{x}{x+x}\times100=50\%$이다.

02

정답 ②

- 내일 비가 오고 모레 비가 안 올 확률 : $\dfrac{1}{5}\times\dfrac{2}{3}=\dfrac{2}{15}$

- 내일 비가 안 오고 모레 비가 안 올 확률 : $\dfrac{4}{5}\times\dfrac{7}{8}=\dfrac{7}{10}$

$\therefore \dfrac{2}{15}+\dfrac{7}{10}=\dfrac{5}{6}$

따라서 모레 비가 안 올 확률은 $\dfrac{5}{6}$이다.

03

정답 ③

A사와 B사의 전체 직원 수를 알 수 없으므로, 비율만으로는 판단할 수 없다.

오답분석

① 여직원 대비 남직원 비율은 여직원 비율이 높을수록, 남직원 비율이 낮을수록 값이 작아진다. 따라서 여직원 비율이 가장 높으면서, 남직원 비율이 가장 낮은 D사가 최저 비율이고, 남직원 비율이 여직원 비율보다 높은 A사가 최고 비율이다.

② B, C, D사 각각 남직원보다 여직원의 비율이 높다. 따라서 B, C, D사 전체에서 남직원 수보다 여직원 수가 많다. 즉, B, C, D사의 직원 수를 다 합했을 때도 남직원 수는 여직원 수보다 적다.

④ A사의 전체 직원 수를 a명, B사의 전체 직원 수를 b명이라 하면, A사의 남직원 수는 $0.54a$명, B사의 남직원 수는 $0.48b$명이다.

$\dfrac{0.54a+0.48b}{a+b}\times100=52 \rightarrow 54a+48b=52(a+b)$

$\therefore a=2b$

따라서 A사의 전체 직원 수는 B사 전체 직원 수의 2배이므로 옳은 설명이다.

04

정답 ②

작년의 임원진 3명이 연임하지 못하므로 올해 임원 선출이 가능한 인원은 $17-3=14$명이다.

14명 중에서 회장, 부회장, 총무를 각 1명씩 뽑을 수 있는 방법은 다음과 같다.

$_{14}P_3=14\times13\times12=2,184$

따라서 올해 임원을 선출할 수 있는 경우의 수는 2,184가지이다.

05

정답 ④

수익률을 구하면 다음과 같다.

구분	수익률(%)
개인경영	$\left(\dfrac{238,789}{124,446}-1\right)\times100\fallingdotseq92$
회사법인	$\left(\dfrac{43,099}{26,610}-1\right)\times100\fallingdotseq62$
회사 이외의 법인	$\left(\dfrac{10,128}{5,542}-1\right)\times100\fallingdotseq83$
비법인 단체	$\left(\dfrac{791}{431}-1\right)\times100\fallingdotseq84$

따라서 수익률이 가장 높은 사업 형태는 개인경영 형태이다.

오답분석

① 사업체 수를 보면 다른 사업 형태보다 개인경영 사업체 수가 많은 것을 확인할 수 있다.

② 사업체당 매출액을 구하면 다음과 같다.

- 개인경영 : $\dfrac{238,789}{1,160}\fallingdotseq206$백만 원

- 회사법인 : $\dfrac{43,099}{44}\fallingdotseq980$백만 원

- 회사 이외의 법인 : $\dfrac{10,128}{91}\fallingdotseq111$백만 원

- 비법인 단체 : $\dfrac{791}{9}\fallingdotseq88$백만 원

따라서 사업체당 매출액이 가장 큰 예식장 사업 형태는 회사법인 예식장이다.

③ 표에서 예식장 사업 합계를 보면 매출액은 292,807백만 원이며 비용은 매출액의 절반 정도인 157,029백만 원이므로 매출액의 절반 정도가 수익이 되는 사업이라고 할 수 있다.

03 분석력

01

정답 ③

제시된 조건의 '비주얼 머천다이징팀과 광고그래픽팀에 둘 다 지원', '광고홍보팀과 경영지원팀에 둘 다 지원' 중 어느 하나를 만족시키면 된다. 세 번째 조건에서 'S디자인회사 지원자 모두 인테리어팀이나 액세서리 디자인팀 중 적어도 한 팀에 지원했다.'라고 했으므로 혜진이는 최소한 비주얼 머천다이징팀이나 광고홍보팀 중 한 팀에 지원했을 것이다.

만일, 혜진이가 광고그래픽팀이나 경영지원팀에 지원했다면 비주얼 머천다이징팀이나 광고그래픽팀 또는 광고홍보팀이나 경영지원팀에 지원했다는 정보를 만족시키기 때문에 패션 디자인팀에 지원하고 있다는 결론을 내릴 수 있다.

따라서 필요한 정보는 ③이다.

02

정답 ③

'환율이 하락하다.'를 A, '수출이 감소한다.'를 B, 'GDP가 감소한다.'를 C, '국가 경쟁력이 떨어진다.'를 D로 놓고 보면 첫 번째 명제는 'A → D', 세 번째 명제는 'B → C', 네 번째 명제는 'B → D'이므로 마지막 명제가 참이 되려면 'C → A'라는 명제가 필요하다. 따라서 'C → A'의 대우 명제인 ③이 들어가는 것이 적절하다.

03

정답 ④

ⅰ) A의 말이 거짓인 경우

구분	A(원료 분류)	B(제품 성형)	C(제품 색칠)	D(포장)
실수	○		×	○

실수는 한 곳에서만 발생했으므로 A의 말은 진실이다.

ⅱ) B의 말이 거짓인 경우

구분	A(원료 분류)	B(제품 성형)	C(제품 색칠)	D(포장)
실수	×/○		×	×

A와 D 두 사람 말이 모두 진실일 때 모순이 발생하므로 B의 말은 진실이다.

ⅲ) C의 말이 거짓인 경우

구분	A(원료 분류)	B(제품 성형)	C(제품 색칠)	D(포장)
실수	×/○		○	○

A와 D 두 사람 말이 모두 진실일 때 모순이 발생하며 실수는 한 곳에서만 발생했으므로 C의 말은 진실이다.

ⅳ) D의 말이 거짓인 경우

구분	A(원료 분류)	B(제품 성형)	C(제품 색칠)	D(포장)
실수	×		×	○

D가 거짓을 말했을 때 조건이 성립한다.

따라서 거짓을 말한 사람은 D이며, 실수가 발생한 단계는 포장 단계이다.

04

정답 ①

오답분석

② 용도가 선박이므로 적절하지 않다.
③ 재질이 티타늄, 용도가 일반이므로 적절하지 않다.
④ 재질이 크롬 도금, 직경이 12mm이므로 적절하지 않다.

05

정답 ③

조건에 따라 접근성을 고려하지 않으며, 환경 영향력의 등급이 최저 등급인 참가자를 제외한다.

구분	예상 소모비용 (만 원/월)	경제성	노동 효율	환경 영향력
가	500	A	A	C
나	750	B	B	A
다	900	C	A	A
라	600	B	B	B
마	850	B	C	A
바	950	C	B	A
사	550	A	A	C
아	800	B	A	A
자	700	A	B	B

환경 영향력을 제외한 분야 중에서 어느 한 분야라도 최고 등급이 없는 참가자를 제외한다.

구분	예상 소모비용 (만 원/월)	경제성	노동 효율	환경 영향력
나	750	B	B	A
다	900	C	A	A
라	600	B	B	B
마	850	B	C	A
바	950	C	B	A
아	800	B	A	A
자	700	A	B	B

채택된 참가자는 다, 아, 자이다. 따라서 참가자가 제시한 아이디어의 예상 소모비용의 합은 900+800+700=2,400만 원/월이다.

04　지각력

01	02	03	04	05					
④	③	④	④	①					

01

정답 ④

오답분석

① 　②

③

02

정답 ③

오답분석

① 　②

④

03

정답 ④

라넵튠퓨떠션촬 - 라넵툰퓨떠션촬

04

정답 ④

☆★▽●⊙♣◎♥♡☆

05

정답 ①

간자 간도 간평 간국 간주 간소 간장 간식 간판 간첩 간수 간기
간지 간수 간과 간인 간추 간격 간파 간조 간이 간포 간세 간초
간판 간인 간도 간장 간이 간수 간초 간세 간수 간격 간포 간소
간국 간식 간파 간주 간지 간과 간자 간기 간추 간조 간평 간첩

아이들이 답이 있는 질문을 하기 시작하면 그들이 성장하고 있음을 알 수 있다.

– 존 J. 플롬프 –

PART 1

적성검사

CHAPTER 01
언어력

합격 CHEAT KEY

언어력은 크게 독해, 나열하기, 빈칸추론 등으로 나눌 수 있다. 이 중 독해의 비중이 압도적으로 높은 편인데, 독해는 내용 일치·불일치, 주제 찾기, 추론하기 등으로 구성되어 있다. 주어진 제한 시간 동안 지문을 다 읽지 못한 채 다음 문제로 넘어갈 수가 있고, 선택지를 고르자마자 빠르게 다음 문제를 풀어야 할 수도 있으므로 최대한 많은 문제를 풀어 보면서 글의 주제와 흐름을 파악하여 정확하게 답을 고르는 연습을 해야 한다.

01 독해

제시문의 전체적인 맥락을 읽고 파악하는 문제로 구성되어 있으며, 특히 추론하기와 비판하기가 높은 비율로 출제되고 있다.

┤ 학습 포인트 ├

• 경제·경영·철학·역사·예술·과학 등 다양한 분야와 관련된 글이 제시된다.
• 독해의 경우 단기간의 공부로 성적을 올릴 수 있는 부분이 아니므로 평소에 꾸준히 연습해야 한다.
• 추론하기와 비판하기의 경우 제시문을 바탕으로 정확한 근거를 판단하여 풀이하면 오답을 피할 수 있다.

02 나열하기

주어진 문장을 논리적 순서에 맞게 나열하는 문제로, 〈보기〉에 주어진 문장을 제시문에서 적절한 위치에 배치하는 문제 유형 등이 있다.

┤ 학습 포인트 ├

- 적성검사에서 고득점을 목표로 한다면 절대 놓쳐서는 안되는 유형이다.
- 문장과 문장을 연결하는 접속어의 쓰임에 대해 알고 있으면 빠른 시간 내에 문제를 풀 수 있다.
- 문장 속에 나타나는 지시어는 해당 문장의 앞에 어떤 내용이 오는지에 대한 힌트가 되므로 이에 집중한다.

03 빈칸추론

문맥의 흐름에 맞는 적절한 문장을 찾는 유형으로, 이전 시험에서는 앞뒤 문장으로 추론이 가능했으나 이제는 글의 전체적인 맥락을 알지 못하면 풀 수 없게 출제되고 있으므로 글의 중심 내용을 빠르게 이해해야 한다.

┤ 학습 포인트 ├

- 제시문을 처음부터 끝까지 다 읽지 않고 빈칸의 앞뒤 문장만으로 그 사이에 들어갈 내용을 유추하는 연습을 해야 한다.
- 선택지를 읽으며 빈칸에 들어갈 답을 고른 후 해설과 비교한다. 확실하게 정답을 선택한 경우를 제외하고, 놓친 부분을 다시 한 번 확인하는 습관을 들인다.

01 주제 · 제목찾기

| 유형분석 |

- 글의 목적이나 핵심 주장을 정확하게 구분할 수 있는지 평가한다.
- 문단별 주제 · 화제, 글쓴이의 주장 · 생각, 표제와 부제 등 다양한 유형으로 출제될 수 있다.

다음 글의 제목으로 가장 적절한 것은?

감시용으로만 사용되는 CCTV가 최근에 개발된 신기술과 융합되면서 그 용도가 점차 확대되고 있다. 대표적인 것이 인공지능(AI)과의 융합이다. CCTV가 지능을 가지게 되면 단순 행동 감지에서 벗어나 객체를 추적해 행위를 판단할 수 있게 된다. 단순히 사람의 눈을 대신하던 CCTV가 사람의 두뇌를 대신하는 형태로 진화하고 있는 셈이다.

인공지능을 장착한 CCTV는 범죄현장에서 이상 행동을 하는 사람을 선별하고, 범인을 추적하거나 도주 방향을 예측해 통합관제센터로 통보할 수 있다. 또 수상한 사람의 행동 패턴에 따라 지속적인 추적이나 감시를 수행하고, 차량번호 및 사람 얼굴 등을 인식해 관련 정보를 분석하여 제공할 수 있다.

한국전자통신연구원(ETRI)에서는 CCTV 등의 영상 데이터를 활용해 특정 인물이 어떤 행동을 할지를 사전에 예측하는 영상분석 기술을 연구 중인 것으로 알려져 있다. 인공지능 CCTV는 범인 추적뿐만 아니라 자연재해를 예측하는 데 사용할 수도 있다. 장마철이나 국지성 집중호우 때 홍수로 범람하는 하천의 수위를 감지하는 것은 물론 산이나 도로 등의 붕괴 예측 등 다양한 분야에 적용될 수 있기 때문이다.

① AI와 융합한 CCTV의 진화
② 범죄를 예측하는 CCTV
③ 당신을 관찰한다, CCTV의 폐해
④ CCTV와 AI의 현재와 미래

정답 ①

제시문은 CCTV가 인공지능(AI)과 융합되면 기대할 수 있는 효과들(범인 추적, 자연재해 예측)에 대해 말하고 있다.
따라서 AI와 융합한 CCTV의 진화가 제목으로 가장 적절하다.

유형풀이 Tip

- 글의 중심이 되는 내용은 주로 글의 맨 앞이나 맨 뒤에 위치한다. 따라서 글의 첫 문단과 마지막 문단을 먼저 확인한다.
- 첫 문단과 마지막 문단에서 실마리가 잡히지 않은 경우 그 문단을 뒷받침해주는 부분을 읽어가면서 제목이나 주제를 파악해 나간다.

01   다음 글의 주장으로 가장 적절한 것은?

> 옛날 태학에서는 사람들에게 풍악을 가르쳤기 때문에 명칭을 '성균관(成均館)'이라 하였다. 그러나 지금 태학에서는 풍악을 익히지 않으니 이 이름을 쓰는 것은 옳지 않고 '국자감'으로 바꾸는 것이 옳다. 국자(國子)란 원래 왕실의 적자(嫡者)와 공경대부의 적자인데, 지금 태학에는 국자만 다니는 것이 아니기에 명칭과 실상이 서로 어긋나지만 국자감이 그래도 본래 의미에 가깝다.
>
> 옛날에 사람을 가르치는 법은 원래 두 길이었다. 국자는 태학에서 가르쳤는데 대사악(大司樂)이 주관했고, 서민은 향학에서 가르쳤는데 대사도(大司徒)가 주관하였다. 순 임금이 "기여, 너에게 악(樂)을 맡도록 명하노니 주자(冑子)를 가르치되 곧으면서 온화하게 하라." 했으니, 이것은 태학에서 국자를 가르친 것이다. 순 임금이 "설이여, 백성들이 서로 친근하지 않는구나. 너를 사도(司徒)로 삼으니, 공경하게 오교(五敎)를 펼쳐라." 했으니, 이것은 향학에서 서민을 가르친 것이다. 『주례』에 대사악이 육덕(六德)으로 국자를 가르쳤는데 이것도 순 임금이 기에게 명하던 그 법이고, 대사도가 향삼물(鄕三物)로 만민을 가르쳤는데 이것도 순 임금이 설에게 명하던 그 법이었다. 오늘날은 국자가 어떤 인물인지, 성균이 어떤 의미인지 알지 못하여, 서민의 자식이 국자로 자칭하고, 광대의 노래를 성균에 해당시키니 어찌 잘못된 것이 아니겠는가?
>
> 왕제(王制)는 한(漢)나라의 법이다. 왕제가 시행된 이래로 국자와 서민이 함께 태학에 들어가게 되었다. 그 제도가 2천 년이나 내려왔으니, 옛 제도는 회복할 수 없게 되었다. 비록 그렇지만 국자를 가르치던 법을 없어지게 해서는 안 된다. 우리나라 제도에 종학(宗學)이 있어 종실 자제를 교육했었는데, 지금은 혁파되었다. 태학은 종실 자제를 교육하던 곳인데 까닭 없이 서민에게 양보하고 따로 학교를 세워 종학이라 한 것도 잘못된 일인데 지금은 그것마저 혁파되었으니 개탄할 일이 아닌가? 지금 태학의 명륜당은 종학으로 만들어 종실의 자제 및 공경의 적자가 다니게 하고, 비천당은 백성들이 다니는 학교로 만들어 별도로 운영하는 것이 합당할 것이다.

① 종실 자제 위주의 독립된 교육은 잘못된 일이다.

② 성균관에서 풍악을 가르치던 전통을 회복해야 한다.

③ 향학의 설립을 통해 백성에 대한 교육을 강화해야 한다.

④ 왕제보다는 『주례』의 교육 전통을 따르는 것이 바람직하다.

02 다음 글의 주제로 가장 적절한 것은?

맹자는 다음과 같은 이야기를 전한다. 송나라의 한 농부가 밭에 나갔다 돌아오면서 처자에게 말한다. "오늘 일을 너무 많이 했다. 밭의 싹들이 빨리 자라도록 하나하나 잡아당겨줬더니 피곤하구나." 아내와 아이가 밭에 나가보았더니 싹들이 모두 말라 죽어 있었다. 이렇게 자라는 것을 억지로 돕는 일, 즉 조장(助長)을 하지 말라고 맹자는 말한다. 싹이 빨리 자라기를 바란다고 싹을 억지로 잡아 올려서는 안 된다. 목적을 이루기 위해 가장 빠른 효과를 얻고 싶겠지만 이는 도리어 효과를 놓치는 길이다. 억지로 효과를 내려고 했기 때문이다. 싹이 자라기를 바라 싹을 잡아당기는 것은 이미 시작된 과정을 거스르는 일이다. 효과가 자연스럽게 나타날 가능성을 방해하고 막는 일이기 때문이다. 당연히 싹의 성장 가능성은 땅 속의 씨앗에 들어 있는 것이다. 개입하고 힘을 쏟고자 하는 대신에 이 잠재력을 발휘할 수 있도록 하는 것이 중요하다.

피해야 할 두 개의 암초가 있다. 첫째는 싹을 잡아당겨서 직접적으로 성장을 이루려는 것이다. 이는 목적성이 있는 적극적 행동주의로서 성장의 자연스러운 과정을 존중하지 않는 것이다. 달리 말하면 효과가 숙성되도록 놔두지 않는 것이다. 둘째는 밭의 가장자리에 서서 자라는 것을 지켜보는 것이다. 싹을 잡아당겨서도 안 되고 그렇다고 단지 싹이 자라는 것을 지켜만 봐서도 안 된다. 그렇다면 무엇을 해야 하는가? 싹 밑의 잡초를 뽑고 김을 매주는 일을 해야 하는 것이다. 경작이 용이한 땅을 조성하고 공기를 통하게 함으로써 성장을 보조해야 한다. 기다리지 못함도 삼가고 아무것도 안함도 삼가야 한다. 작동 중에 있는 자연스런 성향이 발휘되도록 기다리면서도 전력을 다할 수 있도록 돕는 노력도 멈추지 말아야 한다.

① 인류사회는 자연의 한계를 극복하려는 인위적 노력에 의해 발전해 왔다.

② 싹이 스스로 성장하도록 그대로 두는 것이 수확량을 극대화하는 방법이다.

③ 어떤 일을 진행할 때 가장 중요한 것은 명확한 목적성을 설정하는 것이다.

④ 잠재력을 발휘하도록 하려면 의도적 개입과 방관적 태도 모두를 경계해야 한다.

03 다음 글의 중심 내용으로 가장 적절한 것은?

화이트(H. White)는 19세기의 역사 관련 저작들에서 역사가 어떤 방식으로 서술되어 있는지를 연구했다. 그는 특히 '이야기식 서술'에 주목했는데, 이것은 역사적 사건의 경과 과정이 의미를 지닐수 있도록 서술하는 양식이다. 그는 역사적 서술의 타당성이 문학적 장르 내지는 예술적인 문체에 의해 결정된다고 보았다. 이러한 주장에 따르면 역사적 서술의 타당성은 결코 논증에 의해 결정되지 않는다. 왜냐하면 논증은 지나간 사태에 대한 모사로서의 역사적 진술의 '옳고 그름'을 사태 자체에 놓여 있는 기준에 의거해서 따지기 때문이다.

이야기식 서술을 통해 사건들은 서로 관련되면서 무정형적 역사의 흐름으로부터 벗어난다. 이를 통해 역사의 흐름은 발단 – 중간 – 결말로 인위적으로 구분되어 인식 가능한 전개 과정의 형태로 제시된다. 문학 이론적으로 이야기하자면, 사건 경과에 부여되는 질서는 '구성(Plot)'이며 이야기식 서술을 만드는 방식은 '구성화(Emplotment)'이다. 이러한 방식을 통해 사건은 원래 가지고 있지 않던 발단 – 중간 – 결말이라는 성격을 부여받는다. 또 사건들은 일종의 전형에 따라 정돈되는데, 이러한 전형은 역사가의 문화적인 환경에 의해 미리 규정되어 있거나 경우에 따라서는 로맨스·희극·비극·풍자극과 같은 문학적 양식에 기초하고 있다.

따라서 이야기식 서술은 역사적 사건의 경과 과정에 특정한 문학적 형식을 부여할 뿐만 아니라 의미도 함께 부여한다. 우리는 이야기식 서술을 통해서야 비로소 이러한 역사적 사건의 경과 과정을 인식할 수 있게 된다는 말이다. 사건들 사이에서 만들어지는 관계는 사건들 자체에 내재하는 것이 아니다. 그것은 사건에 대해 사고하는 역사가의 머릿속에만 존재한다.

① 역사의 의미는 절대적인 것이 아니라 현재 시점에서 새롭게 규정되는 것이다.
② 역사가가 속한 문화적인 환경은 역사와 문학의 기술 내용과 방식을 규정한다.
③ 이야기식 역사 서술이란 사건들 사이에 내재하는 인과적 연관을 찾아내는 작업이다.
④ 이야기식 역사 서술은 문학적 서술 방식을 원용하여 역사적 사건의 경과 과정에 의미를 부여한다.

| 유형분석 |

- 글의 논리적인 전개 구조를 파악할 수 있는지 평가한다.
- 첫 문단(단락)이 제시되지 않은 문제가 출제될 가능성이 있다.

다음 제시된 문장을 논리적 순서대로 바르게 나열한 것은?

> (가) 인간이 타고난 그대로의 자연스러운 본능이 성품이며, 인간이 후천적인 노력을 통하여 만들어 놓은 것이 인위이다.
> (나) 따라서 인간의 성품은 악하나, 인위로 인해 선하게 된다.
> (다) 즉, 배고프면 먹고 싶고 피곤하면 쉬고 싶은 것이 성품이라면, 배고파도 어른에게 양보하고 피곤해도 어른을 대신해 일하는 것은 인위이다.
> (라) 그러므로 자연스러운 본능을 따르게 되면 반드시 다투고 빼앗는 결과를 초래하게 되지만, 스승의 교화를 받아 예의 법도를 따르게 되면 질서가 유지된다.

① (가) – (나) – (라) – (다)　　　　② (가) – (다) – (나) – (라)
③ (가) – (다) – (라) – (나)　　　　④ (가) – (라) – (다) – (나)

정답　③

제시문은 성품과 인위를 정의하고 이것에 대한 구체적인 예를 통해 인간의 원래 성품과 선하게 되는 원리를 설명하는 글이다. 따라서 '(가) 성품과 인위의 정의 – (다) 성품과 인위의 예 – (라) 성품과 인위의 결과 – (나) 이를 통해 알 수 있는 인간의 성질' 순으로 나열되어야 한다.

유형풀이 Tip

- 각 문단에 위치한 지시어와 접속어를 살펴본다. 문두에 접속어가 오거나 문장 중간에 지시어가 나오는 경우 글의 첫 번째 문단이 될 수 없다.
- 각 문단의 첫 문장과 마지막 문장에 집중하면서 글의 순서를 하나씩 맞춰 나간다.
- 선택지를 참고하여 문단의 순서를 생각해 보는 것도 시간을 단축하는 좋은 방법이 될 수 있다.

※ 다음 제시된 문장을 논리적 순서대로 바르게 나열한 것을 고르시오. [1~2]

01

> (가) 근대에 접어들어 모든 사물이 생명력을 갖지 않는 일종의 기계라는 견해가 강조되면서, 아리스토텔레스의 목적론은 비과학적이라는 이유로 많은 비판에 직면한다.
>
> (나) 대표적인 근대 사상가인 갈릴레이는 목적론적 설명이 과학적 설명으로 사용될 수 없다고 주장했고, 베이컨은 목적에 대한 탐구가 과학에 무익하다고 평가했으며, 스피노자는 목적론이 자연에 대한 이해를 왜곡한다고 비판했다.
>
> (다) 일부 현대 학자들은 근대 사상가들이 당시 과학에 기초한 기계론적 모형이 더 설득력이 있다는 일종의 교조적 믿음에 의존했을 뿐, 아리스토텔레스의 목적론을 거부할 충분한 근거를 제시하지 못했다고 비판한다.
>
> (라) 이들의 비판은 목적론이 인간 이외의 자연물도 이성을 갖는 것으로 의인화한다는 것이다. 그러나 이런 비판과는 달리 아리스토텔레스는 자연물을 생물과 무생물로, 생물을 식물·동물·인간으로 나누고, 인간만이 이성을 지닌다고 생각했다.

① (가) – (나) – (라) – (다) ② (가) – (라) – (나) – (다)
③ (나) – (다) – (라) – (가) ④ (나) – (라) – (다) – (가)

Easy

02

> (가) 창은 소리꾼이 가락에 맞추어 부르는 노랫소리이며, 아니리는 창을 하는 중간마다 소리꾼이 가락을 붙이지 않고 이야기하듯 엮어나가는 사설을 일컫는다.
>
> (나) 고수는 북으로 장단을 맞추어 줄 뿐만 아니라 '얼쑤', '좋구나'와 같은 추임새를 넣어 흥을 돋우는 중요한 역할을 한다.
>
> (다) '창', '아니리', '발림'은 흔히 판소리의 3요소로 불린다.
>
> (라) 그리고 발림은 소리의 극적인 전개를 돕기 위하여 소리꾼이 몸짓이나 손짓으로 하는 동작을 의미한다.
>
> (마) 또한 판소리 공연에는 소리꾼뿐만 아니라 북을 치는 사람인 고수가 있어야 한다.

① (가) – (다) – (나) – (라) – (마) ② (나) – (다) – (라) – (가) – (마)
③ (다) – (가) – (라) – (마) – (나) ④ (라) – (다) – (가) – (마) – (나)

03

(가) 본성 대 양육 논쟁은 앞으로 치열하게 전개될 소지가 많다. 하지만 유전과 환경이 인간의 행동에 어느 정도 영향을 미치는가를 따지는 일은 멀리서 들려오는 북소리가 북에 의한 것인지, 아니면 연주자에 의한 것인지를 분석하는 것처럼 부질없는 것인지 모른다. 본성과 양육 다 인간 행동에 필수적인 요인이므로.

(나) 20세기 들어 공산주의와 나치주의의 출현으로 본성 대 양육 논쟁이 극단으로 치달았다. 공산주의의 사회 개조론은 양육을, 나치즘의 생물학적 결정론은 본성을 옹호하는 이데올로기이기 때문이다. 히틀러의 유대인 대량 학살에 충격을 받은 과학자들은 환경 결정론에 손을 들어 줄 수밖에 없었다. 본성과 양육 논쟁에서 양육 쪽이 일방적인 승리를 거두게 된 것이다.

(다) 이러한 추세는 1958년 미국 언어학자 노엄 촘스키에 의해 극적으로 반전되기 시작했다. 촘스키가 치켜든 선천론의 깃발은 진화 심리학자들이 승계했다. 진화 심리학은 사람의 마음을 생물학적 적응의 산물로 간주한다. 1992년 심리학자인 레다 코스미데스와 인류학자인 존 투비 부부가 함께 저술한 『적응하는 마음』이 출간된 것을 계기로 진화 심리학은 하나의 독립된 연구 분야가 됐다. 말하자면 윌리엄 제임스의 본능에 대한 개념이 1세기 만에 새 모습으로 부활한 셈이다.

(라) 더욱이 1990년부터 인간 게놈 프로젝트가 시작됨에 따라 본성과 양육 논쟁에서 저울추가 본성 쪽으로 기울면서 생물학적 결정론이 더욱 강화되었다. 그러나 2001년 유전자 수가 예상보다 적은 3만여 개로 밝혀지면서 본성보다는 양육이 중요하다는 목소리가 커지기 시작했다. 이를 계기로 본성 대 양육 논쟁이 재연되기에 이르렀다.

① (가) – (나) – (다) – (라) 　　② (가) – (나) – (라) – (다)
③ (나) – (다) – (가) – (라) 　　④ (나) – (다) – (라) – (가)

04

(가) 다만 각자에게 느껴지는 감각질이 뒤집혀 있을 뿐이고 경험을 할 때 겉으로 드러난 행동과 하는 말은 똑같다. 예컨대 그 사람은 신호등이 있는 건널목에서 똑같이 초록 불일 때 건너고 빨간 불일 때는 멈추며, 초록 불을 보고 똑같이 "초록 불이네."라고 말한다. 그러나 그는 자신의 감각질이 뒤집혀 있는지 전혀 모른다. 감각질은 순전히 사적이며 다른 사람의 감각질과 같은지를 확인할 수 있는 방법이 없기 때문이다.

(나) 그래서 어떤 입력이 들어올 때 어떤 출력을 내보낸다는 기능적·인과적 역할로써 정신을 정의하는 기능론이 각광을 받게 되었다. 기능론에서는 정신이 물질에 의해 구현되므로 그 둘이 별개의 것은 아니라고 주장한다는 점에서 이원론과 다르면서도, 정신의 인과적 역할이 뇌의 신경 세포에서든 로봇의 실리콘 칩에서든 어떤 물질에서도 구현될 수 있음을 보여준다는 점에서 동일론의 문제점을 해결할 수 있기 때문이다.

(다) 심신 문제는 정신과 물질의 관계에 대해 묻는 오래된 철학적 문제이다. 정신 상태와 물질 상태는 별개의 것이라고 주장하는 이원론이 오랫동안 널리 받아들여졌으나, 신경과학이 발달한 현대에는 그 둘은 동일하다는 동일론이 더 많은 지지를 받고 있다. 그러나 똑같은 정신 상태라고 하더라도 사람마다 그 물질 상태가 다를 수 있고, 인간과 정신 상태는 같지만 물질 상태는 다른 로봇이 등장한다면 동일론에서는 그것을 설명할 수 없다는 문제가 생긴다.

(라) 그래도 정신 상태가 물질 상태와 다른 무엇이 있다고 생각하는 이원론에서는 '나'가 어떤 주관적인 경험을 할 때, 다른 사람에게 그 경험을 보여줄 수는 없지만 나는 분명히 경험하는 그 느낌에 주목한다. 잘 익은 토마토를 봤을 때의 빨간색의 느낌, 시디신 자두를 먹었을 때의 신 느낌, 꼬집힐 때의 아픈 느낌이 그런 예이다. 이런 질적이고 주관적인 감각 경험, 곧 현상적인 감각 경험을 철학자들은 '감각질'이라고 부른다. 이 감각질이 뒤집혔다고 가정하는 사고 실험을 통해 기능론에 대한 비판이 제기된다. 나에게 빨강으로 보이는 것이 어떤 사람에게는 초록으로 보이고 나에게 초록으로 보이는 것이 그에게는 빨강으로 보인다는 사고 실험이 그것이다.

① (가) – (나) – (다) – (라)　　② (나) – (다) – (가) – (라)

③ (다) – (가) – (라) – (나)　　④ (다) – (나) – (라) – (가)

03 문장삽입

| 유형분석 |

- 논리적인 흐름에 따라 글을 이해할 수 있는지 평가한다.
- 한 문장뿐 아니라 여러 개의 문장이나 문단을 삽입하는 문제가 출제될 가능성이 있다.

다음 글에서 〈보기〉의 문장이 들어갈 위치로 가장 적절한 곳은?

스마트시티란 ICT를 기반으로 주거·교통·편의 인프라를 완벽히 갖추고, 그 안에 사는 모두가 편리하고 쾌적한 삶을 누릴 수 있는 똑똑한 도시를 말한다. (가) 최근 세계 각국에서는 각종 도시 문제를 해결하고, 삶의 질을 개선할 수 있는 지속가능한 도시발전 모델로 스마트시티를 주목하고 있다. (나) 특히 IoT, 클라우드, 빅데이터, AI 등 4차 산업혁명 기술을 활용한 스마트시티 추진에 전방위적인 노력을 기울이고 있다. (다) S사는 행정중심복합도시 전체를 스마트시티로 조성하고자 다양한 시민 체감형 서비스를 도입하고 있으며, 특히 세종 합강리 일원 $2.7km^2$ 면적을 스마트시티 국가 시범도시로 조성하고 있다. (라) 각종 첨단 기술을 집약한 미래형 스마트시티 선도 모델인 세종 국가 시범도시는 스마트 모빌리티 등 7대 혁신 요소를 도입하여 도시 공간을 조성하고 혁신적인 스마트인프라 및 서비스를 제공할 계획이다.

보기

이에 발맞춰 S사 역시 해외사업 지속 확대, 남북협력사업 수행 등과 함께 스마트시티를 주요 미래사업 분야로 정했다.

① (가)　　　　　　　　　　　② (나)
③ (다)　　　　　　　　　　　④ (라)

정답　③

보기에서 S사는 '이에 발맞춰' 스마트시티를 주요 미래사업 분야로 정했으므로 '이'가 가리키는 내용은 스마트시티를 주요 미래사업 분야로 정하게 된 원인이 되어야 한다. 따라서 보기는 세계 각국에서 스마트시티 추진에 전방위적인 노력을 기울이고 있다는 내용의 뒤인 (다)에 들어가는 것이 가장 적절하다.

유형풀이 Tip

- 보기를 먼저 읽고, 선택지로 주어진 빈칸의 앞·뒤 문장을 읽어 본다. 그리고 빈칸 부분에 보기를 넣었을 때 그 흐름이 어색하지 않은 위치를 찾는다.
- 보기 문장의 중심이 되는 단어가 빈칸의 앞뒤에 언급되어 있는지 확인하도록 한다.

※ 다음 글에서 〈보기〉의 문장이 들어갈 위치로 가장 적절한 곳을 고르시오. [1~4]

01

카셰어링이란 차를 빌려 쓰는 방법의 하나로 기존의 방식과는 다르게 시간 또는 분 단위로 필요한 만큼만 자동차를 빌려 사용할 수 있다. (가) 이러한 카셰어링은 비용 절감 효과와 더불어 환경적·사회적 측면에서 현재 세계적으로 주목받고 있는 사업 모델이다.

호주 멜버른시의 조사 자료에 따르면, 카셰어링 차 1대당 도로상의 개인 소유 차량 9대를 줄이는 효과가 있으며, 실제 카셰어링을 이용하는 사람은 해당 서비스 가입 이후 자동차 사용을 50%까지 줄였다고 한다. 또한 자동차 이용량이 줄어들면 주차 문제를 해결할 수 있으며, 카셰어링 업체에서 제공하는 친환경 차량을 통해 온실가스의 배출을 감소시키는 효과도 기대할 수 있다. (나) 호주 카셰어링 업체 차량의 60% 정도는 경차 또는 하이브리드 차량인 것으로 조사되었다.

호주의 카셰어링 시장규모는 8,360만 호주 달러로 지난 5년간 연평균 21.7%의 급격한 성장률을 보이고 있다. (다) 전문가들은 호주 카셰어링 시장이 앞으로도 가파르게 성장해 5년 후에는 현재보다 약 2.5배 증가한 2억 1,920만 호주 달러에 이를 것이며, 이용자 수도 10년 안에 150만 명까지 폭발적으로 늘어날 것이라고 예측한다. (라) 호주에서 차량을 소유할 경우 주유비, 서비스비, 보험료, 주차비 등의 부담이 크기 때문이다. 발표 자료에 의하면 차량 2대를 소유한 가족이 구매 금액을 비롯하여 차량 유지비에만 쓰는 비용은 연간 12,000 ~ 18,000 호주 달러에 이른다고 한다.

호주 자동차 산업에서 경제적·환경적·사회적인 변화에 따라 호주 카셰어링 시장이 폭발적인 성장세를 보이는 것에 주목할 필요가 있다. 전문가들은 카셰어링으로 인해 자동차 산업에 나타나는 변화의 정도를 '위험한 속도'로까지 비유하기도 한다. 카셰어링 차량의 주차공간을 마련하기 위해서 정부의 역할이 매우 중요한 만큼 호주는 정부 차원에서도 카셰어링 서비스를 지원하는 데 적극적으로 움직이고 있다. 호주는 카셰어링 서비스가 발달한 미국, 캐나다, 유럽 대도시에 비하면 아직 뒤처져 있지만, 성장 가능성이 높아 국내기업에서도 차별화된 서비스와 플랫폼을 개발한다면 진출을 시도해 볼 수 있다.

보기

이처럼 호주에서 카셰어링 서비스가 많은 회원을 확보하며 급격한 성장세를 나타내는 데는 비용 측면의 이유가 가장 크다고 볼 수 있다.

① (가)　　　　　　　　　　② (나)
③ (다)　　　　　　　　　　④ (라)

02

루트비히 판 베토벤(Ludwig van Beethoven)의 〈교향곡 9번 d 단조〉 Op. 125는 그의 청력이 완전히 상실된 상태에서 작곡한 교향곡으로 유명하다. (가) 1824년에 완성된 이 작품은 4악장에 합창 및 독창이 포함된 것이 특징이다. 당시 시대적 배경을 볼 때, 이는 처음으로 성악을 기악곡에 도입한 획기적인 작품이었다. (나) 이 작품은 베토벤의 다른 작품들을 포함해 서양 음악 전체에서 가장 뛰어난 작품 가운데 하나로 손꼽히며, (다) 현재 유네스코의 세계기록유산으로 지정되어 있다. (라) 또한 4악장의 전주 부분은 유럽 연합의 공식 상징가로 사용되며, 자필 원본 악보는 2003년 런던 소더비 경매에서 210만 파운드에 낙찰되기도 했다.

보기

이 작품에 '합창 교향곡'이라는 명칭이 붙은 것도 바로 4악장에 나오는 합창 때문이다.

① (가)　　　　　　　　　　② (나)
③ (다)　　　　　　　　　　④ (라)

03

(가) 1783년 영국 자연철학자 존 미첼은 빛은 입자라는 생각과 뉴턴의 중력이론을 결합한 이론을 제시하였다. 그는 우선 별들이 어떻게 보일 것인지 사고 실험을 통해 예측하였다.

별의 표면에서 얼마간의 초기 속도로 입자를 쏘아 올려 아무런 방해 없이 위로 올라간다고 가정해보자. (나) 만약에 초기 속도가 충분히 빠르지 않으면 별의 중력은 입자의 속도를 점점 느리게 할 것이며, 결국 그 입자를 별의 표면으로 되돌아가게 할 것이다. 만약 초기 속도가 충분히 빠르면 입자는 중력을 극복하고 별을 탈출할 수 있을 것이다. 이렇게 입자가 별을 탈출할 수 있는 최소한의 초기 속도는 '탈출 속도'라고 불린다.

(다) 이를 바탕으로 미첼은 '임계 둘레'라는 것도 추론해냈다. 임계 둘레란 탈출 속도와 빛의 속도를 같게 만드는 별의 둘레를 말한다. 빛 입자는 다른 입자들처럼 중력의 영향을 받는다. 그로 인해 빛은 임계 둘레보다 작은 둘레를 가진 별에서는 탈출할 수 없다. 그런 별에서 약 30만 km/s의 초기 속도로 빛 입자를 쏘아 올렸을 때 입자는 우선 위로 날아갈 것이다. 그런 다음 멈출 때까지 느려지다가, 결국 별의 표면으로 되돌아갈 것이다. 미첼은 임계 둘레를 쉽게 계산할 수 있었다. 태양과 동일한 질량을 가진 별의 임계 둘레는 약 19km로 계산되었다. (라) 이러한 사고 실험을 통해 미첼은 임계 둘레보다 작은 둘레를 가진 암흑의 별들이 무척 많을 테고, 그 별들에선 빛 입자가 빠져나올 수 없기에 지구에서는 볼 수 없을 것으로 추측했다.

보기

미첼은 뉴턴의 중력이론을 이용해서 탈출 속도를 계산할 수 있었으며, 그 속도가 별 질량을 별의 둘레로 나눈 값의 제곱근에 비례한다는 것을 유도하였다.

① (가)　　　　　　　　　　② (나)
③ (다)　　　　　　　　　　④ (라)

글을 잘 짓는 사람은 병법을 잘 알고 있는 것이로다. 글자는 말하자면 군사요, 뜻은 말하자면 장수에 해당한다.

제목은 적국이요, 전거(典據)로 삼을 지식은 전장(戰場)의 보루(堡壘)와 같다. 글자를 묶어서 구로 만들고 구를 합해서 문장을 이루는 것은 대열을 짓고 진을 짜는 것과 같으며, 운을 가다듬어 소리를 내고 수사로써 빛을 내는 것은 북과 종을 울리고 깃발을 펄럭이는 것과 같은 것이다. (가) 전투를 잘하는 사람에게는 버릴 군사가 없고 글을 잘 짓는 사람에게는 쓰지 못할 글자가 없다. 만약에 적당한 장수만 얻는다면 괭이, 자루, 막대기만 든 농군이 날래고 사나운 군사가 될 수 있다. 마찬가지로 나름대로 이치를 담고만 있다면 집안에서 나누는 일상 대화도 교과서에 실을 수 있고 아이들 노래와 속담도 훌륭한 고전의 사전에 넣을 수 있다. (나) 그러므로 글이 정교하지 못한 것이 글자의 탓은 아니다.

글 지을 줄 모르는 사람이 속으로 아무런 요량도 없이 갑자기 글 제목을 만났다고 하자. 겁결에 산 위의 풀과 나무에 지레 걸려 넘어지듯 눈앞의 붓과 먹이 다 결딴나고, 머릿속에 기억하고 외우던 문자조차 쓸모없이 흩어져서 남는 것이 없으리라. 그래서 글을 짓는 사람의 걱정은 언제나 제풀에 갈팡질팡 길을 잃고 요령(要領)을 잡지 못하는 데 있는 것이다. (다) 길을 잃어버리고 나면 한 글자도 어떻게 쓸 줄 모르는 채 더디고 까다로움만을 고되게 여기게 되고, 글의 전체 핵심을 잡지 못하면 겹겹으로 꼼꼼히 둘러싸 놓고서도 글이 허술하게 된다. (라) 한마디의 말만 가지고도 요점을 찌르며 나가면 마치 적의 아성(牙城)으로 감쪽같이 쳐들어가는 격이요, 단 한 구절의 말만 가지고도 핵심을 끌어낸다면 마치 적의 힘이 다할 때를 기다렸다가 드디어 그 진지를 함락시키는 것과 같다. 글 짓는 묘리(妙理)는 바로 이와 같아야 최상이라 할 수 있다.

보기

비유해 말하자면 아무리 맹장이라도 군대가 한 번 제 길을 잃어버릴 때에는 최후의 운명을 면치 못하며, 적의 움직임을 파악하지 못하면 아무리 물샐 틈 없이 포위한 때에라도 적이 빠져 도망칠 틈이 있는 것과 같다.

① (가)   ② (나)

③ (다)   ④ (라)

04 내용일치

| 유형분석 |

- 짧은 시간 안에 글의 내용을 정확하게 이해할 수 있는지 평가한다.
- 은행 금융상품 관련 글을 읽고 이해하기, 고객 문의에 답변하기 등의 유형이 빈번하게 출제된다.

다음 글의 내용으로 적절하지 않은 것은?

물가 상승률은 일반적으로 가격 수준의 상승 속도를 나타내며 소비자 물가지수(CPI)와 같은 지표를 사용하여 측정된다. 물가 상승률이 높아지면 소비재와 서비스의 가격이 상승하고, 돈의 구매력이 감소한다. 이는 소비자들이 더 많은 돈을 지출하여 물가 상승에 따른 가격 상승을 감수해야 함을 의미한다.

물가 상승률은 경제에 다양한 영향을 미친다. 먼저 소비자들의 구매력이 저하되므로 가계소득의 실질 가치가 줄어든다. 이는 소비 지출의 감소와 경기 둔화를 초래할 수 있다. 또한 물가 상승률은 기업의 의사결정에도 영향을 준다. 높은 물가 상승률은 이자율의 상승과 함께 대출 조건을 악화시키므로 기업은 생산 비용 상승과 이로 인한 이윤 감소에 직면하게 되는 것이다.

정부와 중앙은행은 물가 상승률을 통제하기 위해 다양한 금융 정책을 사용하며 대표적으로 세금 조정, 통화량 조절, 금리 조정 등이 있다. 물가 상승률은 경제 활동에 큰 영향을 주는 중요한 요소이므로 정부, 기업, 투자자 및 개인은 이를 주의 깊게 모니터링하고 경제 전망을 평가하는 데 활용해야 한다. 또한 소비자의 구매력과 경기 상황에 직·간접적인 영향을 주므로 경제 주체들은 물가 상승률의 변동에 대응하기 위하여 적절한 전략을 수립해야 한다.

① 지나친 물가 상승은 소비 심리를 위축시킨다.

② 정부와 중앙은행이 실행하는 금융 정책의 목적은 물가 안정성을 유지하는 것이다.

③ 중앙은행의 금리 조정으로 지나친 물가 상승을 진정시킬 수 있다.

④ 소비재와 서비스의 가격이 상승하므로 기업의 입장에서는 물가 상승률이 커질수록 이득이다.

정답 ④

두 번째 문단에 따르면 높은 물가 상승률은 이자율의 상승과 함께 대출 조건을 악화시키므로 기업은 생산 비용 상승과 이로 인한 이윤 감소에 직면하게 된다.

오답분석

① 높은 물가는 가계의 실질 소비력을 약화시키므로 소비 심리를 위축시켜 경기 둔화를 초래할 수 있다.

②·③ 세금 조정, 통화량 조절, 금리 조정 등 여러 금융 정책의 목적은 물가 상승률을 통제하여 안정성을 확보하는 것이다.

유형풀이 Tip

- 글을 읽기 전에 문제와 선택지를 먼저 읽어보고 글의 주제를 대략적으로 파악해야 한다.
- 선택지를 통해 글에서 찾아야 할 정보가 무엇인지 먼저 인지한 후 글을 읽어야 문제 풀이 시간을 단축할 수 있다.

Easy

01 다음은 국민행복카드에 대한 자료이다. 〈보기〉 중 국민행복카드에 대한 설명으로 옳지 않은 것을 모두 고르면?

- 국민행복카드
  '보육료', '유아학비', '건강보험 임신·출산 진료비 지원', '청소년산모 임신·출산 의료비 지원' 및 '사회서비스 전자바우처' 등 정부의 여러 바우처 지원을 공동으로 이용할 수 있는 통합카드입니다. 국민행복카드로 어린이집·유치원 어디서나 사용이 가능합니다.
- 발급방법
  [온라인]
  – 보조금 신청 : 정부 보조금을 신청하면 어린이집 보육료와 유치원 유아학비 인증이 가능합니다.
  – 보조금 신청서 작성 및 제출 : 복지로 홈페이지
  – 카드 발급 : 5개 카드사 중 원하시는 카드사를 선택해 발급받으시면 됩니다.
    * 연회비는 무료
  – 카드 발급처 : 복지로 홈페이지, 임신육아종합포털 아이사랑, 5개 제휴카드사 홈페이지
  [오프라인]
  – 보조금 신청 : 정부 보조금을 신청하면 어린이집 보육료와 유치원 유아학비 인증이 가능합니다.
  – 보조금 신청서 작성 및 제출 : 읍면동 주민센터
  – 카드 발급 : 5개 제휴카드사
    * 연회비는 무료
  – 카드 발급처 : 읍면동 주민센터, 해당 카드사 지점
    * 어린이집 ↔ 유치원으로 기관 변경 시에는 복지로 홈페이지 또는 읍면동 주민센터에서 반드시 보육료·유아학비 자격변경 신청이 필요

보기

ㄱ. 국민행복카드 신청을 위한 보육료 및 학비 인증을 위해서는 별도 절차 없이 정부 보조금 신청을 하면 된다.
ㄴ. 온라인이나 오프라인 둘 중 어떤 발급경로를 선택하더라도 연회비는 무료이다.
ㄷ. 국민행복카드 신청을 위한 보조금 신청서는 읍면동 주민센터, 복지로 혹은 카드사의 홈페이지에서 작성할 수 있으며 작성처에 제출하면 된다.
ㄹ. 오프라인으로 신청한 경우, 카드를 발급받기 위해서는 읍면동 주민센터 혹은 전국 은행 지점을 방문하여야 한다.

① ㄱ, ㄴ ② ㄱ, ㄷ
③ ㄴ, ㄷ ④ ㄷ, ㄹ

02

> 1982년 프루시너는 병에 걸린 동물을 연구하다가, 우연히 정상 단백질이 어떤 원인에 의해 비정상적인 구조로 변하면 바이러스처럼 전염되며 신경 세포를 파괴한다는 사실을 밝혀냈다. 프루시너는 이 단백질을 '단백질(Protein)'과 '바이러스 입자(Viroid)'의 합성어인 '프리온(Prion)'이라 명명하고 이를 학계에 보고했다.
>
> 프루시너가 프리온의 존재를 발표하던 당시, 분자 생물학계의 중심 이론은 1957년 크릭에 의해 주창된 '유전정보 중심설'이었다. 이 이론의 핵심은 유전되는 모든 정보는 DNA 속에 담겨 있다는 것과, 유전정보는 핵산(DNA, RNA)에서 단백질로만 이동이 가능하다는 것이다. 크릭에 따르면 모든 동식물의 세포에서 DNA의 유전정보는 DNA로부터 세포핵 안의 또 다른 핵산인 RNA가 전사되는 과정에서 전달되고, 이 RNA가 세포질로 나와 단백질을 합성하는 번역의 과정을 통해 단백질로의 전달이 이루어진다. 따라서 단백질은 핵산이 없으므로 스스로 정보를 저장할 수 없고 자기 복제를 할 수 없다는 것이다.
>
> 그런데 프루시너는 프리온이라는 단백질은 핵산이 아예 존재하지 않음에도 자기 복제를 한다고 주장하였다. 이 주장은 크릭의 유전정보 중심설에 기반한 분자 생물학계의 중심 이론을 흔들게 된다. 아직 논란이 끝난 것은 아니지만 '자기 복제하는 단백질'이라는 개념이 분자 생물학자들에게 받아들여지기까지는 매우 험난한 과정이 필요했다.
>
> 과학자들은 충분하지 못한 증거를 가진 주장에 대해서는 매우 보수적일 뿐만 아니라, 기존의 이론으로 설명할 수 없는 현상을 대했을 때는 어떻게든 기존의 이론으로 설명해내려 노력하기 때문이다. 프루시너가 프리온을 발견한 공로로 노벨 생리학·의학상을 받은 것은 1997년에 이르러서였다.

① 프리온은 신경 세포를 파괴하는 단백질로, 병에 걸린 동물에게서 나타난다.

② 프루시너에 따르면 프리온은 다른 단백질과 달리 핵산을 가지고 있다.

③ 프리온을 제외한 단백질은 스스로 정보를 저장할 수 없고, 자기 복제도 할 수 없다.

④ 프루시너의 프리온에 대한 주장은 크릭의 유전 정보 중심설과 대립되는 내용이다.

03

최근 제4차 산업혁명과 사물인터넷의 관심이 매우 증대하고 있다. 제4차 산업혁명은 디지털, 바이오, 물리학 등 다양한 경계를 융합한 기술혁명이 그 핵심이며 기술융합을 위하여 사물인터넷을 적극적으로 활용한다는 것이 주요 내용이라 할 수 있다. 제4차 산업혁명은 2016년 초 세계경제포럼의 가장 중요한 회의인 다보스포럼의 주제로 '제4차 산업혁명의 이해'가 채택됨으로써 전 세계 많은 사람들의 주목을 받는 어젠다*로 급부상하게 되었다. 제4차 산업혁명을 촉발시키는 중요한 기술 중 하나는 사물인터넷이다.

미국의 정보기술 연구회사 가트너(Gartner)가 2011년 10대 전략기술 중 하나로 사물인터넷을 선정한 이후 사물인터넷과 그 확장 개념들이라 할 수 있는 만물인터넷 및 만물정보 등을 현재까지 매년 10대 전략기술에 포함시키고 있을 정도로 사물 인터넷은 정보통신기술 중 가장 중요한 기술로 자리잡았다.

사물인터넷을 활용하는 정보통신기술의 변화를 반영하는 스마트도시가 전 세계적으로 확산 중에 있다. 그 결과 2008년 선진국 중심으로 20여 개에 불과하던 스마트도시 관련 프로젝트는 최근 5년 사이 중국, 인도, 동남아시아, 남미, 중동 국가들을 포함하여 600여 개 이상의 도시에서 스마트도시 관련 프로젝트들이 추진 중에 있다.

우리나라는 한국형 스마트도시라고 할 수 있는 유비쿼터스도시(U-City) 프로젝트를 해외 도시들에 비하여 비교적 빠르게 추진하였다. 한국에서는 2003년부터 시민 삶의 질 향상 및 도시 경쟁력 제고를 목표로 신도시 개발 과정에 직접 적용하는 U-City 프로젝트를 추진하였으며 해외 국가들에 비하여 빠른 정책적 지원 및 스마트도시 구축과 운영을 위한 재정 투자 등을 통하여 실무적 경험이 상대적으로 우위에 있다.

하지만 최근 신도시형 스마트도시 구축 위주의 한국형 스마트도시 모델은 한계점을 노출하게 된다. 최근 국내 건설경기 침체, 수도권 제2기 신도시 건설의 만료 도래 등으로 U-City 투자가 위축되었으며 대기업의 U-City 참여 제한 등으로 신도시 중심의 U-City 사업 모델 성장 동력이 축소되는 과정을 최근까지 겪어왔다. 또한, U-City 사업이 지능화시설물 구축 혹은 통합운영센터의 건설로 표면화되었지만 공공주도 및 공급자 중심의 스마트도시 시설투자는 정책 수혜자인 시민의 체감으로 이어지지 못하는 한계가 발생하게 된다.

* 어젠다 : 모여서 서로 의논할 사항이나 주제

① 제4차 산업혁명은 디지털, 바이오, 물리학 등 다양한 경계를 융합한 기술혁명이 그 핵심이다.
② 만물인터넷 및 만물정보 등은 사물인터넷의 확장 개념으로 정보통신기술의 중요한 기술로 자리잡았다.
③ 우리나라는 한국형 스마트도시라고 할 수 있는 유비쿼터스도시(U-City) 프로젝트를 비교적 빠르게 추진하였다.
④ 스마트도시 시설투자가 수혜자인 시민의 체감으로 이어지지 못하는 이유는 대기업 주도의 투자이기 때문이다.

05 비판·반박하기

| 유형분석 |

- 글의 주장과 논점을 파악하고, 이에 대립하는 내용을 판단할 수 있는지 평가한다.
- 서로 상반되는 주장 두 개를 제시하고, 하나의 관점에서 다른 하나를 비판·반박하는 문제 유형이 출제될 수 있다.

다음 글에서 주장하는 정보화 사회의 문제점에 대한 반대 입장으로 적절하지 않은 것은?

> 정보화 사회에서 지식과 정보는 부가가치의 원천이다. 지식과 정보에 접근할 수 없는 사람들은 소득을 얻는 데 불리할 수밖에 없다. 고급 정보에 대한 접근이 용이한 사람들은 부를 쉽게 축적하고, 그 부를 바탕으로 고급 정보 획득에 많은 비용을 투입할 수 있다. 이렇게 벌어진 정보 격차는 시간이 갈수록 심화될 가능성이 높아지고 있다. 정보나 지식이 독점되거나 진입 장벽을 통해 이용이 배제되는 경우도 문제이다. 특히 정보가 상품화됨에 따라 정보를 둘러싼 불평등은 더욱 심화될 것이다.

① 인터넷이나 컴퓨터 유지비 측면에서의 격차 발생
② 정보의 확산으로 기존의 자본주의에 의한 격차 완화 가능성
③ 정보 기기의 보편화로 인한 정보 격차 완화
④ 인터넷의 발달에 따라 전 계층의 고급 정보 접근 용이

정답 ①

제시문에서 정보화 사회의 문제점으로 다루고 있는 것은 '정보 격차'로, 지식과 정보에 접근할 수 없는 사람들이 소득을 얻는 데 불리할 수밖에 없다고 주장한다. 또한 정보가 상품화됨에 따라 정보를 둘러싼 불평등은 더욱 심화될 것이라고 전망하고 있다. 따라서 인터넷이나 컴퓨터 유지비 측면에서의 격차 발생은 글의 주장을 강화시키는 것으로, 이 문제에 대한 반대 입장이 될 수 없다.

유형풀이 Tip

- 대립하는 두 의견의 쟁점을 찾은 후, 제시문 또는 보기에서 양측 주장의 근거를 찾아 각 주장에 연결하며 답을 찾는다.
- 문제의 난도를 높이기 위해 글의 후반부에 주장을 뒷받침할 수 있는 근거를 제시하고 선택지에 그 근거에 대한 반박을 실어 놓는 경우도 있다. 하지만 주의할 점은 제시문의 '주장'에 대한 반박을 찾는 것이지, 이를 뒷받침하기 위해 제시된 '근거'에 대한 반박을 찾는 것이 아니다.

01 다음 글의 주장에 대한 반박으로 가장 적절한 것은?

> 우리는 우리가 생각한 것을 말로 나타낸다. 또 다른 사람의 말을 듣고, 그 사람이 무슨 생각을 가지고 있는가를 짐작한다. 그러므로 생각과 말은 서로 떨어질 수 없는 깊은 관계를 가지고 있다.
>
> 그러면 말과 생각이 얼마만큼 깊은 관계를 가지고 있을까? 이 문제를 놓고 사람들은 오랫동안 여러 가지 생각을 하였다. 그 가운데 가장 두드러진 것이 두 가지 있다. 하나는 말과 생각이 서로 꼭 달라붙은 쌍둥이인데 한 놈은 생각이 되어 속에 감추어져 있고 다른 한 놈은 말이 되어 사람 귀에 들리는 것이라는 생각이다. 다른 하나는 생각이 큰 그릇이고 말은 생각 속에 들어가는 작은 그릇이어서 생각에는 말 이외에도 다른 것이 더 있다는 생각이다.
>
> 이 두 가지 생각 가운데서 앞의 것은 조금만 깊이 생각해 보면 틀렸다는 것을 즉시 깨달을 수 있다. 우리가 생각한 것은 거의 대부분 말로 나타낼 수 있지만, 누구든지 가슴 속에 응어리진 어떤 생각이 분명히 있기는 한데 그것을 어떻게 말로 표현해야 할지 애태운 경험을 가지고 있을 것이다. 이것 한 가지만 보더라도 말과 생각이 서로 안팎을 이루는 쌍둥이가 아님은 쉽게 판명된다.
>
> 인간의 생각이라는 것은 매우 넓고 큰 것이며, 말이란 결국 생각의 일부분을 주워 담는 작은 그릇에 지나지 않는다. 그러나 아무리 인간의 생각이 말보다 범위가 넓고 큰 것이라고 하여도 그것을 가능한 한 말로 바꾸어 놓지 않으면 그 생각의 위대함이나 오묘함이 다른 사람에게 전달되지 않기 때문에 생각이 형님이요, 말이 동생이라고 할지라도 생각은 동생의 신세를 지지 않을 수가 없게 되어 있다.

① 말이 통하지 않아도 생각은 얼마든지 전달될 수 있다.

② 생각을 드러내는 가장 직접적인 수단은 말이다.

③ 말은 생각이 바탕이 되어야 생산될 수 있다.

④ 말과 생각은 서로 영향을 주고받는 긴밀한 관계를 유지한다.

02 다음 글의 '도덕적 딜레마 논증'에 대한 비판으로 적절한 것을 〈보기〉에서 모두 고르면?

1890년대에 이르러 어린이를 의료 실험 대상에서 배제시켜야 한다는 주장이 대두되었다. 그 주장의 핵심적인 근거는 어린이가 의료 실험과 관련하여 제한적인 동의 능력만을 가지고 있다는 것이었다. 여기서 동의 능력이란, 충분히 자율적인 존재가 제안된 실험의 특성이나 위험성 등에 대한 적절한 정보를 인식하고 그것에 기초하여 그 실험을 자발적으로 받아들일 수 있는 능력을 일컫는다. 그렇기 때문에 어린이를 실험 대상으로 하는 연구는 항상 도덕적 논란을 불러일으켰고, 1962년 이후 미국에서는 어린이에 대한 실험이 거의 시행되지 않았다. 이러한 상황에서 1968년 미국의 소아 약물학자 셔키는 다음과 같은 '도덕적 딜레마 논증'을 제시하였다. 어린이를 실험 대상에서 배제시키면, 어린이 환자 집단에 대해 충분한 실험을 하지 않은 약품들로 어린이를 치료하게 되어 어린이를 더욱 커다란 위험에 몰아넣게 된다. 따라서 어린이를 실험 대상에서 배제시키는 것은 도덕적으로 올바르지 않다. 반면, 어린이를 실험 대상에서 배제시키지 않으면, 제한적인 동의 능력만을 가진 존재를 실험 대상에 포함시키게 된다. 제한된 동의 능력만을 가진 이를 실험 대상에 포함시키는 것은 도덕적으로 올바르지 않다. 따라서 어린이를 실험 대상에 포함시키는 것은 도덕적으로 올바르지 않다. 우리의 선택지는 어린이를 실험 대상에서 배제시키거나 배제시키지 않는 것뿐이다. 결국 어떠한 선택을 하든 도덕적인 잘못을 저지를 수밖에 없다.

보기

ㄱ. 어린이를 실험 대상으로 하는 연구는 그 위험성의 여부와는 상관없이 모두 거부되어야 한다. 왜냐하면 적합한 사전 동의 없이 행해지는 어떠한 실험도 도덕적 잘못이기 때문이다.

ㄴ. 동물실험이나 성인에 대한 임상 실험을 통해서도 어린이 환자를 위한 안전한 약물을 만들어낼 수 있다. 따라서 어린이를 실험 대상에 포함시키지 않더라도 어린이 환자가 안전하게 치료받지 못하는 위험에 빠지지 않을 수 있다.

ㄷ. 부모나 법정 대리인을 통해 어린이의 동의 능력을 적합하게 보완할 수 있다. 어린이의 동의 능력이 부모나 법정대리인에 의해 적합하게 보완된다면 어린이를 실험 대상에 포함시켜도 도덕적 잘못이 아닐 수 있다. 따라서 이런 경우의 어린이를 실험 대상에 포함시켜도 도덕적 잘못이 아닐 수 있다.

① ㄱ
② ㄴ
③ ㄱ, ㄷ
④ ㄴ, ㄷ

03 다음 중 ㉠의 관점에서 ㉡의 관점을 비판한 내용으로 가장 적절한 것은?

> 사람들은 누구나 정의로운 사회에 살기를 원한다. 그렇다면 정의로운 사회란 무엇일까?
> ㉠ 롤스는 개인의 자유를 보장하면서도 사회적 약자를 배려하는 사회가 정의로운 사회라고 말한다.
> 롤스는 정의로운 사회가 되기 위해서는 세 가지 조건을 만족해야 한다고 주장한다. 첫 번째 조건은
> 사회 원칙을 정하는 데 있어서 사회 구성원 간의 합의 과정이 있어야 한다는 것이다. 이러한 합의를
> 통해 정의로운 세계의 규칙 또는 기준이 만들어진다고 보았다. 두 번째 조건은 사회적 약자의 입장
> 을 고려해야 한다는 것이다. 롤스는 인간의 출생, 신체, 지위 등에는 우연의 요소가 많은 영향을
> 미칠 수 있다고 본다. 따라서 누구나 우연에 의해 사회적 약자가 될 수 있기 때문에 사회적 약자를
> 차별하는 것은 정당하지 못한 것이 된다. 마지막 조건은 개인이 정당하게 얻은 소유일지라도 그 이
> 익의 일부는 사회적 약자에게 돌아가야 한다는 것이다. 왜냐하면 사회적 약자가 될 가능성은 누구에
> 게나 있으므로 자발적 기부나 사회적 제도를 통해 사회적 약자의 처지를 최대한 배려하는 것이 사회
> 전체로 볼 때 공정하고 정의로운 것이기 때문이다. 롤스는 개인의 자유를 중시하는 한편 사람들이
> 공정한 규칙에 합의하는 과정도 중시하며, 자연적·사회적 불평등을 복지를 통해 보완해야 한다고
> 주장한다.
> 공리주의자인 ㉡ 벤담은 최대 다수의 최대 행복이 정의로운 것이라 주장했다. 따라서 다수의 최대
> 행복이 보장된다면 소수의 불행은 정당한 것이 되고, 반대로 다수의 불행이 나타나는 상황은 정의롭
> 지 못한 것이 된다. 벤담은 걸인과 마주치는 대다수의 사람들은 부정적 감정을 느끼기 때문에 거리
> 에서 걸인을 사라지게 해야 한다며, 걸인들을 모두 모아 한곳에서 생활시키는 강제 수용소 설치를
> 제안했다.

① 다수의 처지를 배려할 때 사회 전체의 행복이 증가한다.
② 개인을 위해 다수가 희생하는 것은 정의롭지 않다.
③ 개인의 이익만을 중시하는 것은 정의롭지 않다.
④ 개인의 자유를 침해하는 것은 정의롭지 않다.

06 추론하기

|유형분석|

- 문맥을 통해 글에 명시적으로 드러나 있지 않은 내용을 유추할 수 있는지 평가한다.
- 글 뒤에 이어질 내용 찾기, 글을 뒷받침할 수 있는 근거 찾기 등 다양한 유형으로 출제될 수 있다.

다음 글을 읽고, 밑줄 친 ㉠의 사례가 아닌 것을 고르면?

㉠ 닻내림 효과란 닻을 내린 배가 크게 움직이지 않듯 처음 접한 정보가 기준점이 돼 판단에 영향을 미치는 일종의 편향(왜곡) 현상을 말한다. 즉, 사람들이 어떤 판단을 하게 될 때 초기에 접한 정보에 집착해 합리적 판단을 내리지 못하는 현상을 일컫는 행동경제학 용어이다. 대부분의 사람은 제시된 기준을 그대로 받아들이지 않고, 기준점을 토대로 약간의 조정 과정을 거치기는 하나, 그런 조정 과정이 불완전하므로 최초 기준점에 영향을 받는 경우가 많다.

① 연봉 협상 시 본인의 적정 기준보다 더 높은 금액을 제시한다.
② 원래 1만 원이던 상품에 2만 원의 가격표를 붙이고 50% 할인한 가격에 판매한다.
③ 명품 매장에서 최고가 상품들의 가격표를 보이게 진열하여 다른 상품들이 그다지 비싸지 않은 것처럼 느끼게 만든다.
④ 홈쇼핑에서 '이번 시즌 마지막 세일', '오늘 방송만을 위한 한정 구성', '매진 임박' 등의 표현을 사용하여 판매한다.

정답 ④

④는 밴드왜건 효과(편승 효과)의 사례이다.
밴드왜건 효과란 유행에 따라 상품을 구입하는 소비 현상을 뜻하는 경제용어로, 기업은 이러한 현상을 충동구매 유도 마케팅 전략으로 활용하고, 정치계에서는 특정 유력 후보를 위한 선전용으로 활용한다.

유형풀이 Tip

글에 명시적으로 드러나 있지 않은 부분을 추론하여 답을 도출해야 하는 유형이기 때문에 자신의 주관적인 판단보다는 제시된 글에 대한 이해를 기반으로 문제를 풀어야 한다.
추론하기 문제는 다음 두 가지 유형으로 구분할 수 있다.
1) 세부적인 내용을 추론하는 유형 : 주어진 선택지를 먼저 읽고 지문을 읽으면서 답이 아닌 선택지를 지워나가는 방법이 효율적이다.
2) 글쓴이의 주장 / 의도를 추론하는 유형 : 글에 나타난 주장·근거·논증 방식을 파악하는 유형으로, 주장의 타당성을 평가하여 글쓴이의 관점을 이해하며 읽는다.

01　다음 중 〈보기〉에 대한 ⊙ ~ ㄹ의 반응을 추론한 내용으로 적절하지 않은 것은?

사회 진화론은 다윈의 생물 진화론을 개인과 집단에 적용시킨 사회 이론이다. 사회 진화론의 중심 개념은 19세기에 등장한 '생존 경쟁'과 '적자생존'인데, 이 두 개념의 적용 범위가 개인인가 집단인 가에 따라 자유방임주의와 결합하기도 하고 민족주의나 제국주의와 결합하기도 하였다.

1860년대 영국의 대표적인 사회 진화론자인 ⊙ 스펜서는 인간 사회의 생활은 개인 간의 '생존 경쟁' 이며, 그 경쟁은 '적자생존'에 의해 지배된다고 주장하였다. 스펜서는 가난한 자는 자연적으로 '도태 된 자'이므로 인위적인 도움을 주어서는 안 되고, 빈부격차는 사회 진화의 과정에서 불가피하다고 인식하였다. 이러한 주장은 자본주의가 확장되던 영국과 미국에서 자유 경쟁과 약육강식의 현실을 정당화하고, 개인주의적 정서를 강화하는 데 이용되었다.

19세기 말 ⓒ 키드, 피어슨 등은 인종이나 민족, 국가 등의 집단 단위로 '생존 경쟁'과 '적자생존'을 적용하여 우월한 집단이 열등한 집단을 지배하는 것은 자연법칙이라고 주장함으로써 인종 차별이나 제국주의를 정당화하였다. 우생학과 결합한 사회 진화론은 앵글로색슨 족이나 아리아 족의 문화적 ・생물학적 우월성에 대한 믿음을 지지함으로써 서구 열강의 제국주의적, 식민주의적, 인종주의적 정책을 합리화하는 데 이용되었다.

한편 일본에서는 19세기 말 ⓒ 문명 개화론자들이 사회 진화론을 수용하였다. 이들은 '생존 경쟁'과 '적자생존'을 국가와 민족 단위에 적용하여 '약육강식'과 '우승열패'의 논리를 바탕으로 서구식 근대 문명국가 건설과 군국주의를 역설하였다. 나아가 세계적인 대세에 잘 적응한 일본이 경쟁에서 뒤처 진 조선을 지배하는 것이 자연의 이치라는 주장을 전개했는데, 이는 나중에 식민사관으로 이어졌다.

사회 진화론은 구한말 개화파 지식인들에게도 큰 영향을 미쳤다. ㄹ 윤치호 같은 일부 개화파는 강 자에 의한 패배를 불가피한 숙명으로 인식함으로써 조선 망국의 가능성을 거론하는 등 무기력한 모 습을 보였다. 반면 박은식, 신채호 등 민족주의자들은 같은 사회 진화론을 받아들이면서도 조선이 살아남기 위해서는 일본이나 서구 열강과의 경쟁에서 반드시 승자가 되어야 하며, 그러기 위해서는 힘을 키워야 한다는 자강론의 근거로 삼았다.

보기

19세기 말 일본에서 근대화된 방직 기계로 대량 생산된 면제품이 들어오면서 재래식 기계로 옷감을 짜는 조선의 수공업은 심각한 타격을 입었다. 이제 막 공장을 갖추어 가던 조선의 수공업자들은 도 산하였으며, 이들의 도산으로 면화 재배 농민들도 잇달아 몰락하였다.

---

① ⊙ : 자유 경쟁 시장에서 개인의 능력 부족으로 도태된 조선인들을 도와주면 안 되겠군.

② ⓒ : 생물학적으로 열등한 집단에 대한 지원을 강화해야겠군.

③ ⓒ : 일본이 조선보다 앞서 서구식 근대 문명국가를 건설했기 때문에 가능했던 일이군.

④ ㄹ : 기계 공업에 밀려 수공업자들과 농민들이 몰락하는 것은 불가피한 숙명이군.

02 다음 중 〈보기〉의 상황에 밑줄 친 ㉠, ㉡을 적용할 때 가장 적절한 것은?

대부분의 민주주의 국가에서 국민은 자신의 대표자를 뽑아 국정의 운영을 맡기는 제도를 채택하고 있다. 그런데 여기에는 국민과 대표자 사이의 관계와 관련하여 근대 정치의 고전적인 딜레마가 내포되어 있다. 가령 입법안을 둘러싸고 국회의원과 소속 지역구 주민들의 생각이 다르다고 가정해 보자. 누구의 의사를 우선하는 것이 옳을까?

우리 헌법 제1조 제2항은 "대한민국의 주권은 국민에게 있고, 모든 권력은 국민으로부터 나온다."라고 규정하고 있다. 이 규정은 국가의 모든 권력의 행사가 주권자인 국민의 뜻에 따라 이루어져야 한다는 의미로 해석할 수 있다. 따라서 국회의원 중 지역구 주민의 뜻에 따라 입법해야 한다고 생각하는 사람이 있다면, 이 조항에서 근거를 찾으면 될 것이다. 이 주장에서와 같이 대표자가 자신의 권한을 국민의 뜻에 따라 행사해야 한다고 할 때 그런 대표 방식을 ㉠ 명령적 위임 방식이라 한다. 명령적 위임 방식에서는 민주주의의 본래 의미가 충실하게 실현될 수 있으나, 현실적으로 표출된 국민의 뜻이 국가 전체의 이익과 다를 경우 바람직하지 않은 결과가 초래될 수 있다.

한편 우리 헌법은 "입법권은 국회에 속한다(제40조).", "국회의원은 국가 이익을 우선하여 양심에 따라 직무를 행한다(제46조 제2항)."라고 규정하고 있다. 이 규정은 입법권이 국회에 속하는 이상 입법은 국회의원의 생각에 따라야 한다는 뜻이다. 이 규정의 목적은 국회의원 각자가 현실적으로 표출된 국민의 뜻보다는 국가 이익을 고려하도록 하는 데 있다. 이에 따르면 국회의원은 소속 정당의 지시에도 반드시 따를 필요는 없다. 이와 같이 대표자가 소신에 따라 자유롭게 결정할 수 있도록 하는 대표 방식을 ㉡ 자유 위임 방식이라고 부른다. 자유 위임 방식에서는 구체적인 국가 의사 결정은 대표자에게 맡기고, 국민은 대표자 선출권을 통해 간접적으로 대표자를 통제한다. 국회의원의 모든 권한은 국민이 갖는 대표자 선출권에 근거하기 때문에 자유 위임 방식은 헌법 제1조 제2항에도 모순되지 않는다. 우리나라는 기본적으로 후자의 입장을 취하고 있다.

> **보기**
>
> 어떤 나라의 의회 의원인 A는 법안 X의 의회 표결을 앞두고 있는데, 소속 지역구 주민들은 법안 X가 지역 경제에 심대한 타격이 되리라는 우려에서 A에게 법안 X에 반대하도록 요구하고 있다.

① ㉠ : A는 국가 이익에 도움이 된다고 확신한다면 X에 찬성할 수 있다.
② ㉠ : A는 지역구 주민의 의사가 자신의 소신과 다르다면 기권해야 한다.
③ ㉡ : A는 반대하기로 선거 공약을 했다면 X에 반대해야 한다.
④ ㉡ : A는 지역구 주민들의 우려가 타당하더라도 X에 찬성할 수 있다.

03 다음 글과 〈보기〉를 읽은 독자의 반응으로 적절하지 않은 것은?

조선 전기에 물가 조절 정책을 시행하는 기관으로 상평창이 있었다. 상평창은 곡식의 가격이 하락하면 시가보다 비싸게 쌀을 구입하였다가 곡식의 가격이 상승하면 시가보다 저렴하게 방출하여 백성의 생활을 안정시키려고 설치한 물가 조절 기관이다. 이 기관에서 실시한 정책은 크게 채매(採買) 정책과 창저(倉儲) 정책으로 나눌 수 있다.

채매란 국가가 물가 조절에 필요한 상품을 시장으로부터 사들이는 것을 말한다. 이때에는 주로 당시에 실질적인 화폐의 역할을 하던 면포로 상품을 구입하였다. 연산군 8년, 지주제의 발전과 상품 경제의 발달에 따라 토지를 잃은 농민들이 일자리를 찾아 서울로 몰려들어 상공업 종사자의 수가 급격히 늘어나게 되어 서울의 쌀값이 지방에 비해 2배가 올랐다. 이에 따라 조정에서는 쌀값이 비교적 싼 전라도로부터 면포를 주고 쌀을 구입하여, 서울에 쌀을 풀어 쌀값을 낮추는 채매 정책을 실시하였다. 이는 면포를 기준으로 하여 쌀값이 싼 지방에서 쌀을 긴급하게 구입하여 들이는 조치로, 공간적 가격차를 이용한 것이다.

창저란 쌀을 상평창에 저장하는 것을 말한다. 세종 27년에는 풍년이 들어 면포 1필의 값이 쌀 15두였으나, 성종 1년에는 흉년이 들어 면포 1필의 값이 쌀 4~5두가 되어 쌀값이 비싸졌다. 이에 조정에서는 세종 27년에 싼 값에 쌀을 구매하여 창고에 보관하였다가 성종 1년에 시장의 가격보다 싸게 팔아 높아진 쌀의 값을 낮추는 창저 정책을 실시하였다. 또한 수해 등 자연 재해를 대비하여 평소에 지역 내의 쌀을 수매·저장해두는 것도 여기에 해당되며 시간적 가격차를 이용한 것이다.

채매와 창저는 농사의 풍·흉년에 따라 당시 화폐의 역할을 하였던 면포를 거두어들이거나 유통하여 쌀값을 안정시키고자 하는 상평창의 기능을 잘 보여주고 있다.

보기

정부는 국내 물가의 상승과 이로 인한 자국의 화폐가치 급락을 우려하고 있다. 이에 정부는 외국의 값싼 생필품을 수입하고, 저장해 놓았던 곡물을 싼 값에 유통시켜 물가 상승을 억제하는 정책을 펴고 있다. 또한 중앙은행을 통해 기준 금리를 높여 시중에 풀린 자본을 흡수하여 궁극적으로 물가 안정을 도모하고 있다.

① 상평창은 보기의 '중앙은행'과 유사한 역할을 하는군.
② 풍년으로 인한 쌀값 하락과 보기의 물가 상승 모두 화폐가치를 떨어트리겠군.
③ 채매(採買) 정책은 보기에서 정부가 생필품을 수입하는 것에 해당하는군.
④ 창저(倉儲) 정책은 보기에서 기준 금리를 높이는 것과 그 목적이 비슷하군.

| 유형분석 |

- 글의 전반적인 흐름을 파악하고 있는지 평가한다.
- 첫 문장, 마지막 문장 또는 글의 중간 등 다양한 위치에 빈칸이 주어질 수 있다.

다음 글의 빈칸에 들어갈 내용으로 가장 적절한 것은?

경기적 실업이란 경기 침체의 영향으로 기업 활동이 위축되고 이로 인해 노동에 대한 수요가 감소하여 고용량이 줄어들어 발생하는 실업이다. 다시 말해 경기적 실업은 노동 시장에서 노동의 수요와 공급이 균형을 이루고 있는 상태라고 가정할 때, 경기가 침체되어 물가가 하락하게 되면 _____ 경기적 실업은 다른 종류의 실업에 비해 생산량 측면에서 경제적으로 큰 손실을 발생시킬 수 있기에 경제학자들은 이를 해결하기 위한 정부의 역할을 촉구한다.

① 기업은 생산량을 줄이게 되고 이로 인해 노동에 대한 공급이 감소하여 발생한다.
② 기업은 생산량을 늘리게 되고 이로 인해 노동에 대한 수요가 증가하여 발생한다.
③ 기업은 생산량을 늘리게 되고 이로 인해 노동에 대한 공급이 감소하여 발생한다.
④ 기업은 생산량을 줄이게 되고 이로 인해 노동에 대한 수요가 감소하여 발생한다.

정답 ④

첫 번째 문장에서 경기적 실업이란 '노동에 대한 수요가 감소하여 고용량이 줄어들어 발생하는 실업'이라고 하였으므로, 빈칸에는 기업이 생산량을 줄임으로써 노동에 대한 수요가 감소한다는 내용이 들어가야 한다.

유형풀이 Tip

- 글을 모두 읽고 풀기에는 시간이 부족하다. 따라서 빈칸의 앞·뒤 문장만을 통해 내용을 파악할 수 있어야 한다.
- 주어진 문장을 각각 빈칸에 넣었을 때 그 흐름이 어색하지 않은지 확인하도록 한다.

※ 다음 글의 빈칸에 들어갈 내용으로 가장 적절한 것을 고르시오. **[1~4]**

01

미학은 자연, 인생, 예술에 담긴 아름다움의 현상이나 가치 그리고 체험 따위를 연구하는 학문으로, 미적 현상이 지닌 본질이나 법칙성을 명백히 밝히는 학문이다. 본래 미학은 플라톤에서 비롯되었지만, 오늘날처럼 미학이 독립된 학문으로 불린 것은 18세기 중엽 독일의 알렉산더 고틀리프 바움가르텐(Alexander Gottlieb Baumgarten)의 저서 『미학』에서 시작된다. 바움가르텐은 '미(美)'란 감성적 인식의 완전한 것으로, 감성적 인식의 학문은 미의 학문이라고 생각했다. 여기서 근대 미학의 방향이 개척되었다.

미학에 대한 연구는 심리학·사회학·철학 등 다양한 각도에서 시도할 수 있다. 또한 미적 사실을 어떻게 보느냐에 따라서 미학의 성향도 달라지며, ＿＿＿＿＿＿＿＿＿＿＿＿ 예컨대 고전 미학은 영원히 변하지 않는 초감각적 존재로서의 미의 이념을 추구하고, 근대 미학은 감성적 인식 때문에 포착된 현상으로서 미적인 것을 대상으로 한다. 여기서 미적인 것은 우리들의 인식에 비치는 아름다움을 말한다.

미학을 연구하는 사람들은 이러한 미적 의식 및 예술의 관계를 해명하는 것을 주된 과제로 삼는다. 그들에게 '아름다움'을 성립시키는 주관적 원리는 가장 중요한 것으로 미학은 우리에게 즐거움과 기쁨을 안겨주며, 인생을 충실하고 행복하게 해준다. 더 나아가 오늘날에는 이러한 미적 현상의 해명에 사회학적 방법을 적용하려는 '사회학적 미학'이나, 분석 철학의 언어 분석 방법을 미학에 적용하려고 하는 '분석미학' 등 다채로운 연구 분야가 개척되고 있다.

① 최근에는 미학의 새로운 분야를 개척하고 있다.
② 추구하는 이념과 대상도 시대에 따라 다르다.
③ 따라서 미학은 이분법적인 원리로 적용할 수 없다.
④ 다른 학문과 달리 미학의 경계는 모호하다.

어떤 기업체에서 사원을 선발하는 방법으로 끈으로 묶은 꾸러미를 내놨는데 한 사람은 주머니칼을 꺼내어 끈을 잘라 버렸고, 다른 한 사람은 끈을 풀었다. 채용된 쪽은 칼을 사용한 사람이었다고 한다. 기업주는 물자보다 시간을 아꼈던 것이다. _____ 소비자는 낭비된 물자의 대가를 고스란히 떠맡는다. 자원의 임자인 지구나 그 혜택을 받는 뭇 생명들 차원에서 본다면 에너지와 자원의 손실을 떠맡아야 한다. 아주 미세한 얘긴지도 모르겠다. 그러나 도처에서 지속적으로 행해온 그 후유증을 우리는 현재 겪고 있는 것이다. 그것은 보이지 않는 유령이며 그것들로 인하여 지구는 병들어가고 있다. 많은 종(種)들이 하나둘 사라져갔으며 이 활기 넘쳐 보이는 현실은 실상 자원 고갈을 향해 행진을 멈추지 않고 있는 것이다.

① 왜냐하면 시간을 아껴 써야 기업이 성공할 수 있기 때문이다.
② 물론 기업주는 물자와 시간 가운데 더 중요한 것을 선택했다.
③ 그러나 이러한 선택으로 아껴지는 것은 기업주의 시간일 뿐이다.
④ 그런데 이러한 판단으로 생긴 피해를 소비자들은 기꺼이 떠맡았다.

03

아파트에서는 부엌이나 안방이나 화장실이나 거실이 다 같은 높이의 평면 위에 있다. 그것보다 밑에 또는 위에 있는 것은 다른 사람의 아파트이다. 좀 심한 표현을 쓴다면 아파트에서는 모든 것이 평면적이다. 깊이가 없는 것이다. 자연히 사물은 아파트에서 그 부피를 잃고 평면 위에 선으로 존재하는 그림과 같이 되어 버린다. 모든 것은 한 평면 위에 나열되어 있다. 그래서 한눈에 들어오게 되어 있다. 아파트에는 사람이나 물건이나 다 같이 자신을 숨길 데가 없다.
땅집에서는 사정이 전혀 딴판이다. 땅집에서는 모든 것이 자기 나름의 두께와 깊이를 가지고 있다. 같은 물건이라도 그것이 다락방에 있을 때와 안방에 있을 때와 부엌에 있을 때는 거의 다르다. 집 자체가 인간과 마찬가지의 두께와 깊이를 가지고 있다. 땅집이 아름다운 이유는 _____ 다락방은 의식이며 지하실은 무의식이다.

① 세상을 조망할 수 있기 때문이다.
② 인간을 닮았기 때문이다.
③ 안정을 뜻하기 때문이다.
④ 어딘가로 떠날 수 있기 때문이다.

어느 시대든 사람들은 원인이 무엇인지 알고 있다고 믿었다. 사람들은 그런 앎을 어디서 얻는가? 원인을 안다고 믿는 사람들의 믿음은 어디서 생기는 것일까?

새로운 것, 체험되지 않은 것, 낯선 것은 원인이 될 수 없다. 알려지지 않은 것에서는 위험, 불안정, 걱정, 공포감이 뒤따르기 때문이다. 우리 마음의 불안한 상태를 없애고자 한다면, 우리는 알려지지 않은 것을 알려진 것으로 환원해야 한다. 이러한 환원은 우리 마음을 편하게 해주고 안심시키며 만족을 느끼게 한다. 이 때문에 우리는 이미 알려진 것, 체험된 것, 기억에 각인된 것을 원인으로 설정하게 된다. '왜?'라는 물음의 답으로 나온 것은 그것이 진짜 원인이기 때문에 우리에게 떠오른 것이 아니다. 그것이 우리에게 떠오른 것은 그것이 우리를 안정시켜주고 성가신 것을 없애주며 무겁고 불편한 마음을 가볍게 해주기 때문이다. 따라서 원인을 찾으려는 우리의 본능은 위험, 불안정, 걱정, 공포감 등에 의해 촉발되고 자극받는다.

우리는 '설명이 없는 것보다 설명이 있는 것이 언제나 더 낫다.'고 믿는다. 우리는 특별한 유형의 원인만을 써서 설명을 만들어 낸다. _____ 그래서 특정 유형의 설명만이 점점 더 우세해지고, 그러한 설명들이 하나의 체계로 모아져 결국 그런 설명이 우리의 사고방식을 지배하게 된다. 기업인은 즉시 이윤을 생각하고, 기독교인은 즉시 원죄를 생각한다.

① 이것은 우리의 호기심과 모험심을 자극한다.

② 이것은 인과관계에 대한 우리의 지식을 확장시킨다.

③ 이것은 우리가 왜 불안한 심리 상태에 있는지를 설명해 준다.

④ 이것은 낯설고 체험하지 않았다는 느낌을 가장 빠르고 쉽게 제거해 버린다.

CHAPTER 02
수리력

수리력은 사칙연산, 통계, 확률의 의미를 정확하게 이해하고 이를 업무에 적용하는 능력으로 기초연산과 기초통계, 도표분석 및 작성 등의 문제유형이 출제된다.

제한 시간 내에 풀이할 수 있도록 기본적인 풀이 방법에 익숙해져 있어야 하며 정확도를 높이는 연습을 해야 한다. 응용수리는 기본적인 공식을 바탕으로 식을 어떻게 세울 것인지를 판단해야 하며 자료해석은 기초를 토대로 어림값을 활용하는 연습을 해두는 것이 좋다.

01 응용수리

수의 관계에 대해 알고 그것을 응용하여 계산할 수 있는지 그리고 미지수를 구하기 위해 필요한 계산식을 세울 수 있는지를 평가하는 유형이다.

┤ 학습 포인트 ├

- 이 유형에서 점수를 따기 위해서는 다양한 문제를 최대한 많이 풀어보는 수밖에 없다.
- 고등학교 시절을 생각하며 오답노트를 만드는 것도 좋은 방법이 될 수 있다.

02 자료해석

표나 그래프 등 주어진 자료를 보고 필요한 정보를 빠르게 찾아 해석할 수 있는지를 평가하는 유형이다. 자료계산, 자료해석은 다른 기업의 인적성에도 흔히 출제되는 유형이지만, 규칙적인 변화 추이를 파악해서 미래를 예측하고, 자료의 적절한 값을 구하는 유형이므로 익숙해지도록 연습해야 한다.

> **─┤ 학습 포인트 ├──**
>
> • 표, 꺾은선 그래프, 막대 그래프, 원 그래프 등 다양한 형태의 자료를 눈에 익힌다. 그래야 실제 시험에서 자료가 제시되었을 때 중점을 두고 파악해야 할 부분이 더욱 선명하게 보일 것이다.
> • 자료해석 유형의 문제는 제시되는 정보의 양이 매우 많으므로 시간을 절약하기 위해서는 문제를 읽은 후 바로 자료 분석에 들어가는 것보다는, 선택지를 먼저 읽고 필요한 정보만 추출하여 답을 찾는 것이 좋다.

01 거리 · 속력 · 시간

| 유형분석 |

- (거리)=(속력)×(시간), (속력)=$\dfrac{(거리)}{(시간)}$, (시간)=$\dfrac{(거리)}{(속력)}$
- 시간차를 두고 출발하는 경우, 마주 보고 걷거나 둘레를 도는 경우, 기차가 터널을 지나는 경우 등 추가적인 조건과 결합하여 문제가 출제될 수 있다.

S사원은 회사 근처 카페에서 거래처와 미팅을 갖기로 했다. 처음에는 4km/h로 걸어가다가 약속 시간에 늦을 것 같아서 10km/h로 뛰어서 24분 만에 미팅 장소에 도착했다. 회사에서 카페까지의 거리가 2.5km일 때, S사원이 뛴 거리는?

① 0.6km

② 0.9km

③ 1.2km

④ 1.5km

정답 ④

총거리와 총시간이 주어져 있으므로 걸은 거리와 뛴 거리 또는 걸은 시간과 뛴 시간을 미지수로 잡을 수 있다.

미지수를 잡기 전에 문제에서 묻는 것을 정확하게 파악해야 나중에 답을 구할 때 헷갈리지 않는다.

문제에서 S사원이 뛴 거리를 물어보았으므로 거리를 미지수로 놓는다.

S사원이 회사에서 카페까지 걸어간 거리를 $x$km, 뛴 거리를 $y$km라고 하면,

회사에서 카페까지의 거리는 2.5km이므로 걸어간 거리 $x$km와 뛴 거리 $y$km를 합하면 2.5km이다.

$x+y=2.5 \cdots$ ㉠

S사원이 회사에서 카페까지 24분이 걸렸으므로 걸어간 시간$\left(\dfrac{x}{4}\text{시간}\right)$과 뛰어간 시간$\left(\dfrac{y}{10}\text{시간}\right)$을 합치면 24분이다.

이때 속력은 시간 단위이므로 '분'으로 바꾸어 계산한다.

$\dfrac{x}{4}\times 60+\dfrac{y}{10}\times 60=24 \rightarrow 5x+2y=8 \cdots$ ㉡

㉠과 ㉡을 연립하여 ㉡－(2×㉠)을 하면 $x=1$이고, 구한 x의 값을 ㉠에 대입하면 $y=1.5$이다.

따라서 S사원이 뛴 거리는 $y$km이므로 1.5km이다.

유형풀이 Tip

- 미지수를 정할 때에는 문제에서 묻는 것을 정확하게 파악해야 한다.
- 속력과 시간의 단위를 처음부터 정리하여 계산하면 실수 없이 풀이할 수 있다.
  - 예 1시간=60분=3,600초
  - 예 1km=1,000m=100,000cm

01 미주는 집에서 백화점에 가기 위해 시속 8km의 속력으로 집에서 출발했다. 미주가 집에서 출발한 지 12분 후에 지갑을 두고 간 것을 발견한 동생이 시속 20km의 속력으로 미주를 만나러 출발했다. 미주와 동생은 몇 분 후에 만나게 되는가?(단, 미주와 동생은 쉬지 않고 일정한 속력으로 움직인다)

① 11분
② 14분
③ 17분
④ 20분

02 A지점을 출발하여 B지점에 도착하는 S열차와 N열차가 있다. S열차는 N열차보다 분당 속도가 3km 빠르다. 두 열차가 동시에 A지점을 출발했고, 전체 운행 거리의 $\frac{4}{5}$ 지점에서 S열차가 분당 속도를 5km 늦췄더니 두 열차가 B지점에 동시에 도착했다. S열차의 처음 출발 속도는?

① 6km/min
② 7km/min
③ 8km/min
④ 9km/min

Easy

03 집에서 약수터까지 가는 데 형은 $\frac{1}{2}$m/s의 속도로 걸어서 10분 걸리고, 동생은 15분이 걸린다. 두 사람이 동시에 집에서 출발하여 약수터를 다녀오는 데 형이 집에 도착했다면 동생은 집에서 몇 m 떨어진 곳에 있는가?(단, 약수터에서 머문 시간은 생각하지 않는다)

① 150m
② 200m
③ 250m
④ 300m

| 유형분석 |

- (농도)=$\dfrac{(용질의 양)}{(용액의 양)} \times 100$, (소금물의 양)=(물의 양)+(소금의 양)
- 소금물 대신 설탕물로 출제될 수 있으며, 증발된 소금물·농도가 다른 소금물 간 계산 문제 등으로 응용될 수 있다.

소금물 500g이 있다. 이 소금물의 농도가 3%인 소금물 200g을 온전히 섞었더니 소금물의 농도는 7%가 되었다. 500g의 소금물에 녹아 있던 소금의 양은?

① 31g   ② 37g

③ 43g   ④ 49g

정답 ③

문제에서 구하고자 하는 500g의 소금물에 녹아 있던 소금의 양을 미지수로 놓는다.

500g의 소금물에 녹아 있던 소금의 양을 xg이라고 하면,

농도가 3%인 소금물 200g에 녹아 있던 소금의 양은 $\dfrac{3}{100} \times 200 = 6$g이다.

소금물 500g에 농도가 3%인 소금물 200g을 섞었을 때 소금물의 농도가 주어졌으므로 농도를 기준으로 식을 세우면 다음과 같다.

$\dfrac{x+6}{500+200} \times 100 = 7$

→ $(x+6) \times 100 = 7 \times (500+200)$

→ $(x+6) \times 100 = 4,900$

→ $100x + 600 = 4,900$

→ $100x = 4,300$

∴ $x = 43$

따라서 500g의 소금물에 녹아 있던 소금의 양은 xg이므로 43g이다.

유형풀이 Tip

- 숫자의 크기를 최대한 간소화해야 한다. 특히, 농도의 경우 분수와 정수가 같이 제시되고, 최근에는 비율을 활용한 문제가 많이 출제되고 있으므로 통분이나 약분을 통해 수를 간소화시켜 계산 실수를 줄일 수 있도록 한다.
- 항상 미지수를 구해서 그 값을 계산하여 풀이해야 하는 것은 아니다. 문제에서 원하는 값은 정확한 미지수를 구하지 않아도 풀이 과정에서 답이 제시되는 경우가 있으므로 문제에서 묻는 것을 명확히 해야 한다.

Easy

01 농도가 30%인 설탕물을 창가에 두고 물 50g을 증발시켜 농도가 35%인 설탕물을 만들었다. 여기에 설탕을 더 넣어 농도 40%의 설탕물을 만든다면 몇 g의 설탕을 넣어야 하는가?

① 20g

② 25g

③ 30g

④ 35g

02 A비커에는 농도가 x%인 설탕물 300g이 들어 있고 B비커에는 농도가 y%인 설탕물 600g이 들어 있다. B비커에서 A비커로 설탕 100g을 부어 골고루 섞은 후 다시 B비커로 옮겨 골고루 섞은 뒤 농도를 측정해 보니 A비커의 설탕물과 B비커의 설탕물의 농도는 각각 5%, 9.5%였다. 이때 $10x + 10y$의 값은?

① 106

② 116

③ 126

④ 136

03 농도 15% 설탕물 xg과 농도 6% 설탕물 yg을 섞은 후 물을 더 넣어 8%의 설탕물 600g을 만들었다. 농도 6% 설탕물의 양과 더 넣은 물의 양의 비가 3 : 1일 때, 농도 15% 설탕물의 양은?

① 190g

② 200g

③ 210g

④ 220g

03 일의 양

| 유형분석 |

- (일률)$=\dfrac{(작업량)}{(작업기간)}$, (작업기간)$=\dfrac{(작업량)}{(일률)}$, (작업량)=(일률)×(작업기간)
- 전체 일의 양을 1로 두고 풀이하는 유형이다.
- 분이나 초 단위 계산이 가장 어려운 유형으로 출제되고 있다.

한 공장에서는 기계 2대를 운용하고 있다. 이 공장의 전체 작업을 수행할 때 A기계로는 12시간이 걸리며, B기계로는 18시간이 걸린다. 이미 절반의 작업이 수행된 상태에서 A기계로 4시간 동안 작업하다가 이후로는 A, B 두 기계를 모두 동원해 작업을 수행했다고 할 때 A, B 두 기계를 모두 동원해 작업을 수행하는 데 소요되는 시간은?

① 1시간   ② 1시간 12분

③ 1시간 20분   ④ 1시간 30분

정답 ②

전체 일의 양을 1이라고 하면, A기계가 한 시간 동안 작업할 수 있는 일의 양은 $\dfrac{1}{12}$ 이고, B기계가 한 시간 동안 작업할 수 있는 일의 양은 $\dfrac{1}{18}$ 이다. 이미 절반의 작업이 수행되었으므로 남은 일의 양은 $1-\dfrac{1}{2}=\dfrac{1}{2}$ 이다.

이 중 A기계로 4시간 동안 작업을 수행했으므로 A기계와 B기계가 함께 작업해야 하는 일의 양은 $\dfrac{1}{2}-\left(\dfrac{1}{12}\times4\right)=\dfrac{1}{6}$ 이다.

따라서 A, B 두 기계를 모두 동원해 남은 $\dfrac{1}{6}$ 을 수행하는 데는 $\dfrac{\dfrac{1}{6}}{\left(\dfrac{1}{12}+\dfrac{1}{18}\right)}=\dfrac{\dfrac{1}{6}}{\dfrac{5}{36}}=\dfrac{6}{5}$ 시간, 즉 1시간 12분이 걸린다.

유형풀이 Tip

- 전체의 값을 모르는 상태에서 비율을 묻는 문제의 경우 전체를 1이라고 하면 쉽게 풀이할 수 있다.

  예 1개의 일을 끝내는 데 3시간이 걸린다. 1개의 일을 1이라고 하면, 1시간에 $\dfrac{1}{3}$ 만큼의 일을 끝내는 것이다.

- 난도가 높은 문제의 경우 전체 일의 양을 막대 그림으로 표현하면서 풀이하면 한눈에 파악할 수 있다.

  예

$\dfrac{1}{2}$ 수행됨	A기계로 4시간 동안 작업	A, B 두 기계를 모두 동원해 작업

01 A회사는 10분에 5개의 인형을 만들고, B회사는 1시간에 1대의 인형뽑기 기계를 만든다. 이 두 회사가 40시간 동안 일을 하면 최대 몇 대의 인형뽑기 기계를 완성할 수 있는가?(단, 인형뽑기 기계 하나에는 적어도 40개의 인형이 들어가야 한다)

① 30대 ② 35대

③ 40대 ④ 45대

02 유진이와 은미는 제주도에 놀러가 감귤 농장을 견학하였다. 농장 체험 행사에서 1시간 30분 동안 감귤을 따서 마음대로 바구니에 담아 가지고 갈 수 있다고 한다. 유진이는 1시간 10분 동안 90개를 따고 20분 쉬었으며, 은미는 행사 시간 내내 95개를 땄다. 은미가 농장에서 일한 능률은 유진이가 농장에서 일한 능률의 약 몇 %를 차지하는가?(단, 능률은 쉬는 시간을 제외한 시간에서 한 시간 동안 딴 감귤의 개수를 말하며, 능률 및 비율은 소수점에서 버림한다)

① 73% ② 75%

③ 77% ④ 81%

Hard

03 방식이 다른 두 종류의 프린터 A, B가 있다. 두 프린터를 동시에 사용하여 100장을 프린트한다고 할 때, A프린터 3대와 B프린터 2대를 사용하면 4분이 걸리고, A프린터 4대와 B프린터 1대를 사용하면 5분이 걸린다. A프린터 2대와 B프린터 3대를 동시에 사용할 때, 100장을 프린트하는 데 걸리는 시간은?(단, 각 프린터마다 1장을 프린트하는 시간은 일정하다)

① 4분 20초 ② 4분

③ 3분 20초 ④ 3분

| 유형분석 |

- (정가)=(원가)+(이익), (이익)=(정가)−(원가)

  a원에서 $b\%$ 할인한 가격$=a\times\left(1-\dfrac{b}{100}\right)$원
- 원가, 정가, 할인가, 판매가 등의 개념을 명확히 한다.

원가의 20%를 추가한 금액을 정가로 하는 제품을 15% 할인해서 50개를 판매한 금액이 127,500원일 때, 이 제품의 원가는?

① 1,500원   ② 2,000원

③ 2,500원   ④ 3,000원

정답 ③

제품의 원가를 x원이라고 하면, 제품의 정가는 $(1+0.2)x=1.2x$원이고, 판매가는 $1.2x(1-0.15)=1.02x$원이다.

50개를 판매한 금액이 127,500원이므로, 다음 식이 성립한다.

$1.02x\times50=127,500$

$\rightarrow 1.02x=2,550$

$\therefore x=2,500$

따라서 제품의 원가는 2,500원이다.

유형풀이 Tip

- 전체 금액을 구하는 것이 아니라 할인된 금액을 구하면 수의 크기도 작아지고, 풀이 과정을 단축시킬 수 있다.
- 난이도가 어려운 편은 아니지만, 비율을 활용한 계산 문제이기 때문에 실수하지 않도록 유의한다.

01 A와 B가 시장에 가서 각각 두 번에 걸쳐 물건을 사는 데 총 32,000원이 들었다. A는 두 번째 구매 시 첫 번째보다 50% 감소한 금액을 냈고, B는 두 번째 구매 시 첫 번째보다 50% 증가한 금액을 냈다. 나중에 서로 비교해보니 B가 A보다 5,000원을 더 소비한 것을 알게 되었다고 할 때, A가 첫 번째로 낸 금액은?

① 7,400원   ② 8,500원

③ 9,000원   ④ 9,700원

Hard

02 진선이는 2024년 1월 초에 100만 원짜리 최신 스마트폰을 구입하기 위해 2023년 4월 초부터 매월 5만 원씩 9개월 동안 적립한 금액을 계약금으로 내고, 나머지는 2024년 1월 말부터 매달 일정한 금액 a원을 9개월에 걸쳐 갚기로 하였다. 이때, a의 값은?(단, 월이율 2%의 복리이며, $1.02^9 = 1.2$로 계산한다)

① 58,600원   ② 58,800원

③ 59,000원   ④ 59,200원

Easy

03 S은행의 구내식당에서는 지난달 한 포대당 12,500원의 쌀을 구매하는 데 3,750,000원을 사용하였다. 이번 달에도 같은 양의 쌀을 주문하였으나, 최근 쌀값이 올라 한 포대당 14,000원의 금액을 냈다. 이번 달의 쌀 구매비용은 지난달보다 얼마나 더 증가하였는가?

① 450,000원   ② 480,000원

③ 520,000원   ④ 536,000원

05 날짜 · 요일

| 유형분석 |

- 1일＝24시간＝1,440(＝24×60)분＝86,400(＝1,440×60)초
- 월별 일수 : 31일 − 1, 3, 5, 7, 8, 10, 12월
                 30일 − 4, 6, 9, 11월
                 28일 또는 29일(윤년, 4년에 1회) − 2월
- 날짜 · 요일 단위별 기준이 되는 숫자가 다르므로 실수하지 않도록 유의한다.

어느 해의 3월 2일은 금요일일 때, 한 달 후인 4월 2일은 무슨 요일인가?

① 월요일   ② 화요일
③ 수요일   ④ 목요일

정답 ①

3월은 31일까지 있고 일주일은 7일이므로, 31÷7＝4 … 3
따라서 4월 2일은 금요일부터 3일이 지난 월요일이다.

유형풀이 Tip

- 일주일은 7일이므로, 전체 일수를 구한 뒤 7로 나누면 빠르게 해결할 수 있다.
- 날짜와 요일의 단위를 처음부터 정리하여 계산하면 실수 없이 풀이할 수 있다.

01 A, B, C 세 사람은 주기적으로 집 청소를 한다. A는 6일마다, B는 8일마다, C는 9일마다 청소할 때, 세 명이 9월 10일에 모두 같이 청소를 했다면 다음에 같이 청소하는 날은 언제인가?

① 11월 5일　　　　　　　　　　　　② 11월 12일
③ 11월 16일　　　　　　　　　　　④ 11월 21일

Easy

02 소민이는 7일 일하고 2일 쉬고 민준이는 10일 일하고 2일 쉰다고 한다. 두 사람이 일을 시작하는 날이 같을 때 처음으로 동시에 같이 2일 연속 쉬는 날은 며칠 후인가?

① 31일 후　　　　　　　　　　　　② 32일 후
③ 33일 후　　　　　　　　　　　　④ 34일 후

03 S고등학교 도서부는 매일 교내 도서관을 정리하고 있다. 부원은 모두 40명이며 각각 1 ~ 40번의 번호를 부여받아 월요일부터 금요일까지 돌아가면서 12명씩 도서관을 정리하기로 하였다. 6월 7일에 1 ~ 12번 학생이 도서관을 정리하였다면 이들이 처음으로 다시 함께 도서관을 정리하는 날은? (단, 주말에는 활동하지 않는다)

① 6월 20일　　　　　　　　　　　② 6월 21일
③ 6월 22일　　　　　　　　　　　④ 6월 23일

06 경우의 수

| 유형분석 |

- $_n\mathrm{P}_m = n \times (n-1) \times \cdots \times (n-m+1)$

  $_n\mathrm{C}_m = \dfrac{_n\mathrm{P}_m}{m!} = \dfrac{n \times (n-1) \times \cdots \times (n-m+1)}{m!}$

- 벤 다이어그램을 활용한 문제가 출제되기도 한다.

S은행은 토요일에 2명의 행원이 당직 근무를 서도록 사칙으로 규정하고 있다. S은행의 A팀에는 8명의 행원이 있다. A팀이 앞으로 3주 동안 토요일 당직 근무를 선다고 할 때, 가능한 모든 경우의 수는?(단, 모든 행원은 당직 근무를 2번 이상 서지 않는다)

① 1,520가지   ② 2,520가지

③ 5,040가지   ④ 10,080가지

정답 ②

8명을 2명씩 3개의 그룹으로 나누는 경우의 수는 $_8\mathrm{C}_2 \times {_6\mathrm{C}_2} \times {_4\mathrm{C}_2} \times \dfrac{1}{3!} = 28 \times 15 \times 6 \times \dfrac{1}{6} = 420$가지이다.

3개의 그룹을 각각 A, B, C라 하면, 3주 동안 토요일에 근무자를 배치하는 경우의 수는 A, B, C를 일렬로 배열하는 방법의 수와 같으므로 3개의 그룹을 일렬로 나열하는 경우의 수는 $3 \times 2 \times 1 = 6$가지이다.

따라서 가능한 모든 경우의 수는 $420 \times 6 = 2,520$가지이다.

유형풀이 Tip

경우의 수의 합의 법칙과 곱의 법칙 등에 대해 명확히 한다.

1) 합의 법칙
   ① 두 사건 A, B가 동시에 일어나지 않을 때, A가 일어나는 경우의 수를 m, B가 일어나는 경우의 수를 n이라고 하면, 사건 A 또는 B가 일어나는 경우의 수는 $m+n$이다.
   ② '또는', '~이거나'라는 말이 나오면 합의 법칙을 사용한다.

2) 곱의 법칙
   ① A가 일어나는 경우의 수를 m, B가 일어나는 경우의 수를 n이라고 하면, 사건 A와 B가 동시에 일어나는 경우의 수는 $m \times n$이다.
   ② '그리고', '동시에'라는 말이 나오면 곱의 법칙을 사용한다.

Easy

01 S은행의 마케팅부, 영업부, 영업지원부에서 2명씩 대표로 회의에 참석하기로 하였다. 원탁 테이블에 같은 부서 사람끼리 옆자리에 앉는다고 할 때, 6명이 앉을 수 있는 경우의 수는?

① 15가지
② 16가지
③ 17가지
④ 18가지

02 제품 A는 1개에 600원, 제품 B는 1개에 1,000원이다. S사원이 거스름돈을 전혀 남기지 않고 12,000원으로 A와 B를 살 수 있는 경우의 수는?(단, A만 모두 사거나 B만 모두 사는 것도 가능하다)

① 4가지
② 5가지
③ 6가지
④ 7가지

03 은경이는 태국 여행에서 A ~ D 네 종류의 손수건을 총 9장 구매했으며, 그중 B손수건은 3장, 나머지는 각각 같은 개수를 구매했다. 기념품으로 친구 3명에게 종류가 다른 손수건을 3장씩 나눠줬을 때, 가능한 경우의 수는?

① 5가지
② 6가지
③ 7가지
④ 8가지

07 확률

| 유형분석 |

- 줄 세우기, 대표 뽑기, 경기 수, 최단 경로 수 등의 유형으로 출제될 가능성이 있다.
- 확률의 덧셈 법칙을 활용해야 하는 문제인지 곱셈 법칙을 활용해야 하는 문제인지 정확히 구분한다.
- 여사건 또는 조건부 확률 문제가 출제되기도 한다.

주머니에 1부터 10까지의 숫자가 적힌 카드 10장이 들어있다. 주머니에서 카드를 세 번 뽑는다고 할 때, 1, 2, 3이 적힌 카드 중 하나 이상을 뽑을 확률은?(단, 꺼낸 카드는 다시 넣지 않는다)

① $\dfrac{7}{24}$

② $\dfrac{5}{8}$

③ $\dfrac{17}{24}$

④ $\dfrac{5}{6}$

정답 ③

(1, 2, 3이 적힌 카드 중 하나 이상을 뽑을 확률)=1-(세 번 모두 4 ~ 10이 적힌 카드를 뽑을 확률)

세 번 모두 4 ~ 10이 적힌 카드를 뽑을 확률은 $\dfrac{7}{10} \times \dfrac{6}{9} \times \dfrac{5}{8} = \dfrac{7}{24}$ 이다.

따라서 1, 2, 3이 적힌 카드 중 하나 이상을 뽑을 확률은 $1 - \dfrac{7}{24} = \dfrac{17}{24}$ 이다.

유형풀이 Tip

1) 확률의 덧셈
   두 사건 A, B가 동시에 일어나지 않을 때, A가 일어날 확률을 p, B가 일어날 확률을 q라고 하면, 사건 A 또는 B가 일어날 확률은 $p+q$이다.
2) 확률의 곱셈
   A가 일어날 확률을 p, B가 일어날 확률을 q라고 하면, 사건 A와 B가 동시에 일어날 확률은 $p \times q$이다.
3) 여사건 확률
   ① 사건 A가 일어날 확률이 p일 때, 사건 A가 일어나지 않을 확률은 $(1-p)$이다.
   ② '적어도'라는 말이 나오면 주로 사용한다.
4) 조건부 확률
   ① 확률이 0이 아닌 두 사건 A, B에 대하여 사건 A가 일어났다는 조건하에 사건 B가 일어날 확률로, A 중에서 B인 확률을 의미한다.
   ② $P(B \mid A) = \dfrac{P(A \cap B)}{P(A)}$ 또는 $P_A(B)$로 나타낸다.

01　출입국관리사무소에서 우리나라에 입국한 외국인을 조사하고 있다. 당일 조사한 결과 외국인 100명 중 중국인은 30%였고, 관광을 목적으로 온 외국인은 20%였다. 중국인을 제외한 외국인 중 관광을 목적으로 온 사람은 20%였다. 임의로 중국인 1명을 조사할 때, 관광을 목적으로 온 사람일 확률은?

① $\dfrac{1}{2}$　　　　　　　　　　　② $\dfrac{1}{3}$

③ $\dfrac{1}{4}$　　　　　　　　　　　④ $\dfrac{1}{5}$

Hard

02　예방접종을 한 사람의 X바이러스 감염률은 0.5%이고 예방접종을 하지 않은 사람의 미감염률은 95%라고 한다. 예방접종률이 80%일 때 X바이러스의 전체 감염률은?

① 3.6%　　　　　　　　　　　② 2.5%

③ 1.4%　　　　　　　　　　　④ 0.7%

03　서로 다른 3개의 주사위를 동시에 던질 때, 나온 숫자의 합이 6이 되는 확률은?

① $\dfrac{5}{108}$　　　　　　　　　　　② $\dfrac{1}{18}$

③ $\dfrac{11}{216}$　　　　　　　　　　　④ $\dfrac{7}{108}$

│ 유형분석 │

- (환율)$=\dfrac{(\text{자국 화폐 가치})}{(\text{외국 화폐 가치})}$

- (자국 화폐 가치)$=$(환율)$\times$(외국 화폐 가치)

- (외국 화폐 가치)$=\dfrac{(\text{자국 화폐 가치})}{(\text{환율})}$

수인이는 베트남 여행을 위해 환전하기로 하였다. 다음은 S환전소의 환전 당일 환율 및 수수료에 대한 자료이다. 수인이가 한국 돈으로 베트남 현금 1,670만 동을 환전한다고 할 때, 수수료까지 포함하여 필요한 금액은?(단, 모든 계산과정에서 구한 값은 일의 자리에서 버림한다)

〈S환전소 환율 및 수수료〉

- 베트남 환율 : 483원/만 동
- 수수료 : 0.5%
- 우대사항 : 50만 원 이상 환전 시 70만 원까지 수수료 0.4%로 인하 적용
  100만 원 이상 환전 시 총금액 수수료 0.4%로 인하 적용

① 808,840원　　　　　　　　　　② 808,940원
③ 809,840원　　　　　　　　　　④ 809,940원

정답 ④

베트남 현금 1,670만 동을 환전하기 위해 필요한 한국 돈은 수수료를 제외하고 1,670만 동×483원/만 동=806,610원이다.
우대사항에 따르면 50만 원 이상 환전 시 70만 원까지 수수료가 0.4%로 낮아지므로,
70만 원에는 수수료가 0.4% 적용되고 나머지는 0.5%가 적용되어 총수수료를 구하면 700,000×0.004+(806,610−700,000)×0.005=2,800+533.05≒3,330원이다.
따라서 수수료와 수인이가 원하는 금액을 환전하는 데 필요한 총금액은 806,610+3,330=809,940원이다.

유형풀이 Tip

- 우대사항 등 문제에서 요구하는 조건을 놓치지 않도록 주의한다.

01 A씨는 구매대행사인 S사에서 신용카드를 사용하여 청소기와 영양제를 직구하려고 한다. 이 직구 사이트에서 청소기와 영양제의 가격이 각각 540달러, 52달러이고, 각각 따로 주문하였을 때 원화로 낼 금액은?

- 200달러 초과 시 20% 관세 부과
- 배송비 : 30,000원
- 구매 당일 환율(신용카드 사용 시 매매기준율을 적용) : 1,128원/달러

---

① 845,600원
② 846,400원
③ 848,200원
④ 849,600원

Easy

02 S씨는 태국에서 신용카드로 1만 5천 바트의 기념품을 구매하였다. 카드사에서 적용하는 환율 및 수수료가 다음과 같을 때, S씨가 기념품 비용으로 내야 할 카드 금액은?(단, 환전 수수료는 고려하지 않는다)

〈적용 환율 및 수수료〉

- 태국 환율 : 38.1원/바트
- 해외서비스 수수료 : 0.2%

※ 십 원 미만은 절사

---

① 584,720원
② 572,640원
③ 566,230원
④ 558,110원

03 S기업은 해외 기업으로부터 대리석을 수입하여 국내 건설업체에 납품하고 있다. 최근 파키스탄의 B기업과 대리석 1톤을 수입하는 거래를 체결하였다. 수입대금으로 내야 할 금액은?

- 환율정보
  - 1달러=100루피
  - 1달러=1,160원
- 대리석 10kg당 가격 : 35,000루피

---

① 3,080만 원
② 3,810만 원
③ 4,060만 원
④ 4,600만 원

09 금융상품 활용

| 유형분석 |

- 금융상품을 정확하게 이해하고 문제에서 요구하는 답을 도출해낼 수 있는지 평가한다.
- 단리식, 복리식, 이율, 우대금리, 중도해지, 만기해지 등 조건에 유의해야 한다.

S은행은 '더 커지는 적금'을 새롭게 출시하였다. A씨는 이 적금의 모든 우대금리조건을 만족하여 이번 달부터 이 상품에 가입하려고 한다. 만기 시 A씨가 얻을 수 있는 이자는?(단, $1.024^{\frac{1}{12}} = 1.0019$로 계산하고, 금액은 백의 자리에서 반올림한다)

<더 커지는 적금>

- 가입기간 : 12개월
- 가입금액 : 매월 초 200,000원 납입
- 적용금리 : 기본금리(연 2.1%)+우대금리(최대 연 0.3%p)
- 저축방법 : 정기적립식, 비과세
- 이자지급방식 : 만기일시지급식, 연복리식
- 우대금리조건
  - S은행 입출금통장 보유 시 : +0.1%p
  - 연 500만 원 이상의 S은행 예금상품 보유 시 : +0.1%p
  - 급여통장 지정 시 : +0.1%p
  - 이체실적이 20만 원 이상 시 : +0.1%p

① 131,000원   ② 132,000원
③ 138,000원   ④ 141,000원

모든 우대금리조건을 만족하므로 최대 연 0.3%p가 기본금리에 적용되어 $2.1+0.3=2.4\%$가 된다.

n개월 후 연복리 이자는 (월납입금)$\times\dfrac{(1+r)^{\frac{n+1}{12}}-(1+r)^{\frac{1}{12}}}{(1+r)^{\frac{1}{12}}-1}-$(적립원금)이므로, 이에 따른 식은 다음과 같다.

$$200,000\times\frac{(1.024)^{\frac{13}{12}}-(1.024)^{\frac{1}{12}}}{(1.024)^{\frac{1}{12}}-1}-200,000\times12=200,000\times1.0019\times\frac{1.024-1}{0.0019}-2,400,000$$

$\fallingdotseq2,531,000-2,400,000=131,000$원

따라서 A씨가 얻을 수 있는 이자는 131,000원이다.

유형풀이 Tip

1) 단리
   ① 개념 : 원금에만 이자가 발생
   ② 계산 : 이율이 $r\%$인 상품에 원금 a원을 총 n번 이자가 붙는 동안 예치한 경우 $a(1+nr)$
2) 복리
   ① 개념 : 원금과 이자에 모두 이자가 발생
   ② 계산 : 이율이 $r\%$인 상품에 원금 a월을 총 n번 이자가 붙는 동안 예치한 경우 $a(1+r)^n$
3) 이율과 기간
   ① (월이율)$=\dfrac{(연이율)}{12}$

   ② n개월$=\dfrac{n}{12}$년
4) 예치금의 원리합계
   원금 a원, 연이율 $r\%$, 예치기간 n개월일 때,
   • 단리 예금의 원리합계 : $a\left(1+\dfrac{r}{12}n\right)$

   • 월복리 예금의 원리합계 : $a\left(1+\dfrac{r}{12}\right)^n$

   • 연복리 예금의 원리합계 : $a(1+r)^{\frac{n}{12}}$
5) 적금의 원리합계
   월초 a원씩, 연이율 $r\%$일 때, n개월 동안 납입한다면
   • 단리 적금의 n개월 후 원리합계 : $an+a\times\dfrac{n(n+1)}{2}\times\dfrac{r}{12}$

   • 월복리 적금의 n개월 후 원리합계 : $\dfrac{a\left(1+\dfrac{r}{12}\right)\left\{\left(1+\dfrac{r}{12}\right)^n-1\right\}}{\dfrac{r}{12}}$

   • 연복리 적금의 n개월 후 원리합계 : $\dfrac{a(1+r)^{\frac{1}{12}}\left\{(1+r)^{\frac{n}{12}}-1\right\}}{(1+r)^{\frac{1}{12}}-1}$

01 S은행에서 근무하는 김사원은 P고객에게 적금만기를 통보하고자 한다. P고객의 적금상품 가입정보가 다음과 같을 때, 김사원이 P고객에게 안내할 만기환급금은?

〈P고객의 적금상품 가입정보〉

- 상품명 : S은행 튼튼준비적금
- 가입자 : P 본인(개인)
- 가입기간 : 24개월
- 가입금액 : 매월 1일 120,000원 납입
- 적용금리 : 연 2.5%
- 저축방법 : 정기적립식
- 이자지급방식 : 만기일시지급, 단리식

---

① 2,718,000원   ② 2,750,400원

③ 2,925,500원   ④ 2,955,000원

02 A고객은 S은행의 주택담보대출을 중도상환하고 대출금액을 정산하려고 한다. 다음과 같은 〈조건〉으로 대출을 받았을 때, A고객의 중도상환수수료는?

조건

- 상품명 : S은행 주택담보대출
- 가입자 : 본인
- 대출금액 : 15,000만 원
- 대출기간 : 4년
- 가입기간 : 2년
- 대출이율 : 5.0%
- 중도상환금액 : 8,000만 원
- 중도상환수수료율 : 2.5%
- 중도상환수수료 : (중도상환금액)×(중도상환수수료율)×(잔여기간)÷(대출기간)

---

① 950,000원   ② 1,000,000원

③ 1,200,000원   ④ 1,250,000원

03 청소기 구입을 고민하던 연준이는 홈쇼핑 특가세일 기간에 할부 결제를 하려고 한다. VIP회원인 연준이는 S사 코딩청소기를 선착순 100명 안에 구매 신청하였으며, S신용카드로 11개월 할부로 결제하고자 한다. 다음 자료를 참고하여 연준이가 내야 할 총할부 수수료를 구하면?

- 상품명 : S사 코딩청소기
- 가격 : 1,200,000원
- 특가세일 기준
  - S신용카드 전월 실적 30만 원 이상 시 10% 할인
  - S신용카드 할부 결제 시 5% 할인
  - 선착순 100명 특별 선착순 10% 할인

〈신용카드 할부 수수료〉

(단위 : %)

할부기간	2개월	3~5개월	6~9개월	10~11개월	12개월 이상
연 수수료율	11	13	15	17	19

※ VIP회원인 경우 수수료율 2%p 차감

※ (월 할부 수수료)$=$(할부 신용판매 대금잔액)$\times\dfrac{(할부\ 수수료율)}{12}$

(할부 잔액)$=$(이용원금)$-$(기 결제 원금)

(월 납입액)$=\dfrac{(할부\ 이용\ 대금)}{(할부\ 기간\ 개월\ 수)}$

(총할부 수수료)$=\left[(할부\ 원금)\times(수수료율)\times\dfrac{(할부\ 개월\ 수)+1}{2}\right]\div12$

---

① 75,000원   ② 75,500원

③ 76,500원   ④ 77,500원

10 자료계산

| 유형분석 |

- 문제에 주어진 조건과 정보를 활용하여 빈칸에 알맞은 수를 계산해낼 수 있는지 평가한다.
- 빈칸이 여러 개인 경우 계산이 간단한 한두 개의 빈칸의 값을 먼저 찾고, 역으로 대입하여 풀이 시간을 단축한다.
- 금융권 수리능력의 경우 마지막 자리까지 정확하게 계산하는 것을 요구한다. 어림값을 구하여 섣불리 오답을 선택하는 오류를 범하지 않도록 주의한다.

다음은 시·군지역의 성별 비경제활동 인구 조사에 대한 표이다. 빈칸 (가), (다)에 들어갈 수가 바르게 연결된 것은?(단, 인구수는 백의 자리에서 반올림하고, 비중은 소수점 첫째 자리에서 반올림한다)

〈성별 비경제활동 인구〉

(단위 : 천 명, %)

구분	합계	남자	비중	여자	비중
시지역	7,800	2,574	(가)	5,226	(나)
군지역	1,149	(다)	33.5	(라)	66.5

	(가)	(다)			(가)	(다)
①	30	385		②	30	392
③	33	378		④	33	385

정답 ④

- (가) : $\dfrac{2,574}{7,800} \times 100 = 33$
- (다) : $1,149 \times 0.335 = 385$

유형풀이 Tip

주요 통계 용어
1) 평균 : 자료 전체의 합을 자료의 개수로 나눈 값
2) 분산 : 변량이 평균으로부터 떨어져 있는 정도를 나타낸 값
3) 표준편차 : 통계집단의 분배정도를 나타내는 수치, 자료의 값이 얼마나 흩어져 분포되어 있는지 나타내는 산포도 값의 한 종류
4) 상대도수 : 도수분포표에서 도수의 총합에 대한 각 계급의 도수의 비율
5) 최빈값 : 자료의 분포 중에서 가장 많은 빈도로 나타나는 변량
6) 중앙값 : 자료를 크기 순서대로 배열했을 때 중앙에 위치하게 되는 값

01 다음은 폐기물협회에서 제공하는 전국 폐기물 발생 현황 자료이다. 빈칸 (ㄱ), (ㄴ)의 값으로 옳은 것은?(단, 소수점 둘째 자리에서 반올림한다)

〈전국 폐기물 발생 현황〉

(단위 : 톤 / 일, %)

구분		2018년	2019년	2020년	2021년	2022년	2023년
총계	발생량	359,296	357,861	365,154	373,312	382,009	382,081
	증감률	6.6	-0.4	2.0	2.2	2.3	0.02
의료 폐기물	발생량	52,072	50,906	49,159	48,934	48,990	48,728
	증감률	3.4	-2.2	-3.4	(ㄱ)	0.1	-0.5
사업장 배출시설계 폐기물	발생량	130,777	123,604	137,875	137,961	146,390	149,815
	증감률	13.9	(ㄴ)	11.5	0.1	6.1	2.3
건설 폐기물	발생량	176,447	183,351	178,120	186,417	186,629	183,538
	증감률	2.6	3.9	-2.9	4.7	0.1	-1.7

	(ㄱ)	(ㄴ)
①	-0.5	-5.5
②	-0.5	-4.5
③	-0.6	-5.5
④	-0.6	-4.5

02 다음은 세계 음악시장의 규모에 대한 표이다. 〈조건〉에 근거하여 2024년의 음악시장 규모를 구하면?(단, 소수점 둘째 자리에서 반올림한다)

〈세계 음악시장 규모〉

(단위 : 백만 달러)

구분		2019년	2020년	2021년	2022년	2023년
공연음악	후원	5,930	6,008	6,097	6,197	6,305
	티켓 판매	20,240	20,688	21,165	21,703	22,324
	소계	26,170	26,696	27,262	27,900	28,629
음반	디지털	8,719	9,432	10,180	10,905	11,544
	다운로드	5,743	5,986	6,258	6,520	6,755
	스트리밍	1,530	2,148	2,692	3,174	3,557
	모바일	1,447	1,298	1,230	1,212	1,233
	오프라인 음반	12,716	11,287	10,171	9,270	8,551
	소계	30,155	30,151	30,531	31,081	31,640
합계		56,325	56,847	57,793	58,981	60,269

조건

- 2024년 후원금은 2023년보다 1억 1천 8백만 달러, 티켓 판매는 2023년보다 7억 4천만 달러가 증가할 것으로 예상된다.
- 스트리밍 시장의 경우 빠르게 성장하는 추세로 2024년 스트리밍 시장 규모는 2019년 스트리밍 시장 규모의 2.5배가 될 것으로 예상된다.
- 오프라인 음반 시장은 점점 감소하는 추세로 2024년 오프라인 음반 시장의 규모는 2023년 대비 6%의 감소율을 보일 것으로 예상된다.

	공연음악	스트리밍	오프라인 음반
①	29,487백만 달러	3,711백만 달러	8,037.9백만 달러
②	29,487백만 달러	3,825백만 달러	8,037.9백만 달러
③	29,685백만 달러	3,825백만 달러	7,998.4백만 달러
④	29,685백만 달러	4,371백만 달러	7,998.4백만 달러

03 다음은 S헬스장의 2023년 4분기 프로그램 회원 수와 2024년 1월 예상 회원 수에 대한 표이다. 〈조건〉에 근거하여 방정식 $2a+b=c+d$가 성립할 때, b에 들어갈 알맞은 회원 수는?

〈S헬스장 운동 프로그램 회원 현황〉

(단위 : 명)

구분	2023년 10월	2023년 11월	2023년 12월	2024년 1월
요가	50	a	b	
G.X	90	98	c	
필라테스	106	110	126	d

조건
- 2023년 11월 요가 회원은 전월 대비 20% 증가했다.
- 4분기 필라테스 총 회원 수는 G.X 총 회원 수보다 37명이 더 많다.
- 2024년 1월 필라테스의 예상 회원 수는 올해 4분기 필라테스의 월 평균 회원 수일 것이다.

① 110명 ② 111명
③ 112명 ④ 113명

04 다음은 2023년 1분기 단지별 수출현황에 대한 표이다. 다음 중 (가), (나), (다)에 들어갈 수치로 가장 적절한 것은?(단, 전년 대비 수치는 소수점 둘째 자리에서 반올림한다)

〈2023년 1분기 수출현황〉

(단위 : 백만 불)

구분	2023년 1분기	2022년 1분기	전년 대비
국가	66,652	58,809	13.3% 상승
일반	34,273	29,094	(가)% 상승
농공	2,729	3,172	14.0% 하락
합계	(나)	91,075	(다)% 상승

	(가)	(나)	(다)
①	15.8	103,654	13.8
②	17.8	104,654	13.8
③	15.8	104,654	11.8
④	17.8	103,654	13.8

| 유형분석 |

- 문제에 주어진 상황과 정보를 적절하게 활용하여 잘못된 내용을 찾아낼 수 있는지 평가한다.
- 비율·증감폭·증감률·수익(손해)율 등의 계산을 요구하는 문제가 출제된다.

다음은 S은행 행원 250명을 대상으로 조사한 독감 예방접종 여부에 대한 표이다. 이에 대한 설명으로 옳은 것은?(단, 소수점 첫째 자리에서 버림한다)

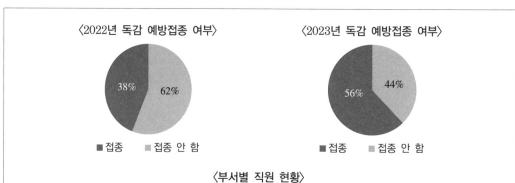

〈부서별 직원 현황〉

(단위 : %)

구분	총무부서	회계부서	영업부서	여신부서	합계
비율	16	12	28	44	100

※ 제시된 것 외의 부서는 없음
※ 2022년과 2023년 부서별 직원 현황은 변동이 없음

① 2022년의 독감 예방접종자가 모두 2023년에도 예방접종을 했다면, 2022년에는 예방접종을 하지 않았지만 2023년에 예방접종을 한 행원은 총 54명이다.
② 2022년 대비 2023년에 예방접종을 한 행원의 수는 49% 이상 증가했다.
③ 2023년 독감 예방접종 여부가 2022년의 예방접종을 하지 않은 행원들을 대상으로 2023년의 독감 예방접종 여부를 조사한 자료라고 한다면, 2022년과 2023년 모두 예방접종을 하지 않은 행원은 총 65명이다.
④ 위의 2022년과 2023년의 독감 예방접종 여부 그래프가 총무부서에 대한 자료라고 할 때, 총무부서 행원 중 예방접종을 한 행원은 2022년 대비 2023년에 약 7명 증가했다.

정답 ④

총무부서 행원은 총 250×0.16=40명이다. 2022년과 2023년의 독감 예방접종 여부가 총무부서에 대한 자료라면, 총무부서 행원 중 2022년과 2023년의 예방접종자 수의 비율 차는 56-38=18%p이다. 따라서 40×0.18≒7.2이므로 2022년 대비 2023년에 약 7명 증가했다.

오답분석

① 2022년 독감 예방접종자 수는 250×0.38=95명, 2023년 독감 예방접종자 수는 250×0.56=140명이므로, 2022년에는 예방 접종을 하지 않았지만, 2023년에는 예방접종을 한 직원은 총 140-95=45명이다.

② 2022년의 예방접종자 수는 95명이고, 2023년의 예방접종자 수는 140명이다. 따라서 $\frac{140-95}{95}\times100≒47\%$ 증가했다.

③ 2022년의 예방접종을 하지 않은 행원들을 대상으로 2023년의 독감 예방접종 여부를 조사한 자료라고 한다면, 2022년과 2023년 모두 예방접종을 하지 않은 행원은 총 250×0.62×0.44≒68명이다.

유형풀이 Tip

- [증감률(%)] : $\frac{(비교값)-(기준값)}{(기준값)}\times100$

  예 S은행의 작년 신입사원 수는 500명이고, 올해는 700명이다. S은행의 전년 대비 올해 신입사원 수의 증가율은?

  $\frac{700-500}{500}\times100=\frac{200}{500}\times100=40\%$ → 전년 대비 40% 증가하였다.

  예 S은행의 올해 신입사원 수는 700명이고, 내년에는 350명을 채용할 예정이다. S은행의 올해 대비 내년 신입사원 수의 감소율은?

  $\frac{350-700}{700}\times100=-\frac{350}{700}\times100=-50\%$ → 올해 대비 50% 감소할 것이다.

01 다음은 2020 ~ 2023년 S국가채권 현황에 대한 자료이다. 이에 대한 〈보기〉의 설명 중 옳은 것을 모두 고르면?

〈S국가채권 현황〉

(단위 : 조 원)

채권종류별	2020년		2021년		2022년		2023년	
	국가채권	연체채권	국가채권	연체채권	국가채권	연체채권	국가채권	연체채권
합계	238	27	268	31	298	36	317	39
조세채권	26	18	30	22	34	25	38	29
경상 이전수입	8	7	8	7	9	8	10	8
융자회수금	126	–	129	–	132	–	142	–
예금 및 예탁금	73	–	97	–	118	–	123	–
기타	5	2	4	2	5	3	4	2

보기

ㄱ. 2020년 총연체채권은 2022년 총연체채권의 80% 이상이다.
ㄴ. 국가채권 중 조세채권의 전년 대비 증가율은 2021년이 2023년보다 높다.
ㄷ. 융자회수금의 국가채권과 연체채권의 총합이 가장 높은 해에는 경상 이전수입의 국가채권과 연체채권의 총합도 가장 높다.
ㄹ. 2020년 대비 2023년 경상 이전수입 중 국가채권의 증가율은 경상 이전수입 중 연체채권의 증가율보다 낮다.

① ㄱ, ㄴ　　　　　　　　　② ㄱ, ㄷ
③ ㄴ, ㄷ　　　　　　　　　④ ㄷ, ㄹ

다음은 소나무재선충병 발생지역에 대한 표이다. 이를 참고할 때, 고사한 소나무 수가 가장 많이 발생한 지역은?

〈소나무재선충병 발생지역별 소나무 수〉

(단위 : 천 그루)

발생지역	소나무 수
거제	1,590
경주	2,981
제주	1,201
청도	279
포항	2,312

〈소나무재선충병 발생지역별 감염률 및 고사율〉

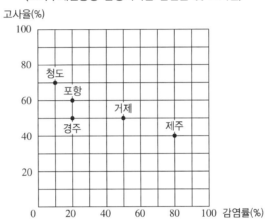

- $[감염률(\%)] = \dfrac{(발생지역의\ 감염된\ 소나무\ 수)}{(발생지역의\ 소나무\ 수)} \times 100$

- $[고사율(\%)] = \dfrac{(발생지역의\ 고사한\ 소나무\ 수)}{(발생지역의\ 감염된\ 소나무\ 수)} \times 100$

① 거제 ② 경주
③ 제주 ④ 청도

S소비자단체는 현재 판매 중인 가습기의 표시지 정보와 실제 성능을 비교하기 위해 8개의 제품을 시험하였고, 시험 결과를 다음과 같이 발표하였다. 이에 대한 내용으로 가장 적절한 것은?

〈가습기 성능 시험 결과〉

모델	제조사	구분	가습기 성능					
			미생물 오염도	가습능력	적용 바닥면적 (아파트)	적용 바닥면적 (주택)	소비전력	소음
			CFU/m^2	mL/h	m^2	m^2	W	dB(A)
A가습기	W사	표시지	14	262	15.5	14.3	5.2	26.0
		시험 결과	16	252	17.6	13.4	6.9	29.9
B가습기	L사	표시지	11	223	12.3	11.1	31.5	35.2
		시험 결과	12	212	14.7	11.2	33.2	36.6
C가습기	C사	표시지	19	546	34.9	26.3	10.5	31.5
		시험 결과	22	501	35.5	26.5	11.2	32.4
D가습기	W사	표시지	9	219	17.2	12.3	42.3	30.7
		시험 결과	8	236	16.5	12.5	44.5	31.0
E가습기	C사	표시지	9	276	15.8	11.6	38.5	31.8
		시험 결과	11	255	17.8	13.5	40.9	32.0
F가습기	C사	표시지	3	165	8.6	6.8	7.2	40.2
		시험 결과	5	129	8.8	6.9	7.4	40.8
G가습기	W사	표시지	4	223	14.9	11.4	41.3	31.5
		시험 결과	6	245	17.1	13.0	42.5	33.5
H가습기	L사	표시지	6	649	41.6	34.6	31.5	39.8
		시험 결과	4	637	45.2	33.7	30.6	41.6

① 시험 결과에 따르면 C사의 모든 가습기 소음은 W사의 모든 가습기의 소음보다 더 크다.

② L사의 모든 가습기는 표시지 정보와 시험 결과 모두 아파트 적용 바닥면적이 주택 적용 바닥면적보다 넓다.

③ 표시지 정보에 따른 모든 가습기의 가습능력은 실제보다 과대 표시되었다.

④ W사의 모든 가습기는 시험 결과, 표시지 정보보다 미생물 오염도가 더 심한 것으로 나타났다.

04 다음은 S대학교 학생 2,500명을 대상으로 조사한 인터넷 쇼핑 이용 현황 자료이다. 이에 대한 설명으로 옳지 않은 것은?(단, 매년 조사 인원수는 동일하다)

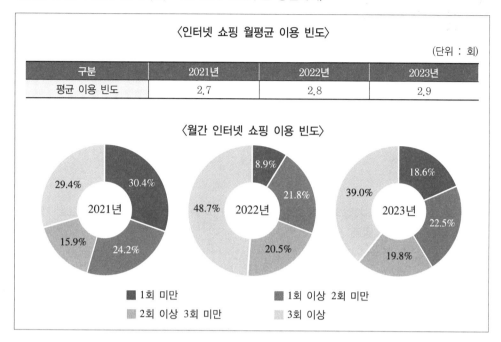

〈인터넷 쇼핑 월평균 이용 빈도〉

(단위 : 회)

구분	2021년	2022년	2023년
평균 이용 빈도	2.7	2.8	2.9

① 2022년 월간 인터넷 쇼핑을 3회 이상 이용했다고 응답한 사람은 1,210명 이상이다.

② 3년간의 인터넷 쇼핑 이용 빈도수를 누적했을 때, 두 번째로 많이 응답한 인터넷 쇼핑 이용 빈도수는 1회 미만이다.

③ 2023년 월간 인터넷 쇼핑을 2회 이상 3회 미만 이용했다고 응답한 사람은 2022년 1회 미만으로 이용했다고 응답한 사람보다 2배 이상 많다.

④ 1회 이상 2회 미만 쇼핑했다고 응답한 사람은 2022년 대비 2023년에 3% 이상 증가했다.

| 유형분석 |

- 그래프의 형태별 특징을 파악하고, 다양한 종류로 변환하여 표현할 수 있는지 평가한다.
- 수치를 일일이 확인하기보다 증감 추이를 먼저 판단한 후 그래프 모양이 크게 차이 나는 곳의 수치를 확인하는 것이 효율적이다.

다음은 2019 ~ 2023년 S기업의 매출표에 대한 표이다. 이를 참고하여 작성한 그래프로 가장 적절한 것은?(단, 비율은 소수점 둘째 자리에서 반올림한다)

<S기업 매출표>

(단위 : 억 원)

구분	2019년	2020년	2021년	2022년	2023년
매출액	1,485	1,630	1,410	1,860	2,055
매출원가	1,360	1,515	1,280	1,675	1,810
판관비	30	34	41	62	38

※ (영업이익)=(매출액)－[(매출원가)＋(판관비)]
※ (영업이익률)=(영업이익)÷(매출액)×100

① 2019 ~ 2023년 영업이익

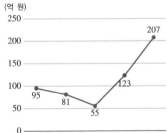

② 2019 ~ 2023년 영업이익

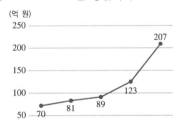

③ 2019 ~ 2023년 영업이익률

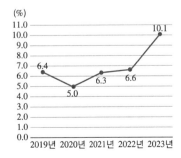

④ 2019 ~ 2023년 영업이익률

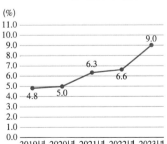

연도별 영업이익과 영업이익률은 다음과 같다.

(단위 : 억 원)

구분	2019년	2020년	2021년	2022년	2023년
매출액	1,485	1,630	1,410	1,860	2,055
매출원가	1,360	1,515	1,280	1,675	1,810
판관비	30	34	41	62	38
영업이익	95	81	89	123	207
영업이익률	6.4%	5.0%	6.3%	6.6%	10.1%

유형풀이 Tip

그래프의 종류

종류	내용
선 그래프	시간적 추이(시계열 변화)를 표시하고자 할 때 적합 [예] 연도별 매출액 추이 변화
막대 그래프	수량 간의 대소관계를 비교하고자 할 때 적합 [예] 영업소별 매출액
원 그래프	내용의 구성비를 분할하여 나타내고자 할 때 적합 [예] 제품별 매출액 구성비
층별 그래프	합계와 각 부분의 크기를 백분율로 나타내고 시간적 변화를 보고자 할 때 적합 [예] 상품별 매출액 추이
점 그래프	지역분포를 비롯한 기업 등의 평가나 위치, 성격을 표시하고자 할 때 적합 [예] 광고비율과 이익률의 관계
방사형 그래프	다양한 요소를 비교하고자 할 때 적합 [예] 매출액의 계절변동

Easy

01 다음은 2013년부터 2023년까지 연도별 자동차 등록 추이에 대한 표이다. 이를 참고하여 작성한 그래프로 적절하지 않은 것은?(단, 소수점 둘째 자리에서 반올림한다)

〈연도별 자동차 등록 추이〉

(단위 : 만 대)

구분	2013년	2014년	2015년	2016년	2017년	2018년	2019년	2020년	2021년	2022년	2023년
대수	1,794	1,844	1,887	1,940	2,012	2,099	2,180	2,253	2,320	2,368	2,437

※ (당해 증가율)=[(당해년도 수)−(전년도 수)]÷(전년도 수)×100

① 2014 ~ 2018년 증가대수

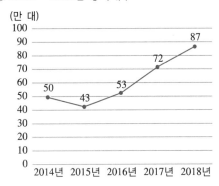

② 2019 ~ 2023년 증가대수

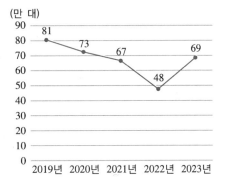

③ 2014 ~ 2018년 증가율

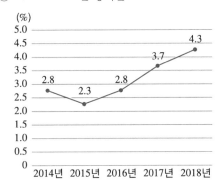

④ 2019 ~ 2023년 증가율

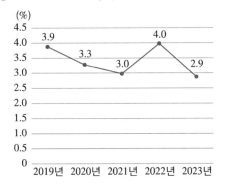

02 다음은 2019년부터 2023년까지, 5년간 서울시 냉장고 화재발생 현황에 대한 표이다. 이를 참고하여 작성한 그래프로 가장 적절한 것은?(단, 소수점 둘째 자리에서 반올림한다)

〈냉장고 화재발생 현황〉

(단위 : 건)

구분	2019년	2020년	2021년	2022년	2023년
김치냉장고	21	35	44	60	64
일반냉장고	23	24	53	41	49

※ [김치냉장고 비율(%)]=(김치냉장고 건수)÷[(김치냉장고 건수)+(일반냉장고 건수)]×100
※ [일반냉장고 비율(%)]=(일반냉장고 건수)÷[(김치냉장고 건수)+(일반냉장고 건수)]×100

① 김치냉장고 비율

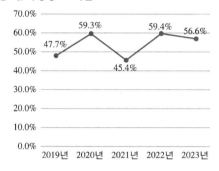

② 김치냉장고 비율

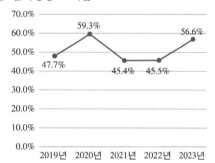

③ 김치냉장고 비율

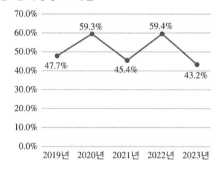

④ 일반냉장고 비율

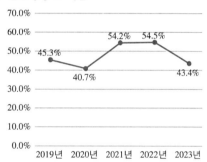

03 다음은 중국의 의료 빅데이터 시장 예상 규모에 대한 표이다. 전년 대비 성장률을 그래프로 바르게 변환한 것은?

〈2016 ~ 2025년 중국 의료 빅데이터 시장 예상 규모〉

(단위 : 억 위안)

구분	2016년	2017년	2018년	2019년	2020년	2021년	2022년	2023년	2024년	2025년
규모	9.6	15.0	28.5	45.8	88.5	145.9	211.6	285.6	371.4	482.8

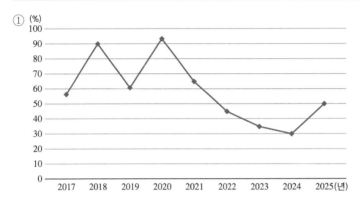

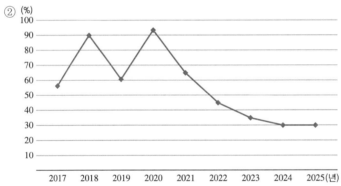

③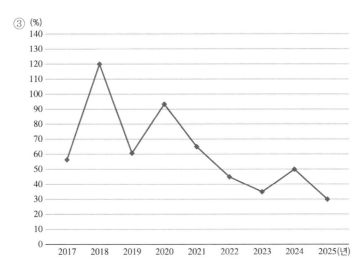

④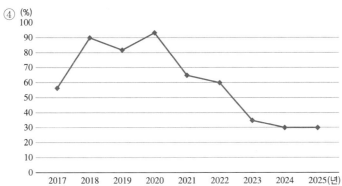

CHAPTER 03
분석력

분석력은 사고력과 문제처리능력으로 구성되어 있다. 사고력은 업무와 관련된 문제를 인식하고 해결함에 있어 창조적, 논리적, 비판적으로 생각하는 능력으로 창의적 사고, 논리적 사고, 비판적 사고와 연관되어 있다. 다수의 기업에서 시행하는 인적성에서 언어추리를 통해 사고력을 평가한다. 문제처리능력은 업무와 관련된 문제들의 특성을 파악하고, 대안을 제시·적용하고 그 결과를 평가하여 피드백하는 능력이다. 개인 또는 조직이 직면한 문제를 인식하고 대안을 선택 및 적용하여 문제를 잘 해결할 수 있는지를 평가한다.

01 언어추리

언어에 대한 논리력, 사고력 그리고 추리력을 평가하는 유형이다. 언어추리는 크게 어휘추리, 명제추리, 조건추리로 구분할 수 있다.

┤ 학습 포인트 ├

- 명제 유형의 삼단논법 문제에서는 대우 명제를, '어떤'을 포함하는 명제 문제에서는 벤다이어그램을 활용한다.
- 조건추리 유형에서는 주어진 규칙과 조건을 파악한 후 이를 도식화(표, 기호 등으로 정리)하여 문제에 접근해야 한다.
- 어휘추리 유형에서는 문장 속 어휘의 쓰임이 아닌 1 : 1 어휘 관계를 묻는 것이 일반적이므로 어휘의 뜻을 정확하게 알아둔다.

02 문제처리능력

문제처리능력은 제시된 자료를 읽고 문제의 조건에 따라 원하는 결괏값을 구하는 유형이 출제된다. 실제 업무와 연관된 자료가 제시되는 경우가 많다.

01 명제

| 유형분석 |

- 연역추론을 활용해 주어진 문장을 치환하여 성립하지 않는 내용을 찾는 문제이다.

다음 〈조건〉이 모두 참일 때, 반드시 참인 명제는?

조건

- 재현이가 춤을 추면 서현이나 지훈이가 춤을 춘다.
- 재현이가 춤을 추지 않으면 종열이가 춤을 춘다.
- 종열이가 춤을 추지 않으면 지훈이도 춤을 추지 않는다.
- 종열이는 춤을 추지 않았다.

① 재현이만 춤을 추었다. ② 서현이만 춤을 추었다.

③ 지훈이만 춤을 추었다. ④ 재현이와 서현이 모두 춤을 추었다.

정답 ④

먼저 이름의 첫 글자만 이용하여 명제를 도식화한다. 재 ○ → 서 or 지 ○, 재 × → 종 ○, 종 × → 지 ×, 종 ×
세 번째, 네 번째 명제에 의해 종열이와 지훈이는 춤을 추지 않았다. 종 × → 지 ×
또한, 두 번째 명제의 대우(종 × → 재 ○)에 의해 재현이가 춤을 추었다.
마지막으로, 첫 번째 명제에 따라 서현이가 춤을 추었다. 따라서 재현이와 서현이 모두 춤을 추었다.

유형풀이 Tip

- 명제 유형의 문제에서는 항상 '명제의 역은 성립하지 않지만, 대우는 항상 성립한다.'
- 단어의 첫 글자나 알파벳을 이용하여 명제를 도식화한 후 명제의 대우를 활용하여 각 명제들을 연결하여 답을 찾는다.
  - 예 채식주의자라면 고기를 먹지 않을 것이다.
    - → (역) 고기를 먹지 않으면 채식주의자이다.
    - → (이) 채식주의자가 아니라면 고기를 먹을 것이다.
    - → (대우) 고기를 먹는다면 채식주의자가 아닐 것이다.

명제의 역, 이, 대우

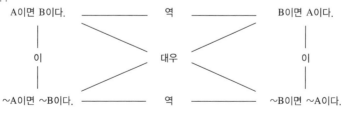

01 다음 명제가 모두 참일 때, 반드시 참인 명제는?

> • 다음은 서로 다른 밝기 등급(1 ~ 5등급)을 가진 A ~ E별의 밝기를 측정하였다.
> • 1등급이 가장 밝은 밝기 등급이다.
> • A별은 가장 밝지도 않고, 두 번째로 밝지도 않다.
> • B별은 C별보다 밝고, E별보다 어둡다.
> • C별은 D별보다 밝고, A별보다 어둡다.
> • E별은 A별보다 밝다.

① A별의 밝기 등급은 4등급이다.
② A ~ E 별 중 B별이 가장 밝다.
③ 어느 별이 가장 어두운지 확인할 수 없다.
④ 별의 밝기 등급에 따라 순서대로 나열하면 'E - B - A - C - D'이다.

Hard

02 카페를 운영 중인 S씨는 네 종류의 음료를 여름 한정 메뉴로 판매하기로 결정하였고, 이를 위해 해당 음료의 재료를 유통하는 업체 두 곳을 선정하려 한다. 선정된 유통업체는 서로 다른 메뉴의 재료를 담당해야 하며, 반드시 담당하는 메뉴에 필요한 재료를 모두 공급해야 한다. 다음 중 S씨가 선정할 두 업체로 옳은 것은?

> **조건**
> • A ~ D 네 개의 업체는 각각 5가지 재료 중 3종류의 재료를 유통한다.
> • 모든 업체가 유통하는 재료가 있다.
> • A업체가 유통하는 재료들로 카페라테를 만들 수 있다.
> • B업체가 유통하는 재료들로는 카페라테를 만들 수 있지만, 아포가토는 만들 수 없다.
> • C업체는 딸기를 유통하지 않으나, D업체는 딸기를 유통한다.
> • 팥은 B업체를 제외하고 모든 업체가 유통한다.
> • 우유를 유통하는 업체는 두 곳이다.
>
> 〈메뉴별 필요한 재료〉
>
> | 구분 | 재료 |
> | --- | --- |
> | 카페라테 | 커피 원두, 우유 |
> | 아포가토 | 커피 원두, 아이스크림 |
> | 팥빙수 | 아이스크림, 팥 |
> | 딸기라테 | 우유, 딸기 |

① A업체, B업체   ② A업체, C업체
③ B업체, C업체   ④ B업체, D업체

03 민하, 상식, 은희, 은주, 지훈은 점심 메뉴로 쫄면, 라면, 우동, 김밥, 어묵 중 각각 하나씩을 주문하였다. 제시된 〈조건〉이 모두 참일 때, 다음 중 점심 메뉴가 바르게 연결된 것은?(단, 모두 서로 다른 메뉴를 주문하였다)

> **조건**
> • 민하와 은주는 라면을 먹지 않았다.
> • 상식과 민하는 김밥을 먹지 않았다.
> • 은희는 우동을 먹었고, 지훈은 김밥을 먹지 않았다.
> • 지훈은 라면과 어묵을 먹지 않았다.

① 지훈 – 라면, 상식 – 어묵
② 지훈 – 쫄면, 민하 – 라면
③ 은주 – 어묵, 상식 – 김밥
④ 민하 – 어묵, 상식 – 라면

04 S은행에 근무 중인 A ~ E 다섯 명은 다음 사내 교육 프로그램 일정에 따라 요일별로 하나의 프로그램에 참가한다. 제시된 〈조건〉이 모두 참일 때, 다음 중 항상 참인 것은?

〈사내 교육 프로그램 일정〉

월	화	수	목	금
필수1	필수2	선택1	선택2	선택3

> **조건**
> • A는 선택 프로그램에 참가한다.
> • C는 필수 프로그램에 참가한다.
> • D는 C보다 나중에 프로그램에 참가한다.
> • E는 A보다 나중에 프로그램에 참가한다.

① D는 반드시 필수 프로그램에 참가한다.
② B가 필수 프로그램에 참가하면 C는 화요일 프로그램에 참가한다.
③ C가 화요일 프로그램에 참가하면 E는 선택2 프로그램에 참가한다.
④ A가 목요일 프로그램에 참가하면 E는 선택3 프로그램에 참가한다.

05 짱구, 철수, 유리, 훈이, 맹구는 어떤 문제에 대한 해결 방안으로 A ~ E 다섯 개 중 각각 하나씩을 제안하였다. 다음 내용이 모두 참일 때, 제안자와 그 제안이 바르게 연결된 것은?(단, 모두 서로 다른 하나의 제안을 제시하였다)

- 짱구와 훈이는 B를 제안하지 않았다.
- 철수와 짱구는 D를 제안하지 않았다.
- 유리는 C를 제안하였으며, 맹구는 D를 제안하지 않았다.
- 맹구는 B와 E를 제안하지 않았다.

① 짱구 – A, 맹구 – B   ② 짱구 – A, 훈이 – D

③ 철수 – B, 짱구 – E   ④ 철수 – B, 훈이 – E

Hard

06 S프랜차이즈 카페에서는 디저트로 빵, 케이크, 마카롱, 쿠키를 판매하고 있다. 최근 각 지점에서 디저트를 섭취하고 땅콩 알레르기가 발생했다는 컴플레인이 제기되었다. 해당 디저트에는 모두 땅콩이 들어가지 않으며, 땅콩을 사용한 제품과 인접 시설에서 제조하고 있다. 다음 사례를 참고할 때, 반드시 참이 아닌 것은?

- 땅콩 알레르기 유발 원인이 된 디저트는 빵, 케이크, 마카롱, 쿠키 중 하나이다.
- 각 지점에서 땅콩 알레르기가 있는 손님이 섭취한 디저트와 알레르기 유무는 아래와 같다.

A지점	빵과 케이크를 먹고, 마카롱과 쿠키를 먹지 않은 경우, 알레르기가 발생했다.
B지점	빵과 마카롱을 먹고, 케이크와 쿠키를 먹지 않은 경우, 알레르기가 발생하지 않았다.
C지점	빵과 쿠키를 먹고, 케이크와 마카롱을 먹지 않은 경우, 알레르기가 발생했다.
D지점	케이크와 마카롱을 먹고, 빵과 쿠키를 먹지 않은 경우, 알레르기가 발생했다.
E지점	케이크와 쿠키를 먹고, 빵과 마카롱을 먹지 않은 경우, 알레르기가 발생하지 않았다.
F지점	마카롱과 쿠키를 먹고, 빵과 케이크를 먹지 않은 경우, 알레르기가 발생하지 않았다.

① A, B, D지점의 사례만을 고려하면, 케이크가 알레르기의 원인이다.

② A, C, E지점의 사례만을 고려하면, 빵이 알레르기의 원인이다.

③ B, D, F지점의 사례만을 고려하면, 케이크가 알레르기의 원인이다.

④ C, D, F지점의 사례만을 고려하면, 마카롱이 알레르기의 원인이다.

02 참 · 거짓

| 유형분석 |

- 주어진 문장을 토대로 논리적으로 추론하여 참 또는 거짓을 구분하는 문제이다.

어느 호텔 라운지에 둔 화분이 투숙자 중 1명에 의하여 깨진 사건이 발생했다. 이 호텔에는 A ~ D 4명의 투숙자가 있었으며, 각 투숙자는 다음과 같이 진술하였다. 4명의 투숙자 중 3명은 진실을 말하고, 1명이 거짓을 말하고 있다면 화분을 깬 사람은?

- A : 나는 깨지 않았다. B도 깨지 않았다. C가 깨뜨렸다.
- B : 나는 깨지 않았다. C도 깨지 않았다. D도 깨지 않았다.
- C : 나는 깨지 않았다. D도 깨지 않았다. A가 깨뜨렸다.
- D : 나는 깨지 않았다. B도 깨지 않았다. C도 깨지 않았다.

① A   ② B
③ C   ④ D

정답 ①

- A가 거짓말을 할 경우 : A가 깨뜨린 것이 된다.
- B가 거짓말을 할 경우 : 1명은 C가 깼다고 말하고, 2명은 깨지 않았다고 말한 것이 된다.
- C가 거짓말을 할 경우 : 1명은 C가 깼다고 말하고, 2명은 깨지 않았다고 말한 것이 된다.
- D가 거짓말을 할 경우 : 1명은 C가 깼다고 말하고, 1명은 깨지 않았다고 말한 것이 된다.

따라서 A가 거짓말을 하였고, A가 화분을 깨뜨렸다.

유형풀이 Tip

참 · 거짓 유형의 90% 이상은 다음 두 가지 방법으로 풀 수 있다.

주어진 진술을 빠르게 훑으며 다음 두 가지 중 어떤 경우에 해당하는지 확인한 후 문제를 풀어나간다.

ⅰ) 2명 이상의 발언 중 한쪽이 진실이면 다른 한쪽이 거짓인 경우
  ① A가 진실이고 B가 거짓인 경우, B가 진실이고 A가 거짓인 경우 두 가지로 나눌 수 있다.
  ② 두 가지 경우에서 각 발언의 진위 여부를 판단한다.
  ③ 주어진 조건과 비교한다(범인의 숫자가 맞는지, 진실 또는 거짓을 말한 인원수가 조건과 맞는지 등).

ⅱ) 2명 이상의 발언 중 한쪽이 진실이면 다른 한쪽도 진실인 경우와 한쪽이 거짓이면 다른 한쪽도 거짓인 경우
  ① A와 B가 모두 진실인 경우, A와 B가 모두 거짓인 경우 두 가지로 나눌 수 있다.
  ② 두 가지 경우에서 각 발언의 진위 여부를 판단한다.
  ③ 주어진 조건과 비교한다(범인의 숫자가 맞는지, 진실 또는 거짓을 말한 인원수가 조건과 맞는지 등).

01 A ~ E 5명 중 단 1명만 거짓을 말하고 있을 때, 다음 중 범인은 누구인가?

> A : C가 범인입니다.
> B : A는 거짓말을 하고 있습니다.
> C : B가 거짓말을 하고 있습니다.
> D : 저는 범인이 아닙니다.
> E : A가 범인입니다.

① A, C

② B, C

③ C, D

④ D, E

Hard

02 어느 날 밤, 도둑이 금은방에 침입하여 보석을 훔쳐 달아났다. 용의자는 갑 ~ 무 5명이며, 조사 결과 이들은 서로 친구임이 밝혀졌다. 이들 중 2명은 거짓말을 하고 있으며, 그중 한 명이 보석을 훔친 범인이라고 할 때, 범인은?(단, 거짓말을 한 사람이 여러 진술을 하였다면 그 진술은 모두 거짓이다)

> 갑 : 을은 그 시간에 병과 함께 PC방에 있었습니다.
> 을 : 그날 밤 저는 갑, 병과 함께 있었습니다.
> 병 : 저는 사건이 일어났을 때 혼자 집에 있었습니다.
> 정 : 을의 진술은 참이며, 저는 금은방에 있지 않았습니다.
> 무 : 저는 그날 밤 갑과 함께 집에 있었고, 금은방에 있지 않았습니다.

① 갑

② 을

③ 정

④ 무

03 A∼E 5명이 기말고사를 봤고, 이 중 2명은 부정행위를 하였다. 부정행위를 한 2명은 거짓을 말하고 부정행위를 하지 않은 3명은 진실을 말할 때, 다음 진술을 보고 부정행위를 한 사람끼리 바르게 짝지은 것은?

A : D는 거짓말을 하고 있어.
B : A는 부정행위를 하지 않았어.
C : B가 부정행위를 했어.
D : 나는 부정행위를 하지 않았어.
E : C가 거짓말을 하고 있어.

---

① A, B   ② B, C

③ C, D   ④ D, E

`Easy`

04 A∼E 5명 중 1명이 테이블 위에 놓여있던 사탕을 먹었다. 이들 중 1명의 진술만 거짓일 때, 거짓을 말하는 사람은?

A : D의 말은 거짓이다.
B : A가 사탕을 먹었다.
C : D의 말은 사실이다.
D : B는 사탕을 먹지 않았다.
E : D는 사탕을 먹지 않았다.

---

① A   ② C

③ D   ④ E

05 사과 12개를 A ~ E 5명의 사람들이 나누어 먹고 다음과 같은 대화를 나눴다. 이 중에서 단 1명만이 진실을 말하고 있다고 할 때, 사과를 가장 많이 먹은 사람과 적게 먹은 사람을 순서대로 짝지은 것은?(단, 모든 사람은 적어도 1개 이상의 사과를 먹었다)

A : 나보다 사과를 적게 먹은 사람은 없어.

B : 나는 사과를 2개 이하로 먹었어.

C : D는 나보다 사과를 많이 먹었고, 나는 B보다 사과를 많이 먹었어.

D : 우리 중에서 사과를 가장 많이 먹은 사람은 A야.

E : 나는 사과를 4개 먹었고, 우리 중에 먹은 사과의 개수가 같은 사람이 있어.

---

① B, A
② B, D
③ E, A
④ E, D

06 백화점에서 함께 쇼핑을 한 A ~ E 5명은 일정 금액 이상 구매 시 추첨을 통해 경품을 제공하는 백화점 이벤트에 응모하였다. 얼마 후 당첨자가 발표되었고, A ~ E 중 1명이 1등에 당첨되었다. 다음 A ~ E의 대화에서 1명이 거짓말을 한다고 할 때, 1등 당첨자는?

A : C는 1등이 아닌 3등에 당첨됐어.

B : D가 1등에 당첨됐고, 나는 2등에 당첨됐어.

C : A가 1등에 당첨됐어.

D : C의 말은 거짓이야.

E : 나는 5등에 당첨되었어.

---

① A
② B
③ C
④ D

03 순서추론

| 유형분석 |

- 조건을 토대로 순서·위치 등을 추론하여 배열·배치하는 문제이다.
- 방·숙소 배정하기, 부서 찾기, 날짜 찾기, 테이블 위치 찾기 등 다양한 유형의 문제가 출제된다.

A ~ E 5명이 다음 〈조건〉과 같이 일렬로 나란히 자리에 앉는다고 할 때, 바르게 추론한 것은?(단, 자리의 순서는 왼쪽을 기준으로 첫 번째 자리로 한다)

조건

- D는 A의 바로 왼쪽에 있다.
- B와 D 사이에 C가 있다.
- A는 마지막 자리가 아니다.
- A와 B 사이에 C가 있다.
- B는 E의 바로 오른쪽에 앉는다.

① D는 두 번째 자리에 앉을 수 있다.

② E는 네 번째 자리에 앉을 수 있다.

③ C는 두 번째 자리에 앉을 수 있다.

④ C는 E의 오른쪽에 앉을 수 있다.

정답 ②

첫 번째 조건에서 D는 A의 바로 왼쪽에 앉으며, 마지막 조건에서 B는 E의 바로 오른쪽에 앉으므로 'D-A', 'E-B'를 각각 한 묶음으로 생각할 수 있다. 두 번째 조건에서 C는 세 번째 자리에 앉아야 하며, 세 번째 조건에 의해 'D-A'는 각각 첫 번째, 두 번째 자리에 앉아야 한다. 이를 표로 정리하면 다음과 같다.

첫 번째 자리	두 번째 자리	세 번째 자리	네 번째 자리	다섯 번째 자리
D	A	C	E	B

오답분석

① D는 첫 번째 자리에 앉는다.

③ C는 세 번째 자리에 앉는다.

④ C는 E의 왼쪽에 앉는다.

유형풀이 Tip

- 주어진 명제를 자신만의 방법으로 도식화하여 빠르게 문제를 해결한다.
- 경우의 수가 여러 개인 명제보다 1 ~ 2개인 명제를 먼저 도식화하면, 그만큼 경우의 수가 줄어들어 문제를 빠르게 해결할 수 있다.

Easy

01 S사의 A ~ D는 각각 다른 팀에 근무하는데, 각 팀은 2층, 3층, 4층, 5층에 위치하고 있다. 다음 〈조건〉을 참고할 때, 항상 참인 것은?

> **조건**
> • A, B, C, D 중 2명은 부장, 1명은 과장, 1명은 대리이다.
> • 대리의 사무실은 B보다 높은 층에 있다.
> • B는 과장이다.
> • A는 대리가 아니다.
> • A의 사무실이 가장 높다.

① 부장 중 1명은 반드시 2층에 근무한다.
② A는 부장이다.
③ 대리는 4층에 근무한다.
④ B는 2층에 근무한다.

02 S은행에서는 이번 주 월 ~ 금요일에 건강검진을 실시한다. 서로 요일이 겹치지 않도록 다음 〈조건〉에 따라 하루를 선택하여 건강검진을 받아야 할 때, 반드시 참인 것은?

> **조건**
> • 이사원은 최사원보다 먼저 건강검진을 받는다.
> • 김대리는 최사원보다 늦게 건강검진을 받는다.
> • 박과장의 경우 금요일에는 회의로 인해 건강검진을 받을 수 없다.
> • 이사원은 월요일 또는 화요일에 건강검진을 받는다.
> • 홍대리는 수요일에 출장을 가므로 수요일 이전에 건강검진을 받아야 한다.
> • 이사원은 홍대리보다는 늦게, 박과장보다는 빨리 건강검진을 받는다.

① 홍대리는 월요일에 건강검진을 받는다.
② 박과장은 수요일에 건강검진을 받는다.
③ 최사원은 박과장보다 빨리 건강검진을 받는다.
④ 박과장은 최사원보다 빨리 건강검진을 받는다.

03 S은행의 마케팅 부서 직원 A ~ H 8명이 다음 〈조건〉에 따라 원탁에 앉아서 회의를 하려고 할 때, 항상 참인 것은?(단, 서로 이웃해 있는 직원 간의 사이는 모두 동일하다)

조건

- A와 C는 가장 멀리 떨어져 있다.
- A 옆에는 G가 앉는다.
- B와 F는 서로 마주보고 있다.
- D는 E 옆에 앉는다.
- H는 B 옆에 앉지 않는다.
---

① 경우의 수는 총 4가지이다.
② A와 B 사이에는 항상 누군가 앉아 있다.
③ C 옆에는 항상 E가 있다.
④ G의 오른쪽 옆에는 항상 H가 있다.

04 영업팀의 A ~ E사원 다섯 명은 출장으로 인해 S호텔에 투숙하게 되었다. S호텔은 5층 건물이며 〈조건〉에 따라 A ~ E사원이 서로 다른 층에 묵는다고 할 때, 다음 중 바르게 추론한 것은?

조건

- A사원은 2층에 묵는다.
- B사원은 A사원보다 높은 층에 묵지만, C사원보다는 낮은 층에 묵는다.
- D사원은 C사원 바로 아래층에 묵는다.
---

① E사원은 1층에 묵는다.
② B사원은 4층에 묵는다.
③ E사원은 가장 높은 층에 묵는다.
④ C사원은 D사원보다 높은 층에 묵지만, E사원보다는 낮은 층에 묵는다.

05 월요일부터 일요일까지 4형제가 1명씩 돌아가면서 어머니 병간호를 하기로 했다. 다음 〈조건〉이 항상 참일 때, 옳지 않은 것은?

> **조건**
> • 첫째, 둘째, 셋째는 이틀씩, 넷째는 하루 병간호하기로 했다.
> • 어머니가 혼자 계시도록 두는 날은 없다.
> • 첫째는 화요일과 목요일에 병간호할 수 없다.
> • 둘째는 평일에 하루, 주말에 하루 병간호하기로 했다.
> • 셋째는 일요일과 평일에 병간호하기로 했다.
> • 넷째는 수요일에 병간호하기로 했다.

① 첫째는 월요일과 금요일에 병간호한다.
② 넷째는 수요일에 하루만 병간호한다.
③ 셋째는 화요일과 일요일에 병간호한다.
④ 둘째는 화요일에 병간호를 할 수도, 하지 않을 수도 있다.

06 S필라테스 센터에서 평일에는 바렐, 체어, 리포머의 세 가지 수업이 동시에 진행되며, 토요일에는 리포머 수업만 진행된다. 센터 회원은 전용 어플을 통해 자신이 원하는 수업을 선택하여 일주일간의 운동 스케줄을 등록할 수 있다. 센터 회원인 N씨가 월요일부터 토요일까지 〈조건〉과 같이 운동 스케줄을 등록할 때, 옳지 않은 것은?

> **조건**
> • 바렐 수업은 일주일에 1회 참여한다.
> • 체어 수업은 일주일에 2회 참여하되, 금요일에 1회 참여한다.
> • 리포머 수업은 일주일에 3회 참여한다.
> • 동일한 수업은 연달아 참여하지 않는다.
> • 월요일부터 토요일까지 하루에 1개의 수업을 듣는다.
> • 하루에 1개의 수업만 들을 수 있다.

① 월요일에 리포머 수업을 선택한다면, 화요일에는 체어 수업을 선택할 수 있다.
② 월요일에 체어 수업을 선택한다면, 수요일에는 바렐 수업을 선택할 수 있다.
③ 화요일에 체어 수업을 선택한다면, 수요일에는 바렐 수업을 선택할 수 있다.
④ 화요일에 바렐 수업을 선택한다면, 수요일에는 리포머 수업을 선택할 수 있다.

| 유형분석 |

- 상황과 정보를 토대로 조건에 적절한 것을 찾는 문제이다.
- 자원관리능력 영역과 결합한 계산 문제가 출제될 가능성이 있다.

다음은 S은행에서 진행하고 있는 이벤트 포스터이다. S은행의 행원인 귀하가 해당 이벤트를 고객에게 추천하기 전 확인해야 할 사항으로 적절하지 않은 것은?

〈S은행 가족사랑 패키지 출시 기념 이벤트〉

▲ 이벤트 기간 : 2024년 3월 2일(토) ~ 31일(일)

▲ 세부내용

대상	응모요건	경품
가족사랑 통장·적금·대출 신규 가입고객	① 가족사랑 통장 신규 ② 가족사랑 적금 신규 ③ 가족사랑 대출 신규	가입고객 모두에게 OTP 또는 보안카드 무료 발급
가족사랑 고객	가족사랑 통장 가입 후 다음 중 1가지 이상 충족 ① 급여이체 신규 ② 가맹점 결제대금 이체 신규 ③ 신용(체크)카드 결제금액 20만 원 이상 ④ 가족사랑 대출 신규(1천만 원 이상)	• 여행상품권(200만 원, 1명) • 최신 핸드폰(3명) • 한우세트(300명) • 연극 티켓 2매(전 고객)
국민행복카드 가입고객	국민행복카드 신규+당행 결제계좌 등록 (동 카드로 임신 출산 바우처 결제 1회 이상 사용)	어쩌다 엄마(도서, 500명)

▲ 당첨자 발표 : 2024년 4월 중순, 홈페이지 공지 및 영업점 통보
  - 제세공과금은 S은행이 부담하며 본 이벤트는 당행의 사정으로 변경 또는 중단될 수 있습니다.
  - 당첨고객은 추첨일 현재 대상상품 유지고객에 한하며, 당첨자 명단은 추첨일 기준 금월 중 S은행 홈페이지에서 확인하실 수 있습니다.
  - 기타 자세한 내용은 인터넷 홈페이지(www.Sbank.com)를 참고하시거나 가까운 영업점, 고객센터(0000-0000)에 문의하시기 바랍니다.

  ※ 유의사항 : 상기이벤트 당첨자 중 핸드폰 등 연락처 불능, 수령 거절 등의 고객 사유로 1개월 이상 경품 미수령 시 당첨이 취소될 수 있음

① 가족사랑 패키지 출시 기념 이벤트는 3월 한 달 동안 진행되는구나.

② 가족사랑 대출을 신규로 가입했을 경우에 OTP나 보안카드를 무료로 발급받을 수 있구나.

③ 가족사랑 통장을 신규로 가입한 후, 급여이체를 설정하면 OTP가 무료로 발급되고 연극 티켓도 받을 수 있구나.

④ 2024년 4월에 이벤트 당첨자를 발표하는데, 별도의 통보가 없으니 영업점을 방문하시라고 설명해야겠구나.

정답 ④

이벤트 포스터에 당첨자 명단은 홈페이지에서 확인할 수 있다고 명시되어 있다.

오답분석

① '이벤트 기간'에서 확인할 수 있다.

② '세부내용' 내 '가족사랑 통장·적금·대출 신규 가입고객'의 '경품'란에서 확인할 수 있다.

③ '세부내용' 내 '가족사랑 고객'의 '경품'란에서 확인할 수 있다.

유형풀이 Tip

- 문제에서 묻는 것을 파악한 후, 필요한 상황과 정보를 활용하여 문제를 풀어간다.
- 전체적으로 적용되는 공통 조건과 추가로 적용되는 조건이 동시에 제시될 수 있다. 따라서 공통 조건이 무엇인지 먼저 판단한 후 경우에 따라 추가 조건을 고려하여 풀이한다.
- 추가 조건은 표 하단에 작은 글자로 제시될 수 있으며, 문제를 해결하는 데 중요한 변수가 될 수 있으므로 유의한다.

01 다음은 고용노동부에서 제공하는 퇴직금 산정 기준과 S사 직원 4명의 관련 정보이다. 4명 모두 미사용 연차 일수가 5일일 때, 퇴직금이 두 번째로 적은 직원은?(단, 모든 계산은 소수점 첫째 자리에서 반올림한다)

〈퇴직금 산정 기준〉

- (퇴직금)=(1일 평균임금)$\times 30 \times \dfrac{(근속연수)}{(1년)}$

- (1일 평균임금)=$(A+B+C) \div 90$
  - A=(3개월간의 임금 총액)=$[(기본급)+(기타수당)] \times 3$
  - B=(연간 상여금)$\times \dfrac{(3개월)}{(12개월)}$
  - C=(연차수당)$\times$(미사용 연차 일수)$\times \dfrac{(3개월)}{(12개월)}$

〈S사 직원 퇴직금 관련 정보〉

구분	근속연수	기본급	기타수당	연차수당	연간 상여금
최과장	12년	3,000,000원	–	140,000원	1,800,000원
박과장	10년	2,700,000원	–	115,000원	1,500,000원
홍대리	8년	2,500,000원	450,000원	125,000원	1,350,000원
신대리	6년	2,400,000원	600,000원	97,500원	1,200,000원

① 최과장
③ 홍대리
② 박과장
④ 신대리

※ 다음은 A ~ D사원의 5월 근태 현황 중 일부를 나타낸 자료이다. 이를 보고 이어지는 질문에 답하시오.
[2~3]

<5월 근태 현황>

(단위 : 회)

구분	A사원	B사원	C사원	D사원
지각	1			1
결근				
야근				2
근태 총점수(점)	0	−4	−2	0

<5월 근태 정보>

• 근태는 지각(−1), 결근(−1), 야근(+1)으로 이루어져 있다.
• A, B, C, D사원의 근태 총점수는 각각 0점, −4점, −2점이다.
• A, B, C사원은 지각, 결근, 야근을 각각 최소 1회, 최대 3회 하였고 각 근태 횟수는 모두 달랐다.
• A사원은 지각을 1회 하였다.
• 근태 중 야근은 A사원이 가장 많이 했다.
• 지각은 B사원이 C사원보다 적게 했다.

02 다음 중 항상 옳은 것은?

① 지각을 제일 많이 한 사람은 C사원이다.
② B사원은 결근을 2회 했다.
③ C사원은 야근을 1회 했다.
④ A사원은 결근을 3회 했다.

Easy

03 다음 중 지각보다 결근을 많이 한 사람은?

① A사원, B사원　　　　　　② A사원, C사원
③ B사원, C사원　　　　　　④ B사원, D사원

※ A대리와 B대리는 목돈 마련을 위해 각자 S은행의 적금상품에 가입하고자 한다. 다음 자료를 읽고 이어지는 질문에 답하시오. [4~5]

<주거래은행적금>

- 가입대상 : 실명의 개인
- 계약기간 : 12개월 이상 36개월 이하(월 단위)
- 정액적립식 : 신규 약정 시 약정한 월 1만 원 이상의 저축금액을 매월 약정일에 동일하게 저축
- 이자지급방식 : 만기일시지급식, 단리식
- 기본금리

가입기간	12개월 이상 20개월 미만	20개월 이상 28개월 미만	28개월 이상 36개월 미만	36개월
금리	연 1.5%	연 1.8%	연 2.2%	연 2.4%

※ 만기 전 해지 시 연 1.2%의 금리가 적용됨
- 우대금리

우대사항	우대조건	우대이율
가족회원	2인 이상의 가족(주민등록등본상)이 S은행 계좌를 보유하고 있는 경우 (※ 주민등록등본상 본인 제외 2인 이상)	연 0.8%p
거래우수	이 적금의 신규 가입 시에 예금주의 S은행 거래기간이 3년 이상인 경우	연 0.4%p
청약보유	이 적금의 신규일로부터 3개월이 속한 달의 말일을 기준으로 주택청약종합저축을 보유한 경우	연 0.6%p

- 일부해지 : 만기해지 포함 총 3회까지 가능(최소가입금액 1백만 원 이상 유지, 중도해지금리 적용)
- 계약해지 : 영업점에서 해지 가능
- 세금우대 : 비과세종합저축
- 예금자 보호 여부 : 해당상품은 예금자 보호를 받을 수 있는 상품으로 본 은행에 있는 모든 예금보호대상 금융상품의 원금과 소정의 이자를 합하여 1인당 '최고 5천만 원'을 보호받을 수 있고, 초과하는 금액은 보호하지 않습니다.

04 귀하는 S은행 영업점에서 수신업무를 담당하고 있다. 당행에 방문한 A대리는 귀하에게 신규 런칭한 주거래은행적금에 대해서 문의하고 있다. 귀하의 답변으로 적절하지 않은 것은?

> A대리 : 안녕하세요. 최근에 나온 적금 상품이 있던데 안내 부탁드립니다.
>
> 귀하 : 네, 이번에 신규 런칭한 주거래 정기적금에 대해서 안내해 드리겠습니다. 이번 상품은 다른 상품들과 달리 S은행과 주로 거래하시는 분께 큰 혜택을 드리고 있습니다. ① 기본적으로 1만 원 이상의 저축금액을 약정일에 동일하게 저축하는 상품입니다. ② 기본 적용금리는 기간에 따라 다르게 적용되는데, 최대 2.4%까지 적용됩니다. ③ 현재 고객님께서는 저희 은행과 2년째 거래 중이셔서 기본적으로 0.4%p의 우대이율이 적용되고, ④ 3인의 가족과 함께 거주 중이신 것으로 되어 있으셔서 가족 분들 중 2인 이상이 당행의 계좌가 있으시면 연 0.8%p의 우대이율을 추가로 적용받을 수 있습니다. 또한, 주거래은행적금을 가입하고 그 다음 달부터 주택청약종합저축을 3개월 안에 가입하신다면 최대 4.2%의 이율은 적용받으실 수 있습니다. 마지막으로 해당 상품은 비과세종합저축으로 한도가 남아 있다면 이자에 대해서 과세하지 않습니다.

Hard

05 A대리는 2023년 4월 2일에 위의 조건과 동일한 연 복리 적금에 가입하고자 한다. 연 복리 적금에는 이자소득세율 10%가 적용된다. A대리의 상황이 다음과 같을 때, A대리가 만기 시 받을 수 있는 환급액은?(단, $1.03^{\frac{1}{12}} = 1.002$, $1.03^{\frac{25}{12}} = 1.06$이다)

〈상황〉

- A대리는 24개월짜리 적금상품에 가입하고자 한다.
- A대리는 월초에 20만 원씩 해당 적금에 납입하고자 한다.
- A대리의 가족 중 어머니, 누나, 남동생은 모두 S은행 계좌를 보유하고 있으며, 이들은 모두 A대리의 주민등록등본상에 등록되어 있다.
- A대리는 S은행 계좌를 2018년 2월 1일에 개설하였다.
- A대리는 보유 중인 주택청약종합저축이 없다.

---

① 5,375,000원   ② 5,415,000원

③ 5,635,000원   ④ 5,700,000원

05 환경분석

| 유형분석 |

- 상황에 대한 환경분석을 통해 주요 과제 및 해결방안을 도출하는 문제이다.
- SWOT 분석뿐 아니라 3C 분석을 활용하는 문제가 출제될 수 있으므로, 해당 분석 도구에 대한 사전 학습이 요구된다.

국내 A금융그룹의 SWOT 분석 결과가 다음과 같을 때, 분석 결과에 대응하는 전략과 그 내용이 바르게 짝지어진 것은?

국내 A금융그룹 SWOT 분석	
S(강점)	W(약점)
• 탄탄한 국내시장 지배력 • 뛰어난 위기관리 역량 • 우수한 자산건전성 지표 • 수준 높은 금융 서비스	• 은행과 이자수익에 편중된 수익구조 • 취약한 해외 비즈니스와 글로벌 경쟁력 • 낙하산식 경영진 교체와 관치금융 우려 • 외화 자금 조달 리스크
O(기회)	T(위협)
• 해외 금융시장 진출 확대 • 기술 발달에 따른 핀테크의 등장 • IT 인프라를 활용한 새로운 수익 창출 • 계열사 간 협업을 통한 금융 서비스	• 새로운 금융 서비스의 등장 • 은행의 영향력 약화 가속화 • 글로벌 금융사와의 경쟁 심화 • 비용 합리화에 따른 고객 신뢰 저하

① SO전략 : 해외 비즈니스TF팀 신설로 상반기 해외 금융시장 진출 대비

② ST전략 : 금융 서비스를 다방면으로 확대해 글로벌 경쟁사와의 경쟁에서 우위 차지

③ WO전략 : 국내의 탄탄한 시장점유율을 기반으로 핀테크 사업 진출

④ WT전략 : 국내 금융사의 우수한 자산건전성 지표를 홍보하여 고객 신뢰 회복

②

수준 높은 금융 서비스를 통해 글로벌 경쟁에서 우위를 차지하는 것은 강점을 이용해 글로벌 금융사와의 경쟁 심화라는 위협을 극복하는 ST전략이다.

오답분석

① 해외 비즈니스TF팀을 신설해 해외 금융시장 진출을 확대하는 것은 글로벌 경쟁력이 낮다는 약점을 극복하고 해외 금융시장 진출 확대라는 기회를 활용하는 WO전략이다.
③ 탄탄한 국내 시장점유율이 국내 금융그룹의 핀테크 사업 진출의 기반이 되는 것은 강점을 통해 기회를 살리는 SO전략이다.
④ 우수한 자산건전성 지표를 홍보하여 고객 신뢰를 회복하는 것은 강점으로 위협을 극복하는 ST전략이다.

유형풀이 Tip

SWOT 분석

기업의 내부환경과 외부환경을 분석하여 강점(Strength), 약점(Weakness), 기회(Opportunity), 위협(Threat) 요인을 규정하고 이를 토대로 경영전략을 수립하는 기법으로, 미국의 경영컨설턴트인 알버트 험프리(Albert Humphrey)에 의해 고안되었다. SWOT 분석의 가장 큰 장점은 기업의 내·외부환경 변화를 동시에 파악할 수 있다는 것이다. 기업의 내부환경을 분석하여 강점과 약점을 찾아내며, 외부환경 분석을 통해서는 기회와 위협을 찾아낸다. SWOT 분석은 외부로부터의 기회는 최대한 살리고 위협은 회피하는 방향으로 자신의 강점은 최대한 활용하고 약점은 보완한다는 논리에 기초를 두고 있다. SWOT 분석에 의한 경영전략은 다음과 같이 정리할 수 있다.

Strength 강점 기업 내부환경에서의 강점	S	W	Weakness 약점 기업 내부환경에서의 약점
Opportunity 기회 기업 외부환경으로부터의 기회	O	T	Threat 위협 기업 외부환경으로부터의 위협

3C 분석

자사(Company)	고객(Customer)	경쟁사(Competitor)
• 자사의 핵심역량은 무엇인가? • 자사의 장단점은 무엇인가? • 자사의 다른 사업과 연계되는가?	• 주 고객군은 누구인가? • 그들은 무엇에 열광하는가? • 그들의 정보 습득/교환은 어디에서 일어나는가?	• 경쟁사는 어떤 회사가 있는가? • 경쟁사의 핵심역량은 무엇인가? • 잠재적인 경쟁사는 어디인가?

01 S사에 근무하는 B사원은 국내 원자력 산업에 대한 SWOT 분석 결과 자료를 바탕으로 SWOT 분석에 의한 경영전략에 맞춰서 〈보기〉와 같이 분석하였다. 〈보기〉의 설명 중 SWOT 분석에 의한 경영전략으로 적절하지 않은 것을 모두 고르면?

〈국내 원자력 산업에 대한 SWOT 분석 결과〉

구분	분석 결과
강점(Strength)	• 우수한 원전 운영 기술력 • 축적된 풍부한 수주 실적
약점(Weakness)	• 낮은 원전해체 기술 수준 • 안전에 대한 우려
기회(Opportunity)	• 해외 원전수출 시장의 지속적 확대 • 폭염으로 인한 원전 효율성 및 필요성 부각
위협(Threat)	• 현 정부의 강한 탈원전 정책 기조

〈SWOT 분석에 의한 경영전략〉

• SO전략 : 강점을 살려 기회를 포착하는 전략
• ST전략 : 강점을 살려 위협을 회피하는 전략
• WO전략 : 약점을 보완하여 기회를 포착하는 전략
• WT전략 : 약점을 보완하여 위협을 회피하는 전략

보기

ㄱ. 뛰어난 원전 기술력을 바탕으로 동유럽 원전수출 시장에서 우위를 점하는 것은 SO전략으로 적절하겠어.
ㄴ. 안전성을 제고하여 원전 운영 기술력을 향상시키는 것은 WO전략으로 적절하겠어.
ㄷ. 우수한 기술력과 수주 실적을 바탕으로 국내 원전 사업을 확장하는 것은 ST전략으로 적절하겠어.
ㄹ. 안전에 대한 우려가 있는 만큼, 안전점검을 강화하고 당분간 정부의 탈원전 정책 기조에 협조하는 것은 WT전략으로 적절하겠어.

① ㄱ, ㄴ   ② ㄱ, ㄷ
③ ㄴ, ㄷ   ④ ㄷ, ㄹ

Hard

02 다음은 국내 여행업계 점유율 1위의 기업으로 평가받는 S사에 대한 SWOT 분석 자료를 정리한 것이다. 이 분석 결과를 토대로 한 경영전략 판단으로 적절하지 않은 것을 〈보기〉에서 모두 고르면?

〈SWOT 분석 결과〉

구분	분석 결과
강점(Strength)	• 우월한 시장 점유율과 인지도를 바탕으로 한 규모의 경제로 가격 경쟁력에서 우위 • 높은 브랜드 가치를 바탕으로 한 안정화된 네트워크 조직과 자본 구조 • 국내 기업 중 최대 규모의 조직과 독보적인 브랜드 충성도 • 차별화된 개인 맞춤형 여행 패키지 상품 출시 등으로 상품 종류의 다양화를 이룸 • 본업인 여행·관광과 관련한 다양한 산업군에서 다각화된 사업 영위
약점(Weakness)	• 대리점과의 관계 유지 비용 • S사는 주로 패키지 여행 상품으로 수익을 창출하고 있는데, 시장에서 패키지 상품의 인기는 감소하는 반면 자유 여행(FIT) 상품은 상대적으로 약진함 • 코로나19로 타격을 입은 여행 산업이 아직 완전히 회복하지는 못했음
기회(Opportunity)	• 주5일제의 확산으로 여가 시간의 증가 • 코로나19 팬데믹 종식으로 인바운드(외국인들의 국내여행), 아웃바운드(내국인들의 외국여행) 수요 증가로 여행업 회복세 • 차별화된 프리미엄 여행 수요 증가세 • 저가 항공사의 저변 확대
위협(Threat)	• 코로나19 이전 대비 낮은 성장률 • 중국·일본과의 갈등, 환율, 유가 등 외부의 정치적·경제적 변수의 영향에 민감함 • 불경기 지속으로 인한 소비 심리 위축 • N포털, C소셜커머스, Y소셜커머스 등의 이종 기업들이 여행업 진출을 본격화함으로써 여행업의 경계가 모호해지고 경쟁은 심화됨

보기

ㄱ. 여가 시간의 증가로 자유를 즐기려는 소비자군을 대상으로 보다 세분화된 아웃바운드 상품을 출시해 선택지를 다양하게 하는 차별화 전략은 SO전략에 해당한다.

ㄴ. 수십 년 동안 구축해온 해외 네트워크, 직원들의 전문적인 역량, 견실한 자본 구조를 홍보해 고객 충성도를 높이는 전략은 SO전략에 해당한다.

ㄷ. 여행 시장 점유율 1위라는 기업 이미지를 활용해 동종 업체와의 경쟁을 극복함으로써 부동의 1위라는 위상을 더욱 공고히 하는 전략은 ST전략에 해당한다.

ㄹ. 코로나19 팬데믹이 종식되어 중국 시장이 리오프닝한 것을 활용해 중국 관광객들에게 인바운드 상품을 할인 판매함으로써 코로나19 사태 이전으로의 회복을 도모하는 전략은 WO전략에 해당한다.

ㅁ. 자유 여행 상품보다는 주로 패키지 여행 상품으로 수익을 창출하고 있는 S사가 패키지 상품 판매율을 높여 자유 상품 판매에서의 부진을 상쇄하려는 전략은 WT전략에 해당한다.

ㅂ. S사가 N포털 등 여행 시장에 등장한 신흥 강자와 제휴해 특화된 자유 여행 상품을 공동 출시해 판매함으로써 경쟁사와의 공존상생을 도모하는 전략은 WT전략에 해당한다.

① ㄱ, ㄴ, ㄹ
② ㄴ, ㄷ, ㅁ
③ ㄱ, ㄴ, ㅁ, ㅂ
④ ㄱ, ㄷ, ㄹ, ㅂ

03 K자동차 회사에 근무하는 S씨는 올해 새로 출시될 예정인 수소전기차 '럭스'에 대해 SWOT 분석을 진행하기로 하였다. '럭스'의 분석 내용이 다음과 같을 때, 〈보기〉의 ㉠ ~ ㉣ 중 SWOT 분석에 들어갈 내용으로 적절하지 않은 것은?

〈수소전기차 '럭스' 분석 내용〉

- 럭스는 서울에서 부산을 달리고도 절반 가까이 남는 609km에 달하는 긴 주행거리와 5분에 불과한 짧은 충전시간을 강점으로 볼 수 있다.
- 수소전기차의 정부 보조금 지급 대상은 총 240대로, 생산량에 비해 보조금이 부족한 실정이다.
- 전기차의 경우 전기의 가격은 약 10 ~ 30원/km이며, 수소차의 경우 수소의 가격은 약 72.8원/km이다.
- 럭스의 가격은 정부와 지자체의 보조금을 통해 3천여 만 원에 구입이 가능하며, 이는 첨단 기술이 집약된 친환경차를 중형 SUV 가격에 구매한다는 점에서 매력적이지 않을 수 없다.
- 화석연료로 만든 전기를 충전해서 움직이는 전기차보다 물로 전기를 만들어서 움직이는 수소전기차가 더 친환경적이다.
- 수소를 충전할 수 있는 충전소는 전국 12개소에 불과하며, K자동차 회사는 올해 안에 10개소를 더 설치한다고 발표하였으나 모두 완공될지는 미지수이다.
- 현재 전세계에서 친환경차의 인기는 뜨거우며, 저유가와 레저 문화의 확산으로 앞으로도 인기가 지속될 전망이다.

보기

강점(Strength)	약점(Weakness)
• ㉠ 보조금 지원으로 상대적으로 저렴한 가격 • 일반 전기차보다 깨끗한 수소전기차 • 짧은 충전시간과 긴 주행거리	• ㉡ 충전 인프라 부족 • ㉢ 전기보다 비싼 수소 가격
기회(Opportunity)	**위협(Threat)**
• ㉣ 친환경차에 대한 인기 • 레저 문화의 확산	• 생산량에 비해 부족한 보조금

① ㉠

② ㉡

③ ㉢

④ ㉣

04 다음은 중국에 진출한 프랜차이즈 커피전문점에 대해 SWOT 분석을 한 것이다. (가) ~ (라)에 들어갈 전략이 바르게 나열된 것은?

<SWOT 분석 결과>

S(강점)	W(약점)
• 풍부한 원두커피의 맛 • 독특한 인테리어 • 브랜드 파워 • 높은 고객 충성도	• 낮은 중국 내 인지도 • 높은 시설비 • 비싼 임대료
O(기회)	**T(위협)**
• 중국 경제 급성장 • 서구문화에 대한 관심 • 외국인 집중 • 경쟁업체 진출 미비	• 중국의 차 문화 • 유명 상표 위조 • 커피 구매 인구의 감소

(가)	(나)
• 브랜드가 가진 미국 고유문화 고수 • 독특하고 차별화된 인테리어 유지 • 공격적 점포 확장	• 외국인 많은 곳에 점포 개설 • 본사 직영으로 인테리어
(다)	**(라)**
• 고품질 커피로 상위 소수고객에 집중	• 녹차 향 커피 • 개발 상표 도용 감시

	(가)	(나)	(다)	(라)
①	SO전략	ST전략	WO전략	WT전략
②	WT전략	ST전략	WO전략	SO전략
③	SO전략	WO전략	ST전략	WT전략
④	ST전략	WO전략	SO전략	WT전략

CHAPTER 04
지각력

합격 CHEAT KEY

지각력은 불규칙하게 나열된 숫자·문자·기호의 시각적인 차이점 및 공통점을 찾아내는 유형이다. 비교적 간단한 문제들이 출제되지만 짧은 시간 안에 많은 문제를 풀어야 하므로 신속성과 정확성을 요구한다.

다양한 유형을 반복적으로 연습하라!

제시된 좌우의 문제나 숫자를 직관적으로 빠르게 비교하여 시간을 단축하는 훈련을 하는 것이 중요하다.
또한 제시된 문자나 숫자의 오름차순이나 내림차순을 미리 적어두면 규칙을 파악하기 용이하다.

01 자료점검 및 오류탐색

| 유형분석 |

- 자료를 점검하거나 오류를 찾아내는 능력을 갖추고 있는지를 평가한다.
- 제시된 문자를 찾거나 자료를 비교하는 문제 등이 출제된다.

다음 제시된 문자와 같은 것의 개수는?

ON

ON	EN	AN	UP	AN	ON	AN	OP	UP	AT	ON	IT
EN	ON	AT	OP	UP	OP	AN	AT	IT	UP	AN	UP
ON	EN	ON	EN	OP	AN	ON	AT	ON	IT	UP	EN
ON	EN	AN	UP	OP	EN	AT	IT	ON	OP	ON	IT

① 9개   ② 11개
③ 13개   ④ 15개

정답 ②

ON	EN	AN	UP	AN	ON	AN	OP	UP	AT	ON	IT
EN	ON	AT	OP	UP	OP	AN	AT	IT	UP	AN	UP
ON	EN	ON	EN	OP	AN	ON	AT	ON	IT	UP	EN
ON	EN	AN	UP	OP	EN	AT	IT	ON	OP	ON	IT

유형풀이 Tip

- 제시되는 문자나 기호는 그 종류가 매우 다양하다. 한글은 물론이고 영어, 한자, 숫자, 특수문자뿐만 아니라 아랍어와 태국어 등 익숙하지 않은 문자가 출제되어 문제를 푸는 데 시간을 지체하게 만든다.
- 찾아야 할 숫자나 기호, 문자 등의 특징적인 부분을 빠르게 분별하는 연습을 해야 한다.

※ 다음 제시된 문자와 같은 것의 개수를 고르시오. [1~2]

Easy

01

탕

탕	컹	펑	켱	탕	컹	헝	팽	탱	컹
팽	탱	헝	탱	텅	펄	캥	행	헝	떰
컹	헝	펑	펑	행	뎅	팽	펑	펑	헝
펄	탕	켱	텅	펑	켱	탕	펑	컹	펄

① 2개　　　　　　　　　② 3개
③ 4개　　　　　　　　　④ 5개

02

뿌리지

부리지	뿌러지	뿌리자	뿌리지	푸리지	부리지	푸리지	뿌러지	뿌라지	뿌리자	뿌리치	뿌러지
뿌라지	뿌리자	부리지	뿌라지	뿌리치	뿌러지	뿌리자	뿌리지	뿌리치	뿌리지	뿌리지	뿌리치
뿌리지	부리지	뿌러지	뿌러지	뿌리자	부리지	뿌리치	뿌리지	뿌러지	뿌러지	뿌라지	뿌리자
뿌리자	뿌리치	뿌리지	푸리지	뿌라지	푸리지	뿌라지	뿌리자	푸리지	부리지	부리지	푸리지

① 4개　　　　　　　　　② 5개
③ 6개　　　　　　　　　④ 7개

03 다음 글에서 '호흡'이라는 단어는 몇 번 나오는가?

> 심폐소생술은 심장과 폐의 활동이 갑자기 멈췄을 때 실시하는 응급조치를 말합니다. 심폐소생술은 크게 '의식 확인 및 119 신고 단계', '가슴 압박 단계', '인공호흡 단계'로 나눌 수 있습니다. 먼저 '의식 확인 및 119 신고 단계'에서는 환자를 바로 눕힌 후 어깨를 가볍게 치면서 상태를 확인합니다. 만약 의식이나 호흡이 없거나 자발적인 움직임이 없고 헐떡이는 등의 상태가 나타나면, 즉시 주변 사람들 중 한 명을 지목해서 119에 신고하도록 하고 주변에 자동제세동기가 있다면 가져올 것을 요청합니다.
>
> 다음은 '가슴 압박 단계'입니다. 이 단계에서는 환자의 양쪽 젖꼭지 부위를 잇는 선의 정중앙 부분을 깍지 낀 손의 손바닥으로 힘껏 누릅니다. 이때, 팔꿈치는 펴고 팔은 환자의 가슴과 수직이 되어야 합니다. 가슴 압박 깊이는 적어도 5cm 이상으로 하고, 압박 속도는 분당 100회 이상 실시해야 합니다. 마지막으로 '인공호흡 단계'에서는 한 손으로는 환자의 이마를 뒤로 젖히고 다른 한 손으로는 턱을 들어 올려 기도를 열어줍니다. 그리고 이마를 젖힌 손의 엄지와 검지로 코를 막은 뒤 환자의 입에 숨을 2회 불어 넣습니다. 이때 곁눈질로 환자의 가슴이 상승하는지를 잘 살펴보아야 합니다. 그리고 119 구급대나 자동제세동기가 도착할 때까지 가슴 압박과 인공호흡을 30 : 2의 비율로 반복합니다. 이후 환자가 스스로 숨을 쉬거나 움직임이 명확하게 나타난다면 심폐소생술을 중단할 수 있습니다.

① 4번
② 5번
③ 6번
④ 7번

04 다음 중 나머지 셋과 다른 것은?

① 서울 강동구 임원동 355-14
② 서울 강동구 일원동 355-14
③ 서울 강동구 일원동 355-14
④ 서울 강동구 일원동 355-14

05 다음 제시된 문자를 내림차순으로 나열하였을 때 3번째에 오는 문자는?

| R H C L M S |

① M   ② R
③ L   ④ S

`Easy`

06 다음 표에 제시되지 않은 문자는?

자각	촉각	매각	소각	기각	내각	후각	감각	둔각	망각	각각	엇각
기각	내각	청각	조각	갑각	해각	종각	자각	주각	간각	매각	시각
망각	지각	갑각	엇각	주각	촉각	매각	청각	부각	내각	조각	기각
대각	후각	촉각	자각	후각	망각	조각	내각	기각	촉각	청각	감각

① 지각   ② 소각
③ 부각   ④ 두각

02 응용사무지각

| 유형분석 |

- 실무를 바탕으로 출제된 문제를 통해 지원자의 실무 능력을 평가한다.
- 주로 전산화된 상품을 관리할 수 있는지를 묻는 문제가 출제된다.

다음은 도서코드(ISBN)에 대한 자료이다. 이에 따라 주문한 도서에 대한 설명으로 가장 적절한 것을 고르면?

〈도서코드(ISBN) 예시〉

국제표준도서번호					부가기호		
접두부	국가번호	발행자번호	서명식별번호	체크기호	독자대상	발행형태	내용분류
123	12	1234567		1	1	1	123

※ 국제표준도서번호는 5개의 군으로 나누어지고 각 군마다 '-'로 구분함

〈도서코드(ISBN) 세부사항〉

접두부	국가번호	발행자번호	서명식별번호	체크기호
978 또는 979	한국 89 미국 05 중국 72 일본 40 프랑스 22	발행자번호 – 서명식별번호 7자리 숫자 예 8491 – 208 : 발행자번호가 8491번인 출판 사에서 208번째 발행한 책		0 ~ 9

독자대상	발행형태	내용분류
0 교양 1 실용 2 여성 3 (예비) 4 청소년 5 중고등 학습참고서 6 초등 학습참고서 7 아동 8 (예비) 9 전문	0 문고본 1 사전 2 신서판 3 단행본 4 전집 5 (예비) 6 도감 7 그림책, 만화 8 혼합자료, 점자자료, 전자책, 마이크 　로자료 9 (예비)	030 백과사전 100 철학 170 심리학 200 종교 360 법학 470 생명과학 680 연극 710 한국어 770 스페인어 740 영미문학 720 유럽사

〈주문도서〉

978-05-441-1011-3 14710

① 한국에서 출판한 도서이다.

② 441번째 발행된 도서이다.

③ 발행자번호는 총 7자리이다.

④ 한 권으로만 출판되지는 않았다.

정답 ④

발행형태가 4로 전집이기 때문에 한 권으로만 출판된 것이 아님을 알 수 있다.

오답분석

① 국가번호가 05(미국)로 미국에서 출판되었다.

② 서명식별번호가 1011로 1011번째 발행되었다. 441은 발행자의 번호로 이 책을 발행한 출판사의 발행자번호가 441라는 것을 의미한다.

③ 발행자번호는 441로 세 자리로 이루어져 있다.

유형풀이 Tip

- 전산화된 상품 기호는 매우 다양하지만 문제가 어느 정도 정형화되어 있어 학습을 통해 충분히 점수를 올릴 수 있는 유형이다.
- 사무지각 문제를 빠르게 해결하려고 하면 오히려 함정에 빠져 풀이 시간이 길어진다. 따라서 사무지각 문제에 접근할 때에는 꼼꼼하게 정석대로 풀이하려 노력하는 것이 중요하다.

※ S씨는 자신의 금고 암호를 요일별로 바꾸어 사용하려 한다. 다음 규칙을 참고하여 이어지는 질문에 답하시오. **[1~3]**

〈규칙〉

1. 한글 자음은 알파벳 a ~ n으로 치환하여 입력한다.
　예 ㄱ, ㄴ, ㄷ = a, b, c
　– 된소리 ㄲ, ㄸ, ㅃ, ㅆ, ㅉ는 치환하지 않고 그대로 입력한다.
2. 한글 모음 ㅏ, ㅑ, ㅓ, ㅕ, ㅗ, ㅛ, ㅜ, ㅠ, ㅡ, ㅣ는 알파벳 대문자 A ~ J로 치환하여 입력한다.
　예 ㅏ, ㅑ, ㅓ = A, B, C
　– 위에 해당하지 않는 모음은 치환하지 않고 그대로 입력한다.
3. 띄어쓰기는 반영하지 않는다.
4. 숫자 1 ~ 7을 요일별로 요일 순서에 따라 암호 첫째 자리에 입력한다.
　예 월요일 – 1, 화요일 – 2, … 일요일 – 7

---

01 S씨가 자신의 금고에 목요일의 암호인 '완벽해'를 치환하여 입력하려 할 때, 입력할 암호로 옳은 것은?

① 3h⊣bfDanㅐ
② 4h⊣bfDanㅐ
③ 4hEAbfDanㅐ
④ 4jJgAnㅐ

02 다음 암호에 대한 설명으로 옳은 것은?

① 7hEeFnAcA → 일요일의 암호 '조묘하다'
② 3iJfhㅔaAbcA → 수요일의 암호 '집에가다'
③ 2bAaAbEdcA → 화요일의 암호 '나가돌다'
④ 6cEbhIdeCahIe → 토요일의 암호 '돈을먹음'

Hard

03 S씨가 토요일에 다음과 같은 암호를 입력하여 금고를 열었다고 할 때, 암호로 치환하기 전의 문구로 옳은 것은?

6hJdㅔcEaAenJaIeaEdIdhDdgGhJㅆcAaE

---

① 이래도 그래 금고를 열 수 있을까
② 그래도 어쭈 금고를 열 수 없다고
③ 이래도 감히 금고를 열 수 있다고
④ 이래서 오잉 금고를 열 수 있다고

04 S제품을 운송하는 Q씨는 업무상 편의를 위해 고객의 주문내역을 임의의 기호로 기록하고 있다. 다음과 같은 주문전화가 왔을 때 Q씨가 기록한 기호로 옳은 것은?

재료	연강	고강도강	초고강도강	후열처리강
	MS	HSS	AHSS	PHTS
판매량	낱개	1묶음	1box	1set
	01	10	11	00
지역	서울	경기남부	경기북부	인천
	E	S	N	W
윤활유 사용	청정작용	냉각작용	윤활작용	밀폐작용
	P	C	I	S
용도	베어링	스프링	타이어코드	기계구조
	SB	SS	ST	SM

※ Q씨는 [재료]–[판매량]–[지역]–[윤활유 사용]–[용도]의 순서로 기호를 기록함

〈주문전화〉

어이~ Q씨 나야, 나. 인천 지점에서 같이 일했던 P씨. 내가 필요한 것이 있어서 전화했어. 일단 서울 지점의 B씨가 스프링으로 사용할 제품이 필요하다고 하더라고. 한 박스 정도면 될 것 같아. 이전에 주문했던 대로 연강에 윤활용으로 윤활유를 사용한 제품으로 부탁하네. 나는 이번에 경기 남쪽으로 가는데 거기에 있는 내 사무실 알지? 거기로 초고강도강 타이어코드용으로 1세트 보내줘. 튼실한 걸로 밀폐용 윤활유 사용해서 부탁해. 저번에 냉각용으로 사용한 제품은 생각보다 좋진 않았어.

① MS11EISB, AHSS00SSST
② MS11EISS, AHSS00SSST
③ MS11EISS, HSS00SSST
④ MS11WISS, AHSS10SSST

많이 보고 많이 겪고 많이 공부하는 것은 배움의 세 기둥이다.

– 벤자민 디즈라엘리

PART 2

최종점검 모의고사

제1회   최종점검 모의고사

제2회   최종점검 모의고사

전국수협 적성검사		
영역	문항 수	제한시간
언어력	50문항	60분
수리력		
분석력		
지각력		

응시시간 : 60분   문항 수 : 50문항   정답 및 해설 p.030

01 다음 중 풋귤에 대한 내용으로 적절하지 않은 것은?

> 감귤의 미숙과인 풋귤이 피부 관리에 도움이 되는 것으로 밝혀졌다. 풋귤 추출물이 염증 억제를 돕고 피부 보습력을 높이는 것이 실험을 통해 밝혀진 것이다. 우선 사람 각질세포를 이용한 풋귤 추출물의 피부 보습 효과 실험을 살펴보면, 각질층에 수분이 충분해야 피부가 건강하고 탄력 있는데, 풋귤 추출물은 수분은 물론 주름과 탄성에도 영향을 주는 히알루론산을 많이 생성하게 된다. 실험 결과 사람 각질세포에 풋귤 추출물을 1% 추가하면 히알루론산이 40% 증가하는 것으로 나타났다. 또한 동물 대식세포를 이용한 풋귤 추출물의 염증 억제 실험을 살펴보면 염증 반응의 대표 지표 물질인 산화질소와 염증성 사이토킨의 생성 억제 효과를 확인했다. 풋귤 추출물을 200μg/mL 추가했더니 산화질소 생성이 40% 정도 줄어들었으며, 염증성 사이토킨 중 일부 성분은 30%에서 많으면 80%까지 억제된 것이다.
> 다음으로 풋귤은 완숙 감귤보다 폴리페놀과 플라보노이드 함량이 2배 이상 높은 것으로 나타났으며, 그밖에도 많은 기능성 성분과 신맛을 내는 유기산도 들어 있다. 특히 피로의 원인 물질인 젖산을 분해하는 구연산 함량이 1.5 ~ 2%로 완숙과보다 3배 정도 높아 지친 몸과 피부를 보호하는 데 도움이 될 수 있다.
> 이처럼 풋귤의 기능 성분들이 하나씩 밝혀지면서 솎아내 버려졌던 풋귤을 이용할 수 있을 것으로 보이며, 풋귤의 이용이 대량 유통으로 이어지면 감귤 재배 농가의 부가 소득 창출에도 기여할 수 있을 것으로 보인다. 또한 앞으로 피부 임상 실험 등을 거쳐 항염과 주름 개선 화장품 소재로도 개발될 수 있을 것이다.

① 풋귤은 감귤의 미숙과로 솎아내 버려지곤 했다.
② 풋귤 추출물은 피부 보습에 효과가 있다.
③ 풋귤 추출물은 산화질소와 사이토킨의 생성을 억제한다.
④ 풋귤은 구연산 함량이 완숙 감귤보다 3배 정도 낮아 피로 해소에 도움이 된다.

02 S사원은 사보 담당자인 G주임에게 다음 달 기고할 사설 원고를 전달하였다. G주임은 문단마다 소제목을 붙였으면 좋겠다는 의견을 보냈다. S사원이 G주임의 의견을 반영하여 (가) ~ (라) 문단별 소제목을 붙였을 때, 적절하지 않은 것은?

(가) 떨어질 줄 모르는 음주율은 정신건강 지표와도 연결된다. 아무래도 생활에서 스트레스를 많이 느끼는 사람들이 음주를 통해 긴장을 풀고자 하는 욕구가 많기 때문이다. 특히 퇴근 후 혼자 한적하고 조용한 술집을 찾아 맥주 1 ~ 2캔을 즐기는 혼술 문화는 젊은 연령층에서 급속히 퍼지고 있는 트렌드이기도 하다. 이렇게 혼술 문화가 대중적으로 널리 퍼지게 된 원인은 1인 가구의 증가와 사회적 관계망이 헐거워진 데 있다는 것이 지배적인 분석이다.

(나) 혼술은 간단하게 한 잔, 긴장을 푸는 데 더없이 좋은 효과를 주기도 하지만 그 이면에는 '음주 습관의 생활화'라는 문제도 있다. 혼술이 습관화되면 알코올중독으로 병원 신세를 질 가능성이 9배 늘어난다는 최근 연구결과도 있다. 실제로 가톨릭대 알코올 의존치료센터에 따르면 5년 동안 알코올 의존 상담환자 중 응답자 75.4%가 평소 혼술을 즐겼다고 답했다.

(다) 2016년 보건복지부와 국립암센터에서는 국민 암 예방 수칙의 하나인 '술은 하루 2잔 이내로 마시기' 수칙을 '하루 한두 잔의 소량 음주도 피하기'로 개정했다. 뉴질랜드 오타고대 연구진의 최신 연구에 따르면 술이 7종 암과 직접적인 관련이 있는 것으로 밝혀졌고 이런 영향력은 적당한 음주에도 예외가 아닌 것으로 나타났다. 연구를 이끈 제니 코너 박사는 "음주 습관은 소량에서 적당량을 섭취했을 때도 몸에 상당한 부담으로 작용한다."고 밝혔다.

(라) 흡연과 함께 하는 음주는 1군 발암요인이기도 하다. 몸속에서 알코올과 니코틴 등의 독성물질이 만나면 더 큰 부작용과 합병증을 일으키기 때문이다. 일본 도쿄대 나카무라 유스케 교수는 '체질과 생활습관에 따른 식도암 발병률'이라는 논문에서 하루에 캔 맥주 1개 이상을 마시고 흡연을 같이할 경우 유해물질이 인체에서 상승작용을 한다는 것을 밝혀냈다. 또한 술, 담배를 함께 하는 사람의 식도암 발병 위험이 다른 사람들에 비해 190배나 높은 것으로 나타났다. 우리나라는 세계적으로도 식도암 발병률이 높은 나라이기도 하다. 이것이 우리가 음주습관 형성에 특히 주의를 기울여야 하는 이유다.

---

① (가) : 1인 가구, 혼술 문화의 유행
② (나) : 혼술습관, 알코올중독으로 발전할 수 있어
③ (다) : 가벼운 음주, 대사 촉진에 도움이 돼
④ (라) : 흡연과 음주를 동시에 즐기면 식도암 위험률 190배

03 S은행은 최근 열린 금융 세미나에 참여해 보이스피싱을 주제로 대화를 나누었다. 다음 중 B, C의 주장을 분석한 내용으로 가장 적절한 것은?

> A : 최근 보이스피싱 범죄가 모든 금융권으로 확산되면서 피해액이 늘어나고 있습니다. 이에 금융 당국이 은행에도 일부 보상 책임을 지게 하는 방안을 검토하는 것으로 알려지고 있습니다. 이에 대해 어떻게 생각하십니까?
>
> B : 개인들이 자신의 정보를 잘못 관리한 책임까지 은행에서 진다는 것은 문제가 있습니다. 도와드 릴 수 있다면 좋겠지만, 은행 입장에서도 한계가 있는 부분이 있어 안타까울 뿐입니다.
>
> C : 소비자들이 자신의 개인 정보 관리에 다소 부주의함이 있다는 것은 인정합니다. 그러나 개인의 부주의를 얘기하는 것보다는 정부가 근본적인 해결책을 모색하는 것이 더욱 시급합니다.

① B와 달리, C는 보이스피싱 피해에 대한 책임을 소비자에게만 전가해서는 안 된다고 생각한다.

② B와 C는 보이스피싱 범죄로 인한 피해를 방지하기 위해 은행에서 노력하고 있다고 생각한다.

③ B는 보이스피싱 범죄를 근본적으로 해결하기 위해 은행의 역할을, C는 정부의 역할을 강조한다.

④ B와 C는 보이스피싱 범죄의 확산을 막기 위해서는 제도적인 방안이 보완되어야 한다고 이야기하 고 있다.

04 다음은 한 신문기사의 일부이다. 이 기사를 본 사람들의 반응으로 적절하지 않은 것은?

> ⟨1달러＝1,089.1원⋯. 원貨, 브레이크 없는 강세⟩
>
> 원화 가치가 브레이크 없이 치솟고 있다. 22일 달러화에 대한 원화 환율은 전날보다 6.7원 하락한 1,089.1원으로 마감(원화 가치 절상)하며 2015년 5월 이후 최저를 기록했다. 10월 이후 원화가 '나 홀로 초(超)강세'를 보이며 수출 기업에 비상이 걸렸지만, 외환 당국은 뾰족한 대응 수단이 없는 형 편이다. 심리적 저지선으로 여겨졌던 1,090원 선이 이날 무너지면서 수출 기업들의 환율 마지노선 으로 여겨지는 1,050원 선도 위험하다는 전망이 나온다.

① 한국은행의 기본금리 인상 시사가 원인 중 하나가 되었겠네.

② 수입 재료를 많이 쓰는 음식점들에게는 나쁜 소식이군.

③ 10월 이후 외국인 투자자들이 국내 주식을 사들이고 있네.

④ 우리나라는 수출지향경제인데 수출에 악영향이 오겠구나.

05 다음 (가) ~ (라) 문단의 핵심 주제로 적절하지 않은 것은?

> (가) 연금형 희망나눔주택은 어르신이 보유한 노후주택을 LH가 매입해 어르신께 주택매각대금을 매월 연금 방식으로 지급하고, 노후주택은 리모델링해 어르신과 청년들이 함께 거주할 수 있는 공공임대주택으로 공급하는 새로운 형태의 주택이다.
> LH와 국토교통부가 함께 추진하는 이 사업은 정부가 발표한 주거복지 로드맵에 따른 것으로 고령자의 주택을 매입해 청년 등 취약 계층에 공공임대로 공급한다는 취지다. LH는 어르신의 노후생활지원과 도심 내 청년, 신혼부부 등의 주거비 부담을 완화할 수 있는 방안으로 연금형 희망나눔주택 사업을 추진하기로 한 것이다.
>
> (나) 매입 대상 주택은 감정평가 기준 9억 원(토지·건물 포함 금액) 이하의 주택이어야 하며, 주택 사용 승인 기준 10년 이내 다가구주택 중 즉시 공급할 수 있는 주택이나 주택 사용 승인 기준 15년 이상 경과된 단독주택, 다가구주택 중 현재 주택 전체가 공가(빈집)이거나 공가 예정인 주택이다. LH는 신청 접수된 주택을 현장 실태 조사를 통해 생활 편의성 등 입지 여건, 주택의 상태, 권리관계 등을 검토하여 매입 대상 주택을 선정한다.
>
> (다) LH에 주택을 매도한 어르신에게는 주택매매대금에 이자를 더한 금액이 매달 연금형으로 지급된다. 대금은 10 ~ 30년 중 연 단위로 주택 판매자가 선택한 기간 동안 원리금 균등 상환 방식으로 지급된다. 지급 시점은 소유권이전등기 완료 후 매도주택 퇴거한 날(또는 약정한 날)의 익월 말일이다. 이자는 해당 시점의 잔금에 대해 복리로 계산되며, 5년 만기 국고채 최종호가 수익률의 전월 평균 금리를 기준으로 1년마다 변동하여 적용하되, 매도자의 퇴거(약정) 시점의 금리를 기준으로 산정한다.
>
> (라) 집을 판 어르신은 매입 임대 또는 전세 임대 주택에 입주할 수 있다. 다만 무주택 가구 구성원으로서 주택을 판 지 2년 이내여야 한다. 또한 해당 가구의 월평균 소득 및 매월 연금형 지급액이 각각 도시 근로자 월평균 소득 이하인 경우에만 입주가 가능하다.

① (가) – 연금형 희망나눔주택 사업의 정의와 목적
② (나) – 연금형 희망나눔주택 사업의 선정 대상
③ (다) – 연금형 희망나눔주택 사업의 연금지급 방식
④ (라) – 연금형 희망나눔주택 사업의 제한 대상

06 S기업은 4차 산업혁명 시대에 뒤처지지 않기 위해 4차 산업혁명 포럼에 참석하였다. 강의를 듣기 전 주최 측에서 나누어준 참고 자료가 다음과 같다고 할 때, 이 강의의 주제는?

S금융투자 리서치센터의 센터장은 "4차 산업혁명 시대의 유망업종은 인공지능(AI)과 관련된 분야"라고 언급하며 대표적 사례로 통신 분야의 생활환경지능(Ambient Intelligence)과 자동차 분야에서의 첨단운전자보조시스템(ADAS) 그리고 운송 분야에서의 무인선박(Drone Ship) 및 스마트 물류시스템 등을 꼽았다.

생활환경지능이란 사용자의 상황이나 사용자 자체를 잘 인지해서 사용자가 요구하지 않아도 필요한 서비스를 적재적소에 제공하는 기술이다. 기반 기술로 딥러닝과 음성인식 그리고 이미지 인식 등이 필요하다.

센터장은 "생활환경지능을 전문적으로 연구하기 위해 출범한 N랩스의 경우 인공지능 기반의 대화 시스템과 자율주행자동차 그리고 인간친화형 웹브라우저 '웨일' 및 자동통역앱 '파파고' 등을 개발했다."라고 밝혔다.

또 다른 유망 분야인 첨단운전자보조시스템(ADAS)은 자율주행자동차가 달릴 때 차선과 차간, 차속을 일정하게 유지해주는 기술로서, 인공지능과의 접목을 통해 안전운행을 도와주고 있다.

이와 관련하여 센터장은 "전방을 제대로 주시하지 않거나 돌발 상황 발생 시 순간적으로 차체 제어에 실패하는 경우는 언제든지 발생할 수 있다."라고 가정하며, "하지만 기존의 제동시스템에 인공지능 기술이 융합되면서 자동 긴급 제동 시스템으로 진화한 까닭에 돌발 상황에서도 순간적인 대처가 가능해졌다."라고 주장했다.

운송 분야의 무인선박 및 스마트 물류도 유망 업종으로 꼽히고 있다. 무인선박의 경우 관련 기술은 이미 완성되어 있는 상황으로서, 특히 우리나라의 경우 육상에 있는 사무실에서 조이스틱만으로 10대의 컨테이너선을 조종할 수 있을 만큼, 무인선박에 대해 설계 및 소프트웨어에 대한 기술적 우위를 확보한 상황이다.

---

① 4차 산업혁명 시대의 유망업종　　　② 인공지능의 과거와 미래

③ 생활환경지능과 4차 산업　　　　　④ 4차 산업혁명의 원인과 결과

07 다음은 S은행 홈페이지에 게시된 금융소비자 보호의 의미를 설명하는 자료이다. 빈칸 (가) ~ (라)에 들어갈 소제목으로 적절하지 않은 것은?

〈금융소비자 보호〉

소비자의 권익을 보호하고 금융거래에서 불이익을 받지 않도록 하기 위한 전반적인 활동이다.

(가)	(나)
– 정보보호 표준관리체계 마련 – 전산시스템 및 데이터 보호를 위한 보안 조치 및 위험관리	– 상품판매 절차와 운영기준 마련 – 판매직원에 대한 모니터링, 교육 등 예방 활동 – 상품개발 및 마케팅 등 금융소비자 권익 침해 요소 점검

(다)	(라)
– 전자금융사기 방어장치 마련 – 각종 사기유형 대고객 안내 – 대포통장 발생 방지 – 전화사기 피해금 환급	– 신속한 민원처리 및 개선 – 원활한 금융소비자 피해구제를 위한 분쟁조정심의회 운영 – 금융소비자 중심의 적극적 제도개선을 위한 금융소비자 보호 협의회 운영

---

① 불완전판매 예방
② 재무현황 안내
③ 개인정보 보호
④ 금융사기로부터 보호

08 다음은 금융통화위원회가 발표한 통화정책 의결사항이다. 이에 대한 〈보기〉의 추론 중 적절하지 않은 것을 모두 고르면?

〈통화정책방향〉

금융통화위원회는 다음 통화정책방향 결정 시까지 한국은행 기준금리를 현 수준(1.75%)에서 유지하여 통화정책을 운용하기로 하였다.

세계경제는 성장세가 다소 완만해지는 움직임을 지속하였다. 국제금융시장에서는 미 연방준비은행의 통화정책 정상화 속도의 온건한 조절 및 미·중 무역협상 진전에 대한 기대가 높아지면서 전월의 변동성 축소 흐름이 이어졌다. 앞으로 세계경제와 국제금융시장은 보호무역주의 확산 정도, 주요국 통화정책 정상화 속도, 브렉시트 관련 불확실성 등에 영향받을 것으로 보인다.

국내경제는 설비 및 건설투자의 조정이 이어지고 수출 증가세가 둔화되었지만 소비가 완만한 증가세를 지속하면서 잠재성장률 수준에서 크게 벗어나지 않는 성장세를 이어간 것으로 판단된다. 고용상황은 취업자 수 증가규모가 소폭에 그치는 등 부진한 모습을 보였다. 앞으로 국내경제의 성장흐름은 지난 1월 전망경로와 대체로 부합할 것으로 예상된다. 건설투자 조정이 지속되겠으나 소비가 증가 흐름을 이어가고 수출과 설비투자도 하반기로 가면서 점차 회복될 것으로 보인다.

소비자물가는 석유류 가격 하락, 농축수산물 가격 상승폭 축소 등으로 오름세가 0%대 후반으로 둔화되었다. 근원인플레이션율(식료품 및 에너지 제외 지수)은 1% 수준을, 일반인 기대인플레이션율은 2%대 초중반 수준을 나타내었다. 앞으로 소비자물가 상승률은 지난 1월 전망경로를 다소 하회하여 당분간 1%를 밑도는 수준에서 등락하다가 하반기 이후 1%대 중반을 나타낼 것으로 전망된다. 근원인플레이션율도 완만하게 상승할 것으로 보인다.

금융시장은 안정된 모습을 보였다. 주가가 미·중 무역 분쟁 완화 기대 등으로 상승하였으며, 장기 시장금리와 원/달러 환율은 좁은 범위 내에서 등락하였다. 가계대출은 증가세 둔화가 이어졌으며, 주택가격은 소폭 하락하였다.

금융통화위원회는 앞으로 성장세 회복이 이어지고 중기적 시계에서 물가상승률이 목표수준에서 안정될 수 있도록 하는 한편 금융안정에 유의하여 통화정책을 운용해 나갈 것이다. 국내경제가 잠재성장률 수준에서 크게 벗어나지 않는 성장세를 지속하는 가운데 당분간 수요 측면에서의 물가상승압력은 크지 않을 것으로 전망되므로 통화정책의 완화기조를 유지해 나갈 것이다. 이 과정에서 완화정도의 추가 조정 여부는 향후 성장과 물가의 흐름을 면밀히 점검하면서 판단해 나갈 것이다. 아울러 주요국과의 교역여건, 주요국 중앙은행의 통화정책 변화, 신흥시장국 금융·경제 상황, 가계부채 증가세, 지정학적 리스크 등도 주의 깊게 살펴볼 것이다.

> **보기**
>
> ㄱ. 미국 연방준비은행의 통화정책이 급변한다면 국제금융시장의 변동성은 증가할 것이다.
> ㄴ. 소비자물가는 앞으로 남은 상반기 동안 1% 미만을 유지하다가 하반기가 되어서야 1%를 초과할 것으로 예상된다.
> ㄷ. 국내산업의 수출이 하락세로 진입하였으나, 경제성장률은 잠재성장률 수준을 유지하는 추세를 보인다.
> ㄹ. 수요 측면에서 물가상승압력이 급증한다면 국내 경제성장률에 큰 변동이 없더라도 금융통화위원회는 기존의 통화정책 기조를 변경할 것이다.

① ㄱ, ㄴ   ② ㄱ, ㄷ

③ ㄴ, ㄷ   ④ ㄴ, ㄹ

09 다음 글이 비판의 대상으로 삼는 주장으로 가장 적절한 것은?

경제 문제는 대개 해결이 가능하다. 대부분의 경제 문제에는 몇 개의 해결책이 있다. 그러나 모든 해결책은 누군가가 상당한 손실을 반드시 감수해야 한다는 특징을 갖고 있다. 하지만 누구도 이 손실을 자발적으로 감수하고자 하지 않으며, 우리의 정치제도는 누구에게도 이 짐을 짊어지라고 강요할 수 없다. 우리의 정치적·경제적 구조로는 실질적으로 제로섬(Zero-sum)적인 요소를 지니는 경제 문제에 전혀 대처할 수 없기 때문이다.

대개의 경제적 해결책은 대규모의 제로섬적인 요소를 갖기 때문에 큰 손실을 수반한다. 모든 제로섬 게임에는 승자가 있다면 반드시 패자가 있으며, 패자가 존재해야만 승자가 존재할 수 있다. 경제적 이득이 경제적 손실을 초과할 수도 있지만, 손실의 주체에게 손실의 의미란 상당한 크기의 경제적 이득을 부정할 수 있을 만큼 매우 중요하다. 어떤 해결책으로 인해 평균적으로 사회는 더 잘살게 될 수도 있지만, 이 평균이 훨씬 더 잘살게 된 수많은 사람과 훨씬 더 못살게 된 수많은 사람을 감춘다. 만약 당신이 더 못살게 된 사람 중 하나라면 내 수입이 줄어든 것보다 다른 누군가의 수입이 더 많이 늘었다고 해서 위안을 얻지는 않을 것이다. 결국 우리는 우리 자신의 수입을 보호하기 위해 경제적 변화가 일어나는 것을 막거나 혹은 사회가 우리에게 손해를 입히는 공공정책이 강제로 시행되는 것을 막기 위해 싸울 것이다.

① 빈부격차를 해소하는 것만큼 중요한 정책은 없다.
② 사회의 총생산량이 많아지게 하는 정책이 좋은 정책이다.
③ 경제 문제에서 모두가 만족하는 해결책은 존재하지 않는다.
④ 경제적 변화에 대응하는 정치제도의 기능에는 한계가 존재한다.

10 다음은 N은행의 상호금융 소비자보호준칙의 일부이다. 이에 대한 설명으로 적절하지 않은 것은?

제7조(업무전담자의 역할 등)

상호금융 소비자보호 업무전담자는 상호금융 소비자보호에 관한 정책수립·시행, 민원예방 및 제도 개선, 민원평가 등의 소비자보호 업무를 수행한다.

제8조(업무전담자의 자격)

상호금융 소비자보호 업무전담자는 다음 각호에 해당하는 자로 임명한다.

1. 상호금융 소비자보호 업무에 필요한 지식과 경험이 있는 자
2. 기타 상호금융 소비자보호 업무에 적합하다고 인정하는 자

제9조(인사 및 평가)

① 상호금융 소비자보호 업무전담자에 대하여 징계 등 특별한 경우를 제외하고 타 업무 종사자에 비해 인사평가의 불이익이 발생하지 않도록 하여야 한다.

② 상호금융 소비자보호 전담자에 대한 교육·연수를 다음 각호와 같이 시행한다.

   1. 정기적 대내·외 금융소비자보호 관련 교육 참여 기회 제공

   2. 금융소비자보호 전문역량 개발을 위한 자격증 취득 적극 지원

   3. 소비자보호 우수 직원에 대한 포상(표창, 해외연수 등)시행 등

제10조(총괄부서의 운영·역할)

① 상호금융 소비자보호 총괄책임자를 보좌하는 부서로 상호금융 소비자보호 총괄부서(이하 "총괄 부서"라 한다)를 둔다.

② 총괄부서는 책임과 권한을 가지고 상호금융 소비자보호 업무를 수행한다.

③ 총괄부서는 상품개발, 여·수신 추진 및 마케팅 관련부서(이하 "관련부서"라 한다)와 이해상충이 발생하지 않는 조직으로 운영한다.

제11조(상호금융 소비자보호 총괄부서 권한)

총괄부서는 상호금융 소비자보호와 관련된 고객 불만사항의 신속한 조치를 위하여 자료제출 요구를 할 수 있다.

제12조(제도개선)

① 총괄부서는 상호금융 소비자보호 및 민원예방 등을 위해 상품판매의 모든 프로세스(개발·기획· 판매 및 민원처리 등)에 대하여 관련부서로 하여금 제도개선 및 자료제출을 요청할 수 있다.

② 제도개선을 요청받은 부서는 제도개선 결과를 총괄부서에 보고하여야 한다.

제29조(정보의 적시성)

① 총괄부서는 상호금융 소비자에게 적절한 정보를 제공하여 불완전판매의 발생을 방지할 수 있도 록 내부지침 및 체크리스트(상품개발·판매)를 마련하여 운영한다.

② 관련부서는 공시자료 내용에 변경이 생긴 경우 특별한 사유가 없는 한 지체없이 자료를 수정해 상호금융 소비자에게 정확한 정보를 제공하여야 한다. 있는 경우 그 내용은 반드시 포함시켜야 한다.

제30조(금융상품 구매권유 및 정보제공의 원칙)

① 관련부서는 금융상품을 구매권유할 때 상호금융 소비자가 금융상품의 종류 및 성격, 불리한 내 용 등을 이해할 수 있도록 상품설명서 등에 관련 정보를 제공하여야 한다. 특히 금융상품의 가치 에 중대한 영향을 미치는 사항을 미리 알고 있는 경우 그 내용은 반드시 포함시켜야 한다.

② 관련부서는 다음 각호의 사항을 상품설명서 등을 통해 반드시 상호금융소비자에게 제공하여야 한다.

> 　　1. 상호금융 소비자의 불이익 사항 : 원금손실 가능성, 손실가능 범위, 중도해지 시의 불이익,
> 　　　추가부담이 발생할 수 있는 사항, 기한이익상실 사유, 보장이 제한되거나 되지 않는 경우 등
> 　　2. 기타 상호금융 소비자의 권익에 관한 중요사항
> ③ 본회 등은 알고 있는 내용을 고의적으로 숨기거나 사실과 다르게 알릴 수 없다.

① 상호금융 소비자보호 업무에 필요한 지식과 경험이 있는 자만이 상호금융 소비자보호 업무전담자
　로 임명될 수 있다.
② 상호금융 소비자보호 업무전담자도 징계대상이 될 수 있다.
③ 총괄부서는 사유가 있을 경우 관련 부서에 대하여 자료제출을 요구할 수 있다.
④ 상호금융 소비자보호 전담자는 정기적으로 금융소비자보호 관련 교육에 참여할 기회를 부여받는다.

Easy

11 다음 기사의 첫 문단 뒤에 이어질 (가) ~ (라) 문단을 논리적 순서대로 바르게 나열한 것은?

〈S은행, 기업경영 컨설팅 지원으로 중소기업과 동반성장〉

S은행은 기업경영 컨설팅을 받아 재무구조가 건전해진 거래기업체인 경기도 용인 소재의 J사를 찾
아 컨설팅 최종보고회를 했다고 밝혔다.

(가) J사 대표는 "S은행의 컨설팅은 개별기업의 상황과 특성에 맞춰 진행되어 회사의 운영에 큰 도
　　움이 되었다."며, "주변의 기업 대표들에게도 적극적으로 추천하겠다."라고 말했다.

(나) 기업경영 컨설팅은 S은행 기업고객부 소속 회계사와 세무사로 구성된 기업경영 컨설턴트가 거
　　래기업 등에 일주일간 상주하며, 기업경영에서 발생하는 다양한 문제에 대해 해결방안을 제시
　　함으로써 기업의 경쟁력을 강화하는 기업금융 서비스이다.

(다) 지난 6월 J사는 S은행 기업경영 컨설팅을 받아 부동산 명의 변경과 자산재평가 등을 실시하였
　　고, 추가적인 사후관리를 통해 당해년도 흑자전환을 이뤘으며, 대출이자를 1/4 수준으로 낮추
　　는 대환대출을 받아 유동성을 확보하였다.

(라) J사는 패러글라이더 글로벌 시장 점유율이 한때 60%에 이르는 세계 1위의 개성공단 입주기업
　　이었으나 2020년 개성공단 폐쇄로 50여억 원의 투자시설과 완제품을 개성에 남겨두고 내려와
　　매출 및 당기순이익이 급감하고 대출이자가 3배 이상 급등하는 등의 어려움을 겪었다.

---

① (나) – (가) – (다) – (라)　　　　　② (나) – (라) – (다) – (가)
③ (라) – (가) – (나) – (다)　　　　　④ (라) – (나) – (다) – (가)

12 다음은 부당이득징수업무 처리규정의 일부이다. 이 규정에 따른 〈보기〉의 설명 중 적절한 것을 모두 고르면?

제3조(부당이득 징수)

① 소속기관장은 보험 급여 지급결정에 하자가 있는 것으로 확인되는 경우 직권으로 당초 처분을 취소 또는 변경하고 잘못 지급된 보험 급여가 있는 경우 부당이득으로 징수하여야 한다.

② 소속기관장은 보험 급여 수급권자가 다음 각호의 어느 하나에 해당하는 사유로 보험 급여를 지급받은 경우에는 그 보험 급여액에 해당하는 금액을 부당이득으로 징수하여야 한다.

  1. 각종 보험 급여 청구서의 신고사항에 대하여 단순 기재누락으로 보험 급여를 받은 경우

  2. 수급권 변경·소멸신고를 하지 아니하고 보험 급여를 받은 경우

  3. 그 밖에 잘못 지급된 보험 급여를 받은 경우

③ 소속기관장은 보험 급여 수급권자가 별표 1에 해당하는 유형의 부당이득 수급자에 해당하면 보험 급여액의 2배에 해당하는 금액을 부당이득으로 징수하여야 하며, 유형별 판단기준은 별표 1과 같다. 다만, 보험 급여 수급권자(연대책임자를 포함한다)가 다음 각호의 어느 하나에 해당하는 날 이전에 부정수급 사실을 자진신고한 경우에는 신고한 자에 대하여 그 보험 급여액에 해당하는 금액을 징수한다.

  1. 이사장이 부정수급 기획조사 계획을 수립한 날(내부결재일)

  2. 소속기관장이 인지사건에 대해 본부에 보고한 날

  3. 소속기관장이 부정수급 여부에 대해 조사를 시작한 날

(별표 1) 유형별 판단기준

구분	사례
1. 업무상 재해 유형	① 적용제외 사업장 소속 근로자를 적용사업장 소속 근로자로 조작하여 보험 급여를 받은 경우 ② 근로자가 아닌 자를 근로자로 조작하여 보험 급여를 받은 경우 ③ 업무 외 재해의 사실관계(재해경위 등)를 조작하여 업무상 재해로 보험 급여를 받은 경우 ④ 자해행위를 업무상 재해로 조작하여 보험 급여를 받은 경우
2. 급여청구 유형	① 업무상의 재해로 입은 상병을 고의로 악화(법 제83조에 따라 장해등급 등의 재판정 전에 고의로 장해상태를 악화시켜 장해급여 또는 진폐보상연금을 지급받은 경우를 포함한다)시켜 보험 급여를 받은 경우 ② 의도적으로 취업 또는 자영업의 운영 사실을 숨긴 채 휴업급여를 받은 경우 ③ 중소기업사업주 보험가입자가 영업활동 사실을 숨긴 채 휴업급여를 받은 경우 ④ 각종 증명서 및 확인서 등을 위조하거나 허위로 증명하여 보험 급여를 받은 경우 ⑤ 사망 또는 가족관계 변경 등 신고사항을 고의 또는 허위로 신고하여 보험 급여를 받은 경우 ⑥ 보험가입자, 산재보험 의료기관 또는 직업훈련기관 등과 공모(종사자 포함)하여 부정하게 보험 급여를 받은 경우 ⑦ 보험 급여를 청구하거나 지급받는 과정에서 산재보험 업무와 관련한 사람에게 위계·기만·협박 등의 위력을 가하여 거짓 보고 또는 증명을 하게 하여 보험 급여를 받은 경우

보기

ㄱ. 자영업을 하는 A가 실제로 직원이 아닌 조카 B를 근로자로 조작하여 150만 원에 달하는 보험 급여를 수급한 사실이 적발된 경우, A로부터 징수할 부당이득은 300만 원이다.

ㄴ. ○○은행에 근무하는 C사원이 휴업기간 동안 총 720만 원에 달하는 휴업급여를 수급하면서 동시에 자영업을 운영하였으나 ○○기관장이 C사원의 부정수급에 관해 조사를 시작하기 15일 전 부정수급 사실을 자진신고한 경우, C사원은 부당이득 징수로부터 면제된다.

ㄷ. □□공사에 근무하는 D대리가 병원진단서를 위조하여 6개월간 115만 원에 달하는 보험 급여를 수급한 경우, 자진신고 전 적발 시 D대리로부터 징수할 부당이득은 230만 원이다.

ㄹ. △△은행에서 사내 보험관련 업무를 담당하는 E주임의 업무상 기재누락으로 인해 F주임에게 310만 원의 보험 급여가 더 지급된 경우, △△은행장은 E주임으로부터 310만 원을 부당이득으로 징수한다.

① ㄱ, ㄴ

② ㄱ, ㄷ

③ ㄴ, ㄷ

④ ㄴ, ㄹ

13 10% 설탕물 480g에 20% 설탕물 120g을 섞었다. 이 설탕물에서 한 컵의 설탕물을 퍼내고, 퍼낸 설탕물의 양만큼 다시 물을 부었더니 11%의 설탕물 600g이 되었다. 이때 컵으로 퍼낸 설탕물의 양은?

① 30g

② 50g

③ 60g

④ 90g

14 두 자릿수 AB와 한 자릿수 B의 합이 두 자릿수 BA가 될 때, $B+A$의 값은?(단, A, B는 1에서 9까지의 자연수이다)

① 15

② 16

③ 17

④ 18

15 서울에 소재한 S회사에 근무 중인 A씨와 B씨는 부산으로 출장을 가게 되었다. 서울에서 부산까지 400km를 달리는 일반열차와 급행열차가 있다. 일반열차는 중간에 있는 4개의 역에서 10분씩 정차를 하고 급행열차는 정차하는 역 없이 한 번에 도착한다. 오전 10시에 일반열차를 탄 A씨와 동시에 도착하려면 B씨는 급행열차를 몇 시에 타야 하는가?(단, 일반열차의 속력은 160km/h, 급행열차의 속력은 200km/h이다)

① 오전 11시

② 오전 11시 10분

③ 오전 11시 20분

④ 오전 11시 30분

16 소금 농도가 4%인 미역국 450g이 싱거워 소금을 더 넣어 농도가 10%인 미역국을 만들었다. 이때 넣은 소금의 양은?

① 25g
② 30g
③ 33g
④ 35g

17 둘레가 600m인 연못을 A와 B가 서로 반대방향으로 걷는다. A는 분당 15m의 속력으로 걷고, B는 A보다 더 빠른 속력으로 걷는다. 두 사람이 같은 위치에서 동시에 출발하여, 1시간 후 5번째로 만났다면 B의 속력은?

① 20m/min
② 25m/min
③ 30m/min
④ 35m/min

18 S매장에서는 직원 6명이 마감청소를 하는 데 5시간이 걸린다. 만약 리모델링 작업을 진행하기 위해 3시간 만에 마감청소를 끝낼 수 있도록 단기 직원을 추가로 고용하려고 한다면, 몇 명의 단기 직원이 추가로 필요한가?(단, 모든 직원의 능률은 동일하다)

① 2명
② 3명
③ 4명
④ 5명

19 다음은 성별 국민연금 가입자 현황이다. 이에 대한 설명으로 옳은 것은?

〈성별 국민연금 가입자 수〉

(단위 : 명)

구분	사업장가입자	지역가입자	임의가입자	임의계속가입자	합계
남자	8,059,994	3,861,478	50,353	166,499	12,138,324
여자	5,775,011	3,448,700	284,127	296,644	9,804,482
합계	13,835,005	7,310,178	334,480	463,143	21,942,806

① 남자 사업장가입자 수는 남자 지역가입자 수의 2배 미만이다.

② 여자 사업장가입자 수는 이를 제외한 항목의 여자 가입자 수를 모두 합친 것보다 적다.

③ 전체 지역가입자 수는 전체 사업장가입자 수의 50% 미만이다.

④ 전체 가입자 중 여자 가입자 수의 비율은 40% 이상이다.

20 국내 금융감독당국은 금융회사의 자발적인 민원 예방과 적극적인 민원 해결 노력을 유도하기 위해 금융소비자 보호 실태평가를 하고 민원 발생 현황을 비교 공시하고 있다. 은행별 금융민원 감축 노력 수준 평가에 다음 공시자료를 참고한다면, 다음 설명 중 옳지 않은 것은?

〈은행별 금융민원 발생 건수〉

구분	민원 건수(고객 십만 명당 건)		민원 건수(건)	
	2022년	2023년	2022년	2023년
A은행	5.62	4.64	1,170	1,009
B은행	5.83	4.46	1,695	1,332
C은행	4.19	3.92	980	950
D은행	5.53	3.75	1,530	1,078

① 금융민원 발생 건수는 전반적으로 전년 대비 감축했다고 평가할 수 있다.

② C은행은 2023년 금융민원 건수가 가장 적지만, 전년 대비 민원 감축률은 약 3.1%로 가장 미비한 수준이다.

③ 가장 많은 고객을 보유하고 있는 은행은 2023년에 금융민원 건수가 가장 많다.

④ 금융민원 건수 감축률을 기준으로 금융소비자 보호 수준을 평가했을 때 D은행 – A은행 – B은행 – C은행 순서로 우수하다.

21 다음은 S신도시 쓰레기 처리 관련 통계 자료이다. 이에 대한 설명으로 적절하지 않은 것은?

〈S신도시 쓰레기 처리 관련 통계〉

구분	2020년	2021년	2022년	2023년
1kg 쓰레기 종량제 봉투 가격	100원	200원	300원	400원
쓰레기 1kg당 처리비용	400원	400원	400원	400원
S신도시 쓰레기 발생량	5,013톤	4,521톤	4,209톤	4,007톤
S신도시 쓰레기 관련 예산 적자	15억 원	9억 원	4억 원	0원

① 쓰레기 종량제 봉투 가격이 100원이었던 2020년에 비해 400원이 된 2023년에는 쓰레기 발생량이 약 20% 감소하였고 쓰레기 관련 예산 적자는 0원이 되었다.

② 연간 쓰레기 발생량 감소곡선보다 쓰레기 종량제 봉투 가격의 인상곡선이 더 가파르다.

③ 쓰레기 1kg당 처리비용이 인상될수록 S신도시의 쓰레기 발생량과 쓰레기 관련 예산 적자가 급격히 감소하는 것을 볼 수 있다.

④ 봉투 가격이 인상됨으로써 주민들은 비용에 부담을 느끼고 쓰레기 배출을 줄였다고 추론할 수 있다.

22 다음은 A ~ E 5개국의 경제 및 사회 지표 자료이다. 이에 대한 설명으로 적절하지 않은 것은?

〈5개국의 경제 및 사회 지표〉

구분	1인당 GDP(달러)	경제성장률(%)	수출(백만 달러)	수입(백만 달러)	총인구(백만 명)
A	27,214	2.6	526,757	436,499	50.6
B	32,477	0.5	624,787	648,315	126.6
C	55,837	2.4	1,504,580	2,315,300	321.8
D	25,832	3.2	277,423	304,315	46.1
E	56,328	2.3	188,445	208,414	24.0

※ (총 GDP)=(1인당 GDP)×(총인구)

① 경제성장률이 가장 큰 국가가 총 GDP는 가장 작다.

② 총 GDP가 가장 큰 국가는 가장 작은 국가의 총 GDP보다 10배 이상 더 크다.

③ 5개국 중 수출과 수입에 있어서 규모에 따라 나열한 순위는 서로 일치한다.

④ 1인당 GDP에 따른 순위와 총 GDP에 따른 순위는 서로 일치한다.

23 다음은 청소년의 경제의식에 대한 설문조사 결과를 정리한 자료이다. 이에 대한 설명으로 적절한 것은?

<청소년의 경제의식에 대한 설문조사 결과>

(단위 : %)

설문 내용	구분	전체	성별		학교별	
			남	여	중학교	고등학교
용돈을 받는지 여부	예	84.2	82.9	85.4	87.6	80.8
	아니요	15.8	17.1	14.6	12.4	19.2
월간 용돈 금액	5만 원 미만	75.2	73.9	76.5	89.4	60
	5만 원 이상	24.8	26.1	23.5	10.6	40
금전출납부 기록 여부	기록한다	30	22.8	35.8	31	27.5
	기록 안 한다	70	77.2	64.2	69.0	72.5

① 용돈을 받는 남학생의 비율이 용돈을 받는 여학생의 비율보다 높다.

② 월간 용돈을 5만 원 미만으로 받는 비율은 중학생이 고등학생보다 높다.

③ 고등학생 전체 인원을 100명이라 한다면, 월간 용돈을 5만 원 이상 받는 학생은 40명이다.

④ 금전출납부는 기록하는 비율이 기록 안 하는 비율보다 높다.

24 다음은 2014년부터 2023년까지 연도별 청년 고용률 및 실업률에 대한 그래프이다. 다음 중 고용률과 실업률의 차이가 가장 큰 연도는?

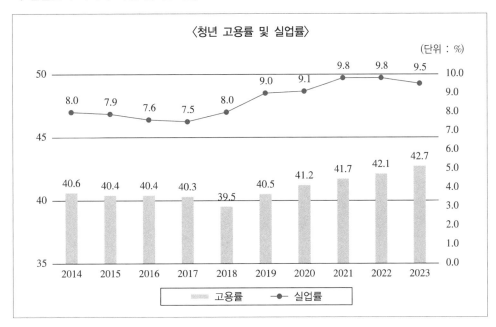

〈청년 고용률 및 실업률〉
(단위 : %)

① 2016년   ② 2017년
③ 2020년   ④ 2023년

25 다음은 엔화 대비 원화 환율과 달러화 대비 환율 추이 자료이다. 이에 대한 〈보기〉의 설명 중 적절한 것을 모두 고르면?

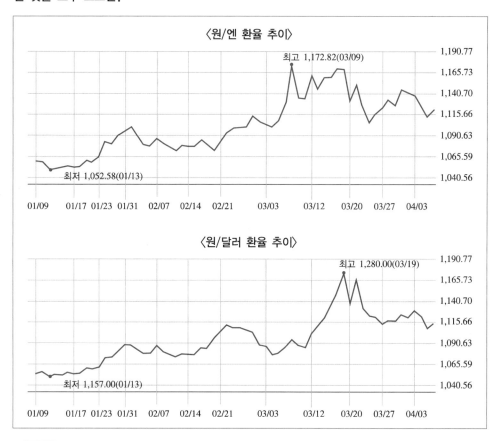

<보기>

ㄱ. 원/엔 환율은 3월 한 달 동안 1,200원을 상회하는 수준에서 등락을 반복했다.

ㄴ. 2월 21일의 원/달러 환율은 지난주보다 상승하였다.

ㄷ. 3월 12일부터 3월 19일까지 달러화의 강세가 심화되는 추세를 보였다.

ㄹ. 3월 27일의 달러/엔 환율은 3월 12일보다 상승하였다.

① ㄱ, ㄴ   ② ㄱ, ㄷ

③ ㄴ, ㄷ   ④ ㄴ, ㄹ

Easy

26

• 전제1. 야근을 하는 모든 사람은 X분야의 업무를 한다.
• 전제2. 야근을 하는 모든 사람은 Y분야의 업무를 한다.
• 결론. _____

① X분야의 업무를 하는 모든 사람은 야근을 한다.

② Y분야의 업무를 하는 어떤 사람은 X분야의 업무를 한다.

③ Y분야의 업무를 하는 모든 사람은 야근을 한다.

④ X분야의 업무를 하는 모든 사람은 Y분야의 업무를 한다.

27

• 전제1. 공부를 잘하는 사람은 모두 꼼꼼하다.
• 전제2. _____
• 결론. 꼼꼼한 사람 중 일부는 시간 관리를 잘한다.

① 공부를 잘하는 사람 중 일부는 꼼꼼하지 않다.

② 시간 관리를 잘하지 못하는 사람은 꼼꼼하다.

③ 꼼꼼한 사람은 시간 관리를 잘하지 못한다.

④ 공부를 잘하는 어떤 사람은 시간 관리를 잘한다.

28 다음은 직원 A ~ G의 인사이동에 대한 정보이다. 직원들의 인사이동에 대한 설명 중 반드시 참인 것은?

- A가 기획재무본부에서 건설기술본부로 이동하면, C는 스마트도시본부에서 기획재무본부로 이동하지 않는다.
- E가 건설기술본부에서 도시재생본부로 이동하지 않는 경우에만, D가 전략사업본부에서 스마트도시본부로 이동한다.
- B가 주거복지본부에서 전략사업본부로 이동하면, A는 기획재무본부에서 건설기술본부로 이동한다.
- C는 스마트도시본부에서 기획재무본부로 이동한다.
- 전략사업본부에서 스마트도시본부로의 D의 이동과, 도시재생본부에서 공공주택본부로의 F의 이동 중 하나의 이동만 일어난다.
- B가 주거복지본부에서 전략사업본부로 이동하거나, E가 건설기술본부에서 도시재생본부로 이동하거나, G가 공공주택본부에서 주거복지본부로 이동하는 일 중 2가지 이상의 이동이 이루어졌다.

① A는 기획재무본부에서 건설기술본부로 이동한다.
② G는 이번 인사이동에서 이동하지 않는다.
③ C와 E는 기획재무본부로 이동한다.
④ F는 도시재생본부에서 공공주택본부로 이동한다.

29 S사는 창립 기념일을 맞이하여 인사팀, 영업팀, 홍보팀, 디자인팀, 기획팀에서 총 20명의 신입사원들이 나와서 장기자랑을 한다. 각 팀에서는 최소 한 명 이상 참가해야 하며, 장기자랑 종목은 춤, 마임, 노래, 마술, 기타 연주가 있다. 다음 〈조건〉이 모두 참일 때 장기자랑에 참석한 홍보팀 사원은 모두 몇 명이고, 어떤 종목으로 참가하는가?(단, 장기자랑 종목은 팀별로 겹칠 수 없다)

> **조건**
> - 홍보팀은 영업팀 참가 인원의 2배이다.
> - 춤을 추는 팀은 총 6명이며, 인사팀은 노래를 부른다.
> - 기획팀 7명은 마임을 하며, 다섯 팀 중 가장 참가 인원이 많다.
> - 마술을 하는 팀은 2명이며, 영업팀은 기타 연주를 하거나 춤을 춘다.
> - 디자인팀은 춤을 추며, 노래를 부르는 팀은 마술을 하는 팀 인원의 2배이다.

① 1명, 마술   ② 1명, 노래
③ 2명, 기타 연주   ④ 2명, 마술

30 빨간색, 파란색, 노란색, 초록색의 화분에 빨강, 파랑, 노랑, 초록 꽃씨를 심으려고 하는데, 다음 〈조건〉에 따라 심는다고 한다. 〈보기〉를 평가한 것 중 옳은 것은?

> **조건**
> • 빨간색, 파란색, 노란색, 초록색의 화분에 빨강, 파랑, 노랑, 초록 꽃씨를 심으려고 한다.
> • 각각의 화분에 화분과 같은 색깔의 꽃씨는 심을 수 없다.
> • 빨강 꽃씨를 노란색 화분에 심을 수 없으며, 노랑 꽃씨를 빨간색 화분에 심지 못한다.
> • 파랑 꽃씨를 초록색 화분에 심을 수 없으며, 초록 꽃씨를 파란색 화분에 심지 못한다.

> **보기**
> 초록색 화분과 노란색 화분에 심을 수 있는 꽃씨의 종류는 같다.

① 확실히 아니다.
② 확실하지 않지만 틀릴 확률이 높다.
③ 확실하지 않지만 맞을 확률이 높다.
④ 확실히 맞다.

Easy

31 다음 제시문을 바탕으로 추론할 수 있는 것은?

> • 신혜와 유민이 앞에 사과, 포도, 딸기가 놓여있다.
> • 사과, 포도, 딸기 중에는 각자 좋아하는 과일이 반드시 있다.
> • 신혜는 사과와 포도를 싫어한다.
> • 유민이가 좋아하는 과일은 신혜가 싫어하는 과일이다.

① 신혜는 좋아하는 과일이 없다.
② 유민이가 딸기를 좋아하는지 알 수 없다.
③ 신혜는 딸기를 좋아한다.
④ 유민이와 신혜가 같이 좋아하는 과일이 있다.

32 현수, 정훈, 승규, 태경, 형욱 다섯 명이 마라톤 경기에서 뛰고 있다. 한 시간이 지난 후 현재 다섯 명 사이의 거리가 제시된 〈조건〉과 같다고 할 때, 다음 중 옳은 것은?

> **조건**
> • 태경이는 승규보다 3km 앞에서 뛰고 있다.
> • 형욱이는 태경이보다 5km 뒤에서 뛰고 있다.
> • 현수는 승규보다 5km 앞에서 뛰고 있다.
> • 정훈이는 태경이보다 뒤에서 뛰고 있다.
> • 1등과 5등의 거리는 10km 이하이다.

① 정훈이와 승규의 거리는 최소 0km, 최대 4km이다.
② 정훈이는 형욱이보다 최대 2km 뒤까지 위치할 수 있다.
③ 현재 마라톤 경기의 1등은 태경이다.
④ 현수와 태경이의 거리와 승규와 형욱이의 거리는 같다.

33 S사에서 근무하고 있는 김인턴은 경기본부로 파견 근무를 나가고자 한다. 제시된 〈조건〉에 따라 파견일을 결정할 때, 다음 중 김인턴이 경기본부 파견 근무를 갈 수 있는 기간으로 옳은 것은?

〈10월 달력〉						
일요일	월요일	화요일	수요일	목요일	금요일	토요일
				1	2	3
4	5	6	7	8	9	10
11	12	13	14	15	16	17
18	19	20	21	22	23	24
25	26	27	28	29	30	31

> **조건**
> • 김인턴은 10월 중에 경기본부로 파견 근무를 나간다.
> • 파견 근무는 2일 동안 진행되며, 이틀 동안 연이어 진행하여야 한다.
> • 파견 근무는 주중에만 진행된다.
> • 김인턴은 10월 1일부터 10월 7일까지 연수에 참석하므로 해당 기간에는 근무를 진행할 수 없다.
> • 김인턴은 10월 27일부터는 부서이동을 하므로, 27일부터는 파견 근무를 포함한 모든 담당 업무를 후임자에게 인계하여야 한다.
> • 김인턴은 목요일마다 강원본부로 출장을 가며, 출장일에는 파견 근무를 수행할 수 없다.

① 10월 6~7일
② 10월 11~12일
③ 10월 14~15일
④ 10월 20~21일

34 S은행은 후문 공지 개발을 위한 시공업체를 선정하고자 한다. 업체 선정 방식 및 참가업체에 대한 평가 정보가 다음과 같을 때, 최종적으로 선정될 업체는?

〈선정 방식〉

- 최종점수가 가장 높은 업체를 선정한다.
- 업체별 최종점수는 경영 건전성 점수, 시공 실적 점수, 전력 절감 점수, 친환경 점수를 합산한 값의 평균에 가점을 가산하여 산출한다.
- 해당 업체의 평가 항목별 점수는 심사위원들이 부여한 점수의 평균값이다.
- 다음의 경우에 해당되는 경우 가점을 부여한다.

내용	가점
최근 5년 이내 무사고	1점
디자인 수상 실적 1회 이상	2점
입찰가격 150억 원 이하	2점

〈참가업체 평가정보〉

(단위 : 점)

구분	A업체	B업체	C업체	D업체
경영 건전성 점수	85	91	79	88
시공 실적 점수	79	82	81	71
전력 절감 점수	71	74	72	77
친환경 점수	88	75	85	89
최근 5년 이내 사고 건수	1	–	3	–
디자인 수상 실적	2	1	–	–
입찰가격(원)	220억	172억	135억	110억

① A업체
② B업체
③ C업체
④ D업체

35 다음은 S직원의 퇴직금 관련 자료이다. 〈보기〉에 따라 S직원이 받을 퇴직금은 얼마인가?(단, S직원은 퇴직금 산정 기준을 모두 만족하며, 주어진 퇴직금 산정 기준 외는 고려하지 않으며, 1,000원 미만은 절사한다)

〈퇴직금 산정 기준〉

- 근무한 개월에 따라 1년 미만이라도 정해진 기준에 따라 지급한다.
- 평균임금에는 기본급과 상여금, 기타 수당 등이 포함된다.
- 실비에는 교통비, 식비, 출장비 등이 포함된다.
- 1일 평균임금은 퇴직일 이전 3개월간에 지급받은 임금총액을 퇴직일 이전 3개월간의 근무 일수의 합으로 나눠서 구한다.
- 1일 평균임금 산정기간과 총근무 일수 중 육아휴직 기간이 있는 경우에는 그 기간과 그 기간 중에 지급된 임금은 평균임금 산정기준이 되는 기간과 임금의 총액에서 각각 뺀다.
- 실비는 평균임금에 포함되지 않는다.
- (퇴직금)=(1일 평균임금)×(30일)×$\dfrac{(총근무\ 일수)}{360일}$

보기

〈S직원의 월급 명세서〉

(단위 : 만 원)

월	월 기본급	상여금	교통비	식비	기타수당	근무 일수	기타
1월	160	–	20	20	25	31일	–
2월	160	–	20	20	25	28일	–
3월	160	–	20	20	25	31일	–
4월	160	–	20	20	25	22일	–
5월	160	–	20	20	–	16일	육아휴직(10일)
6월	160	160	20	20	25	22일	7월 1일 퇴직

① 1,145,000원   ② 1,289,000원
③ 1,376,000원   ④ 1,596,000원

36 다음은 농수산물에 대한 식품 수거검사에 대한 자료이다. 〈보기〉의 설명 중 옳지 않은 것을 모두 고르면?

PART 2

〈식품 수거검사〉

- 검사
  - 월별 정기 및 수시 수거검사
- 대상
  - 다년간 부적합 비율 및 유통점유율이 높은 품목대상
  - 신규 생산 품목 및 문제 식품의 신속 수거·검사 실시
  - 언론이나 소비자단체 등 사회문제화 된 식품
  - 재래시장, 연쇄점, 소형슈퍼마켓 주변의 유통 식품
  - 학교 주변 어린이 기호식품류
  - 김밥, 도시락, 햄버거 등 유통식품
  - 유통 중인 농·수·축산물(엽경채류, 콩나물, 어류, 패류, 돼지고기, 닭고기 등)
- 식품 종류별 주요 검사항목
  - 농산물 : 잔류농약
  - 수산물 : 총수은, 납, 항생물질, 장염비브리오 등 식중독균 오염여부
  - 축산물 : 항생물질, 합성항균제, 성장홀몬제, 대장균O-157:H7, 리스테리아균, 살모넬라균, 클로스트리디움균
  - 식품 제조·가공품 : 과산화물가, 대장균, 대장균군, 보존료, 타르색소 등
- 부적합에 따른 조치
  - 제조업체 해당 시·군에 통보(시정명령, 영업정지, 품목정지, 폐기처분 등 행정조치)
  - 식품의약안전처 홈페이지 식품긴급회수창에 위해정보공개
  - 부적합 유통 식품 수거검사 및 폐기

보기

ㄱ. 유통 중에 있는 식품은 식품 수거검사 대상에 해당되지 않는다.
ㄴ. 항생물질 함유 여부를 검사하는 항목은 축산물뿐이다.
ㄷ. 식품 수거검사는 정시와 수시가 모두 진행된다.
ㄹ. 식품 수거검사 결과 적발한 위해정보는 제조업체 해당 시·군 홈페이지에서 확인할 수 있다.

① ㄱ, ㄷ   ② ㄴ, ㄹ
③ ㄱ, ㄴ, ㄹ   ④ ㄱ, ㄷ, ㄹ

※ 다음은 S전자의 품목별 부품보유기간 · 내용연수 및 보상 규정과 보증기간, 분쟁해결기준과 관련된 내 규사항을 정리한 자료이다. 이를 읽고 이어지는 질문에 답하시오. [37~38]

〈품목별 부품보유기간 · 내용연수 및 보상 규정〉

품목	부품보유기간	내용연수	보유기간 내 부품 없을 시 보상 규정
에어컨 · 보일러 · 전자레인지 · 정수기	7년	7년	(잔존가치액)+(구입가의 5% 가산)
전기압력밥솥 · 가스레인지		7년	
TV · 냉장고	6년	6년	
세탁기		5년	
오븐	6년	6년	
로봇청소기	7년	7년	
휴대전화	3년	3년	
전기면도기 · 헤어드라이어	4년	4년	
자동차	8년	8년	(잔존가치액)+(잔존가치액의 10% 가산)

〈분쟁해결기준〉

가. 부품보유기간 이내에 수리용 부품을 보유하고 있지 않아 발생한 피해
   ㉠ 품질보증기간 이내
      - 정상 사용 중 성능 · 기능상의 하자로 인해 발생한 경우 : 제품 교환 또는 구입가 환급
      - 소비자의 고의 · 과실로 인한 고장인 경우 : 유상수리에 해당하는 금액 징수 후 제품 교환
   ㉡ 품질보증기간 경과 후 정액감가상각한 잔여 금액에 구입가의 5%를 가산하여 환급
      (감가상각한 잔여 금액 < 0이면, 0으로 계산)
나. 품질보증기간 이내에 동일하자에 대해 2회까지 수리하였으나 하자가 재발하는 경우 또는 여러 부위 하 자에 대해 4회까지 수리하였으나 하자가 재발하는 경우는 수리 불가능한 것으로 본다.
다. 구입 후 1개월 이내에 정상적인 사용상태에서 발생한 성능 · 기능상의 하자로 중요한 수리를 요할 때에 는 제품 교환 또는 무상수리를 한다.

〈제품별 보증기간〉

구분	보증기간	종류
일반제품	1년	휴대전화, TV, 냉장고, 세탁기, 청소기, 주방기기, 가습기, PC, 모니터, 프린터 등
계절성 제품	2년	에어컨, 선풍기, 난방기, 히터 등

※ (잔존가치액)=(구매가)−(감가상각비)
※ (감가상각비)=(사용연수)÷(내용연수)×(구입가)

37 S전자서비스 고객센터에 근무하는 귀하는 한 고객으로부터 문의 전화를 받았다. 다음 대화를 듣고 귀하가 대답할 말로 적절하지 않은 것은?

> 고객 : 안녕하세요. 부품 교환, 수리 관련해서 문의하려고 연락드렸습니다. 아이가 놀다가 오븐에 있는 타이머 레버를 부숴서 오븐 작동이 안 됩니다. 그리고 로봇청소기도 고장이 나서 작동이 안 되는데 교환이나 수리가 가능한지 궁금해요. 또 에어컨은 구입한 지 1개월도 안 되었는데, 작동해 보니 차가운 바람이 나오지 않습니다. 로봇청소기는 1년 2개월 사용하였고, 오븐은 4년 2개월 사용하였습니다.

〈S전자 창고 상황〉

• 오븐 : 부품 생산 중단(재고 – 0개)
• 로봇청소기 : 부품보유(재고 – 99개)
• 에어컨 : 부품보유(재고 – 78개)

---

① 오븐은 50개월을 사용하셨기 때문에 당사의 부품보유기간에 해당합니다.
② 에어컨은 구입한 지 1개월 이내에 발생한 성능·기능상의 하자이기 때문에 제품 교환 또는 무상 수리를 받으실 수 있습니다.
③ 오븐 타이머 레버는 소비자의 과실로 인한 고장이므로, 유상수리에 해당하는 금액 징수 후 제품 교환을 해드리겠습니다.
④ 에어컨은 계절성 상품으로 품질보증기간 2년에 해당합니다.

38 위 고객과의 통화를 마친 귀하는 전산오류로 인해 로봇청소기 부품 재고가 없다는 것을 확인한 후 고객에게 다시 서비스 안내를 하려고 한다. 로봇청소기의 정가가 240만 원일 때, 귀하가 고객에게 안내해야 할 보상 금액은?

① 200만 원 ② 212만 원
③ 224만 원 ④ 236만 원

※ 다음 제시된 문자와 같은 것의 개수를 구하시오. [39~40]

Easy

39

바깥문

바깥방 바끄럼 바깥목 바깥문 바깥목 바람풍 바닷물 바깥방 바람풍 바끄럼 바깥문 바깥방
바람풍 바깥문 바닷물 바깥방 바깥목 바깥문 바깥목 바닷물 바깥문 바깥방 바깥문 바깥목
바깥목 바끄럼 바깥문 바깥방 바른말 바깥방 바끄럼 바깥문 바람풍 바깥문 바닷물 바른말
바깥문 바깥목 바람풍 바닷물 바깥문 바른말 바람풍 바끄럼 바깥목 바깥목 바닷물 바깥방

① 8개
② 9개
③ 10개
④ 11개

40

스브스

스브스	스부스	스브스	소보스	스브소	스브수	소보소	스보스
스보스	스브스	시브스	스브스	스브시	스뵤스	스브스	스브스
스프스	즈브스	스브스	스므스	스포스	스브신	스그스	스브스

① 6개
② 7개
③ 8개
④ 9개

41 다음 제시된 규칙에 따라 알맞게 변형한 것으로 옳지 않은 것은?

$$□☆○◎▽ - ii\ iii\ iv\ v\ vi$$

① ▽◎○☆□ - vi v iv iii ii
② ○☆□▽◎ - iv iii ii vi v
③ ☆□▽◎○ - iii ii iv v vi
④ ◎○☆▽□ - v iv iii vi ii

42 다음 제시된 문자를 내림차순으로 나열하였을 때 3번째에 오는 문자는?

$$N\quad L\quad Y\quad U\quad C\quad D$$

① N ② L
③ U ④ D

43 다음 제시된 좌우의 문자를 비교했을 때, 같은 문자의 개수는?

$$57869325 - 57068245$$

① 2개 ② 3개
③ 4개 ④ 5개

44 다음 제시된 좌우의 문자를 비교했을 때, 다른 문자의 개수는?

ⅧⅥⅨⅩⅡⅢⅠ – ⅧⅣⅨⅩⅢⅢⅠ

① 1개 ② 2개
③ 3개 ④ 4개

45 다음은 업무에서 사용되는 문서의 일부이다. 문서에서 맞춤법이 잘못 쓰인 글자의 개수는?(단, 띄어쓰기는 고려하지 않는다)

〈관리운영직군 공무원 전직시험 계획 공고〉

1. 응시자격
   가. 전직예정 직급에 상당하는 관리운영직군 공므원으로(2022. 12. 12. 부터) 6개월 이상 근무한 사람 중에서 유사직렬로 전직을 희망하는 사람(해당 근무기간 동안 관련 직무 분야에서 근무하여야 함)
   예 사무운영직렬로 사서 관련 직무 분야에서 6개월 이상 근무해야 사서직렬로 전직시험에 응시할 수 있음
   전직시험 응시요건 해당 여부는 해당 시험의 최종시험 시행예정일을 기준으로 함
   ※ 최종시험 시행예정일 기준
   – 필기시험 대상 : 필기시험일(기술직군 : 2023. 9. 20., 행정직군 : 2023. 10. 25.)
   – 서류전영 대상 : 서류접수 마감일(2023. 10. 29.)
   나. 응시원서 접수일부터 필기시엄일까지 휴직, 직위해제, 정직 중에 있는 자는 응시대상자에서 제외됨

① 2개 ② 3개
③ 4개 ④ 5개

※ S씨는 개인정보 보호를 위해 회원가입한 사이트마다 비밀번호를 다르게 입력하되, 이를 잊어버리지 않도록 비밀번호를 다음 규칙에 따라 메모하였다. 이어지는 질문에 답하시오. **[46~48]**

〈규칙〉

1. 한글 자음은 ㄱ~ㅎ은 ㄷ~ㄴ로 순서대로 치환하여 입력한다. → ㄱ=ㄷ, ㄴ=ㄹ, ㄷ=ㅁ, …, ㅌ=ㅎ, ㅍ=ㄱ, ㅎ=ㄴ.
2. 한글 모음 중 ㅏ, ㅓ, ㅗ, ㅜ는 순서대로 ㅗ, ㅜ, ㅏ, ㅓ로 치환하여 입력한다.
3. 알파벳 대문자는 소문자로 치환하여 입력한다.
4. 치환 전 알파벳 소문자 중 모음 a, e, i, o, u만 각각 순서대로 월, 화, 수, 목, 금으로 치환하여 입력하되, 치환하여 입력한 월, 화, 수, 목, 금 뒤에는 !를 붙인다.

---

46 S는 학교 홈페이지 비밀번호에 대해 '우리song금!인가'라고 메모를 해놨다면, 학교 홈페이지의 비밀번호는 무엇이었겠는가?(단, 치환 전 소문자는 알파벳 중 가장 마지막 자리 하나였다)

① 처비SONGu칠도   ② 처비SONGU듯칠도

③ 버니SONGu빛포   ④ 버니SONGU빛포

47 비밀번호가 다음과 같을 때 이에 대한 메모로 옳지 않은 것은?

① No킹2 → n목!꾳2   ② 돌Bir05 → 맙b수!r05

③ 안벽Dday2 → 츨열dd월!y2   ④ TAKEpic → t월!k화!p수!c

Hard

48 S가 비밀번호를 다음과 같은 문장으로 만들었다면, 이에 대한 메모로 옳은 것은?

손으로만드는하트는좋아한다는거야

① 졸츠보살므를나흐를콘차날마를더챠
② 졸츠보살므를나흐를칸초놀모를두챠
③ 잘츠바솔므를노흐를콘차날마를더챠
④ 잘츠바솔므를노흐를칸초놀모를두챠

49 다음 글에서 '금리'라는 단어는 몇 번 나오는가?

> 파월 의장은 전미기업경제학회 토론회에서 "높은 인플레이션을 억제하기 위해 신속하게 움직여야 한다"며 "0.5%p 금리 인상도 가능하다."고 말했다. 연방준비제도는 앞서 정책금리를 0.25%p 올리면서 2년 만에 '제로금리' 시대를 끝내고 인상 행보를 시작했다. 올해만 총 7차례 금리를 올릴 수 있다는 전망이 나오는 가운데 빅스텝까지 이뤄진다면 매우 공격적인 인상 행보라고 볼 수 있다. 연방준비제도가 한 번에 0.5%p 금리를 올린 사례는 2000년 5월이 마지막이다.

① 3번
② 4번
③ 5번
④ 6번

50 다음 두 자료 (가), (나)를 비교할 때, 서로 다른 부분의 개수는?

> (가) One day in February 2009, Stephanie called Betty, her best friend, who was the only employee of her business Best Wedding. Once again, they discussed the company expenses and dwindling revenue. But this time, Stephanie knew what she had to do. She gathered up her courage and told her friend and colleague: "I have to make this work. I have to let you go."

> (나) One day in February 2009, Stephanie called Betty, her best friend, how was the only employee of her business Best Wedding. Once again, they discussed the company expenses and dwindling revenue. But this time, Stephanie knew what she had to do. She gathered up her courage and told her friend and colleague: "I have to make this word. I have to let you go."

① 1개
② 2개
③ 3개
④ 4개

01 다음 글의 빈칸에 들어갈 내용으로 가장 적절한 것은?

> 상품을 만들어 파는 사람이 그 수고의 대가를 받고 이익을 누리는 것은 당연하다. 하지만 그 이익이 다른 사람의 고통을 무시하고 얻어진 경우에는 정당하지 않을 수 있다. 제3세계에 사는 많은 환자가 신약 가격을 개발국인 선진국의 수준으로 유지하는 거대 제약회사의 정책 때문에 고통 속에서 죽어 가고 있다. 그 약값을 감당할 수 있는 선진국이 보기에도 이는 이익이란 명분 아래 발생하는 끔찍한 사례이다. 이러한 비난의 목소리가 높아지자 제약회사의 대규모 투자자 중 일부는 자신들의 행동이 윤리적인지 고민하기 시작했다. 사람들이 약값 때문에 약을 구할 수 없다는 것은 분명히 잘못된 일이다. 하지만 그렇다고 해서 국가가 제약회사들에게 손해를 감수하라는 요구를 할 수는 없다는 데 사태의 복잡성이 있다.
>
> 신약을 개발하는 일에는 막대한 비용과 시간이 들며, 그 안전성 검사가 법으로 정해져 있어서 추가 비용이 발생한다. 이를 상쇄하기 위해 제약회사들은 시장에서 최대한 이익을 뽑아내려 한다. 얼마나 많은 환자가 신약을 통해 고통에서 벗어나는가에 대한 관심을 이들에게 기대하긴 어렵다. 그러나 만약 제약회사들이 존재하지 않는다면 신약개발도 없을 것이다.
>
> 그렇다면 상업적 고려와 인간의 건강 사이에 존재하는 긴장을 어떻게 해소해야 할까? 제3세계의 환자를 치료하는 일은 응급사항이며, 제약회사들이 자선하리라고 기대하는 것은 비현실적이다. 그렇다면 그 대안은 명백하다. _____ 물론 여기에도 문제는 있다. 이 대안이 왜 실현되기 어려운 걸까? 그 이유가 무엇인지는 우리가 자신의 주머니에 손을 넣어 거기에 필요한 돈을 꺼내는 순간 분명해질 것이다.

① 제3세계에 제공되는 신약 가격을 선진국과 같게 해야 한다.

② 제3세계 국민에게 필요한 신약을 선진국 국민이 구매하여 전달해야 한다.

③ 선진국들은 자국의 제약회사가 제3세계에 신약을 저렴하게 공급하도록 강제해야 한다.

④ 각국 정부는 거대 제약회사의 신약 가격 결정에 자율권을 주어 개발 비용을 보상받을 수 있게 해야 한다.

(가) 그렇다면 우리나라는 어떻게 신뢰를 확보할 수 있을까? 전문가들은 고위 공직자들이 솔선수범하여 스스로 부패를 없애는 일이야말로 신뢰를 쌓기 위한 첫 번째 조건이라고 말한다. 언론은 사실에 입각하여 객관적이고 공정한 보도를 하여야 독자들이 신뢰할 것이다. 가짜 뉴스는 걸러야 하며 오보는 반드시 정정 보도를 내보내야 한다. 또한 법과 원칙이 사회를 지배해야 하며, 법은 누구에게나 정의롭고 공정해야 한다. 힘 있는 사람이 법망을 빠져나가고 거리마다 자기의 주장을 외쳐대는 행위는 신뢰를 크게 무너뜨린다. 마지막으로 아프리카의 보츠와나처럼 학생들에게 어릴 때부터 청렴 교육을 할 필요가 있다.

(나) 프랑스 혁명 당시 시민혁명군이 왕궁을 포위했을 때 국왕 루이 16세와 왕비를 마지막까지 지킨 것은 프랑스 군대가 아니었다. 모든 프랑스 수비대는 도망갔지만 스위스 용병 700여 명은 남의 나라 왕과 왕비를 위해 용맹스럽게 싸우다가 장렬하게 전사했다. 프랑스 시민혁명군이 퇴각할 기회를 주었는데도 스위스 용병들은 그 제의를 거절했다. 당시 전사한 한 용병이 가족에게 보내려던 편지에는 이렇게 쓰여 있었다. '우리가 신뢰를 잃으면 우리 후손들은 영원히 용병을 할 수 없을 것이다. 우리는 죽을 때까지 왕궁을 지키기로 했다.' 오늘날까지 스위스 용병이 로마 교황의 경비를 담당하는 것은 이러한 용병들의 신뢰성 덕분이다. 젊은 용병들이 목숨을 바치며 송금한 돈도 결코 헛되지 않았다. 스위스 은행은 용병들이 송금했던 핏값을 목숨을 걸고 지켜 냈다. 그 결과 스위스 은행은 안전과 신뢰의 대명사가 되어 이자는커녕 돈 보관료를 받아 가면서 세계 부호들의 자금을 관리해주는 존재가 되었다.

(다) 신뢰(信賴)란 무엇인가? 신뢰에 대한 정의는 다양하지만 일반적으로 '타인의 미래 행동이 자신에게 호의적일 것이라는 기대와 믿음'을 말한다. 우리가 가족을 믿고 친구를 믿고 이웃을 믿는 것은 신뢰가 있기 때문이다. 하버드 대 교수 로버트 퍼트넘은 신뢰란 한 사회를 유지하는 데 꼭 필요한 요소로 사회적 자본이라고 했다. 스탠퍼드 대 교수 프랜시스 후쿠야마는 신뢰가 낮은 나라는 큰 사회적 비용이 발생한다고 지적했다.

(라) 한국의 신뢰지수는 아주 낮다. OECD 사회신뢰도(2016년)에 의하면, 한국은 '믿을 사람이 없다.', '사법 시스템도 못 믿겠다.', '정부도 못 믿겠다.'라는 질문에 모두 높은 순위를 기록했다. '미래에 대한 심각한 불안감을 가지고 있느냐.'는 질문에 대해 한국의 청년 응답자들은 무려 79.7%가 '그렇다.'고 답했다. 신뢰가 낮은 국가는 이해당사자 간에 발생하는 갈등을 사회적 대타협으로 해결하지 못한다. 일례로 한국에서 노사정 대타협이 성공했다는 소식을 들은 적이 없는 것 같다. 서로가 서로를 신뢰하지 못하기 때문이다.

(마) 스위스는 우리나라와 비슷한 점이 많다. 독일, 프랑스, 이탈리아, 오스트리아 등 주변국에 시달리며 비극적인 역사를 이어왔다. 국토의 넓이는 우리나라 경상도와 전라도를 합한 크기로 국토의 75%가 산이며, 자원이라곤 사람밖에 없다. 150년 전까지만 하여도 최빈국이었던 스위스가 지금은 1인당 GDP가 세계 2위(2016년)인 $78,000의 선진국이 되었다. 그 이유는 무엇일까? 가장 큰 이유는 신앙에 기초를 둔 '신뢰' 덕분이었다.

(바) 이제 우리나라는 자본, 노동과 같은 경제적 자본만으로는 성장의 한계에 도달했다. 이제 튼튼한 신뢰성이 산업계 전반으로 퍼져 나감으로써 신뢰와 같은 사회적 자본을 확충해 경제 성장을 도모해야 나라 경제가 부강해질 수 있을 것이다.

① (나) - (마) - (다) - (라) - (가) - (바)

② (나) - (바) - (다) - (가) - (라) - (마)

③ (다) - (라) - (가) - (나) - (마) - (바)

④ (다) - (라) - (바) - (마) - (나) - (가)

03 다음 글을 읽고 가질 수 있는 질문으로 가장 적절한 것은?

인간의 신경 조직을 수학적으로 모델링하여 컴퓨터가 인간처럼 기억, 학습, 판단할 수 있도록 구현한 것이 인공 신경망 기술이다. 신경 조직의 기본 단위는 뉴런인데, 인공 신경망에서는 뉴런의 기능을 수학적으로 모델링한 퍼셉트론을 기본 단위로 사용한다.

퍼셉트론은 입력값들을 받아들이는 여러 개의 입력 단자와 이 값을 처리하는 부분, 처리된 값을 내보내는 한 개의 출력 단자로 구성되어 있다. 퍼셉트론은 각각의 입력 단자에 할당된 가중치를 입력값에 곱한 값들을 모두 합하여 가중합을 구한 후, 고정된 임계치보다 가중합이 작으면 0, 그렇지 않으면 1과 같은 방식으로 출력값을 내보낸다.

이러한 퍼셉트론은 출력값에 따라 두 가지로만 구분하여 입력값들을 판정할 수 있을 뿐이다. 이에 비해 복잡한 판정을 할 수 있는 인공 신경망은 다수의 퍼셉트론을 여러 계층으로 배열하여 한 계층에서 출력된 신호가 다음 계층에 있는 모든 퍼셉트론의 입력 단자에 입력값으로 입력되는 구조로 이루어진다. 이러한 인공 신경망에서 가장 처음에 입력값을 받아들이는 퍼셉트론들을 입력층, 가장 마지막에 있는 퍼셉트론들을 출력층이라고 한다.

어떤 사진 속 물체의 색깔과 형태로부터 그 물체가 사과인지 아닌지를 구별할 수 있도록 인공 신경망을 학습시키는 경우를 생각해 보자. 먼저 학습을 위한 입력값들, 즉 학습 데이터를 만들어야 한다. 학습 데이터를 만들기 위해서는 사과 사진을 준비하고 사진에 나타난 특징인 색깔과 형태를 수치화해야 한다. 이 경우 색깔과 형태라는 두 범주를 수치화하여 하나의 학습 데이터로 묶은 다음, '정답'에 해당하는 값과 함께 학습 데이터를 인공 신경망에 제공한다. 이때 같은 범주에 속하는 입력값은 동일한 입력 단자를 통해 들어가도록 해야 한다. 그리고 사과 사진에 대한 학습 데이터를 만들 때에 정답인 '사과이다.'에 해당하는 값을 '1'로 설정하였다면 출력값 '0'은 '사과가 아니다.'를 의미하게 된다.

① 인공 신경망 기술에서 뉴런에 대응될 수 있는 기본 단위는 무엇일까?
② 퍼셉트론이 출력값을 도출하는 방법은 무엇일까?
③ 퍼셉트론은 0과 1의 출력값만을 도출할 수 있음에도 인공 신경망은 복잡한 판단을 할 수 있을까?
④ 앞으로 인공 신경망을 활용할 수 있는 분야는 어떤 것들이 있을까?

04 다음 글을 읽고 보인 반응으로 적절하지 않은 것은?

> 유료도로제도는 국가재정만으로는 부족한 도로 건설재원을 마련하기 위해 도로법의 특례인 유료도로법을 적용하여 도로 이용자에게 통행요금을 부담하게 하는 제도이다.
>
> 도로는 국민의 생활과 밀접하게 관련되고 경제활동을 지원하는 기반으로서 필수 불가결한 시설이다. 따라서 도로의 건설과 관리는 행정주체인 국가와 지방자치단체의 책임에 속하며 조세 등의 일반재원으로 건설된 도로는 무료로 사용하는 것이 원칙이다. 그러나 현대의 상황에서는 도로정비에 있어 한정된 일반재원에 의한 공공사업비만으로는 도저히 급증하는 도로 교통수요에 대처할 수 없는 실정이다. 이와 같이 조세 등에 의한 일반 회계 세입으로는 필요한 도로 사업을 위한 비용을 도저히 조달할 수 없다는 사정에 비추어 국가와 지방자치단체가 도로를 정비함에 있어 부족한 재원을 보충하는 방법으로 차입금을 사용하여 완성한 도로에 대해서는 통행요금을 수납하여 투자비를 회수하는 방식이 인정되게 되었다. 이것이 바로 유료도로제도이다.
>
> 우리나라에서도 국가 경제발전에 중요한 부분을 담당하는 고속국도의 시급한 정비와 재원 조달의 어려움을 극복하기 위하여 유료도로제도가 도입되었는데, 1968년 12월 경인고속도로가 개통되면서 수익자 부담 원칙에 따라 통행요금을 수납하기 시작했다.
>
> 우리나라의 가장 대표적인 유료도로는 한국도로공사가 관리하는 고속도로가 있으며, 각 지방자치단체가 건설하고 관리하는 일반 유료도로에도 일부 적용되고 있다. 대한민국 법령집을 보면 각종 시행령, 시행규칙을 포함하여 약 3,300여 개의 법령이 있는데, 그중 도로와 직·간접적으로 관련된 법령은 784개이다. 유료도로와 관련된 법령은 약 23개로 주요 법령으로는 도로법, 유료도로법, 고속국도법, 한국도로공사법 등이 있다.

① 일반재원으로 건설된 도로는 무료 사용이 원칙이야.

② 유료도로와 관련된 주요 법령은 도로법, 유료도로법, 고속국도법, 한국도로공사법이 있군.

③ 우리나라에서 유료도로제도가 제일 처음 도입된 것은 경인고속도로야.

④ 우리나라의 유료도로는 모두 한국도로공사가 관리하고 있어.

05 다음 글의 서술상 특징으로 적절하지 않은 것은?

소비자의 권익을 위하여 국가가 집행하는 경쟁 정책은 본래 독점이나 담합 등과 같은 반경쟁적 행위를 국가가 규제함으로써 시장에서 경쟁이 활발하게 이루어지도록 하는 데 중점을 둔다. 이러한 경쟁 정책은 결과적으로 소비자에게 이익이 되므로, 소비자 권익을 보호하는 데 유효한 정책으로 인정된다. 경쟁 정책이 소비자 권익에 기여하는 모습은 생산적 효율과 배분적 효율의 두 측면에서 살펴볼 수 있다.

먼저, 생산적 효율은 주어진 자원으로 낭비 없이 더 많은 생산을 하는 것으로서, 같은 비용이면 더 많이 생산할수록, 같은 생산량이면 비용이 적을수록 생산적 효율이 높아진다. 시장이 경쟁적이면 개별 기업은 생존을 위해 비용 절감과 같은 생산적 효율을 추구하게 되고, 거기서 창출된 여력은 소비자의 선택을 받고자 품질을 향상시키거나 가격을 인하하는 데 활용될 것이다. 그리하여 경쟁 정책이 유발한 생산적 효율은 소비자 권익에 기여하게 된다. 물론 비용 절감의 측면에서는 독점 기업이 더 성과를 낼 수도 있겠지만, 꼭 이것이 가격 인하와 같은 소비자의 이익으로 이어지지는 않는다. 따라서 독점에 대한 감시와 규제는 지속적으로 필요하다.

다음으로 배분적 효율은 사람들의 만족이 더 커지도록 자원이 배분되는 것을 말한다. 시장이 독점 상태에 놓이면 영리 극대화를 추구하는 독점 기업은 생산을 충분히 하지 않은 채 가격을 올림으로써 배분적 비효율을 발생시킬 수 있다. 반면에 경쟁이 활발해지면 생산량 증가와 가격 인하가 수반되어 소비자의 만족이 더 커지는 배분적 효율이 발생한다. 그러므로 경쟁 정책이 시장의 경쟁을 통하여 유발한 배분적 효율도 소비자의 권익에 기여하게 된다.

경쟁 정책은 이처럼 소비자 권익을 위해 중요한 역할을 수행해 왔지만, 이것만으로 소비자 권익이 충분히 실현되지는 않는다. 시장을 아무리 경쟁 상태로 유지하더라도 여전히 남는 문제가 있기 때문이다. 우선, 전체 소비자를 기준으로 볼 때 경쟁 정책이 소비자 이익을 증진하더라도, 일부 소비자에게는 불이익이 되는 경우도 있다. 예를 들어, 경쟁 때문에 시장에서 퇴출된 기업의 제품은 사후 관리가 되지 않아 일부 소비자가 피해를 보는 일이 있다. 그렇다고 해서 경쟁 정책 자체를 포기하면 전체 소비자에게 불리한 결과가 되므로 국가는 경쟁 정책을 유지할 수밖에 없는 것이다. 다음으로 소비자는 기업에 대한 교섭력이 약하고, 상품에 대한 정보도 적으며, 충동구매나 유해 상품에도 쉽게 노출되기 때문에 발생하는 문제가 있다. 이를 해결하기 위해 상품의 원산지 공개나 유해 제품 회수 등의 조치를 생각해 볼 수 있지만 경쟁 정책에서 직접 다루는 사안이 아니다.

이런 문제들 때문에 소비자의 지위를 기업과 대등하게 하고 기업으로부터 입은 피해를 구제하여 소비자를 보호할 수 있는 별도의 정책이 요구되었고, 이 요구에 따라 수립된 것이 소비자 정책이다. 소비자 정책은 주로 기업들이 지켜야 할 소비자 안전 기준의 마련, 상품 정보 공개의 의무화 등의 조치와 같이 소비자 보호와 직접 관련 있는 사안을 대상으로 한다. 또한 충동구매나 유해 상품 구매 등으로 발생하는 소비자 피해를 구제하고, 소비자 교육을 실시하며, 기업과 소비자 간의 분쟁을 직접 해결해 준다는 점에서도 경쟁 정책이 갖는 한계를 보완할 수 있다.

① 문제점을 해결하기 위해 등장한 소비자 정책에 대해 설명한다.
② 소비자 권익을 위한 경쟁 정책과 관련된 다양한 개념을 정의한다.
③ 경쟁 정책이 소비자 권익에 기여하는 바를 두 가지 측면에서 나누어 설명한다.
④ 구체적인 수치를 언급하며 경쟁 정책의 문제점을 제시한다.

06 다음 글의 논지 전개 방식에 대한 설명으로 가장 적절한 것은?

> 휴리스틱(Heuristic)은 문제를 해결하거나 불확실한 사항에 대해 판단을 내릴 필요가 있지만 명확한 실마리가 없을 경우에 사용하는 편의적·발견적인 방법이다. 우리말로는 쉬운 방법, 간편법, 발견법, 어림셈 또는 지름길 등으로 표현할 수 있다. 1905년 알베르트 아인슈타인은 노벨 물리학상 수상 논문에서 휴리스틱을 '불완전하지만 도움이 되는 방법'이라는 의미로 사용했다. 수학자인 폴리아는 휴리스틱을 '발견에 도움이 된다.'는 의미로 사용했고, 수학적인 문제 해결에도 휴리스틱 방법이 매우 유효하다고 했다.
>
> 휴리스틱을 이용하는 방법은 거의 모든 경우에 어느 정도 만족스럽고, 경우에 따라서는 완전한 답을 재빨리, 그것도 큰 노력 없이 얻을 수 있다는 점에서 사이먼의 '만족화' 원리와 일치하는 사고방식인데, 가장 전형적인 양상이 '이용가능성 휴리스틱(Availability Heuristic)'이다. 이용가능성이란 어떤 사상(事象)이 출현할 빈도나 확률을 판단할 때, 그 사상과 관련해서 쉽게 알 수 있는 사례를 생각해내고 그것을 기초로 판단하는 것을 뜻한다.
>
> 그러나 휴리스틱이 때로는 터무니없는 실수를 자아내는 원인이 되기도 한다. 불확실한 의사결정을 이론화하기 위해서는 확률이 필요하기 때문에 사람들이 확률을 어떻게 다루는지가 중요하다. 확률은 이를테면 어떤 사람이 선거에 당선될지, 경기가 좋아질지, 시합에서 어느 편이 우승할지 따위를 '전망'할 때 이용된다. 대개 그러한 확률은 어떤 근거를 기초로 객관적인 판단을 내리기도 하지만, 대부분은 직감적으로 판단을 내리게 된다. 그런데 직감적인 판단에서 오는 주관적인 확률은 과연 정확한 것일까?
>
> 카너먼과 트버스키는 일련의 연구를 통해 인간이 확률이나 빈도를 판단할 때 몇 가지 휴리스틱을 이용하지만, 그에 따라 얻게 되는 판단은 객관적이고 올바른 평가와 상당한 차이가 있다는 의미로 종종 '바이어스(Bias)'가 동반되는 것을 확인했다. 이용가능성 휴리스틱이 일으키는 바이어스 가운데 하나가 '사후 판단 바이어스'이다. 우리는 어떤 일이 벌어진 뒤에 '그렇게 될 줄 알았어.' 또는 '그렇게 될 거라고 처음부터 알고 있었어.'와 같은 말을 자주 한다. 이렇게 결과를 알고 나서 마치 사전에 그것을 예견하고 있었던 것처럼 생각하는 바이어스를 사후 판단 바이어스라고 한다.

① 분석 대상과 관련되는 개념들을 연쇄적으로 제시하며 정보의 확대를 꾀하고 있다.

② 인과 관계를 중심으로 분석 대상에 대한 논리적 접근을 시도하고 있다.

③ 핵심 개념을 설명하면서 그와 유사한 개념들과 비교함으로써 이해를 돕고 있다.

④ 전달하고자 하는 정보를 다양한 맥락에서 재구성하여 반복적으로 제시하고 있다.

07 다음 문단을 논리적 순서대로 바르게 나열한 것은?

> (가) 하지만 영화를 볼 때 소리를 없앤다면 어떤 느낌이 들까? 아마 내용이나 분위기, 인물의 심리 등을 파악하기 힘들 것이다. 이런 점을 고려할 때 영화 속 소리는 영상과 분리해서 생각할 수 없는 필수 요소라고 할 수 있다. 소리는 영상 못지않게 다양한 기능이 있기 때문에 현대 영화감독들은 영화 속 소리를 적극적으로 활용하고 있다.
>
> (나) 이와 같이 영화 속 소리는 다양한 기능을 수행하기 때문에 영화의 예술적 상상력을 빼앗는 것이 아니라 오히려 더 풍부하게 해준다. 그래서 현대 영화에서 소리를 빼고 작품을 완성한다는 것은 생각하기 어려운 일이 되었다.
>
> (다) 영화의 소리에는 대사, 음향 효과, 음악 등이 있으며, 이러한 소리들은 영화에서 다양한 기능을 수행한다. 우선, 영화 속 소리는 다른 예술 장르의 표현 수단보다 더 구체적이고 분명하게 내용을 전달하는 데 도움을 줄 수 있다. 그리고 줄거리 전개에 도움을 주거나 작품의 상징적 의미를 전달할 뿐만 아니라 주제 의식을 강조하는 역할을 하기도 한다. 또 영상에 현실감을 줄 수 있으며, 영상의 시공간적 배경을 확인시켜 주는 역할도 한다. 그리고 영화 속 소리는 영화의 분위기를 조성하고 인물의 내면 심리도 표현할 수 있다.
>
> (라) 유성영화가 등장했던 1920년대 후반에 유럽의 표현주의나 형식주의 감독들은 영화 속의 소리에 대한 부정적인 견해가 컸다. 그들은 가장 영화다운 장면은 소리 없이 움직이는 그림으로만 이루어진 장면이라고 믿었다. 그래서 그들은 영화 속 소리가 시각 매체인 영화의 예술적 효과와 영화적 상상력을 빼앗을 것이라고 내다보았다.

① (다) – (가) – (라) – (나)
② (다) – (라) – (가) – (나)
③ (라) – (가) – (나) – (다)
④ (라) – (가) – (다) – (나)

08 다음 글에서 문맥을 고려할 때 이어질 문단을 논리적 순서대로 바르게 나열한 것은?

> 마그네틱 카드는 자기 면에 있는 데이터를 입력장치에 통과시키는 것만으로 데이터를 전산기기에 입력할 수 있다. 마그네틱 카드는 미국 IBM에서 자기 테이프의 원리를 카드에 응용한 것으로 자기 테이프 표면에 있는 자성 물질의 특성을 변화시켜 데이터를 기록하는 방식으로 개발되었다. 개발 이후 신용카드, 신분증 등 여러 방면으로 응용되었고, 현재도 사용되고 있다.
>
> 하지만 마그네틱 카드는 자기 테이프를 이용하였기 때문에 자석과 접촉하면 기능이 상실되는 단점을 가지고 있는데, 최근 마그네틱 카드의 단점을 보완한 IC카드가 만들어져 사용되고 있다.

> (가) IC카드는 데이터를 여러 번 쓰거나 지울 수 있는 EEPROM이나 플래시메모리를 내장하고 있다. 개발 초기의 IC카드는 8KB 정도의 저장공간을 가지고 있었으나, 2000년대 이후에는 1MB 이상의 데이터 저장이 가능하다.
>
> (나) IC카드는 내부에 집적회로를 내장하였기 때문에 자석과 접촉해도 데이터가 손상되지 않으며, 마그네틱 카드에 비해 다양한 기능을 추가할 수 있고 보안성 및 내구성도 우수하다.
>
> (다) 메모리 외에도 프로세서를 함께 내장한 것도 있다. 이러한 것들은 스마트카드로 불리며 현재 16비트 및 32비트급의 성능을 가진 카드도 등장했다. 프로세서를 탑재한 카드는 데이터의 저장뿐 아니라 데이터의 암호화나 특정 컴퓨터만이 호환되도록 하는 등의 프로그래밍이 가능해서 보안성이 향상되었다.

① (가) – (나) – (다)　　　　　② (가) – (다) – (나)
③ (나) – (가) – (다)　　　　　④ (나) – (다) – (가)

09 다음은 은행연합회에서 국군병사들을 대상으로 한 적금상품 관련 질문과 답변을 정리한 것이다. 이를 이해한 내용으로 적절하지 않은 것은?

> Q. 종전에 국군병사 적금상품 가입자도 새로운 적금상품에 가입할 수 있나?
> - 종전 적금상품 가입자도 잔여 복무기간 중에는 새로운 적금상품에 추가로 가입할 수 있습니다. 다만, 종전 적금을 해지하고 신규 적금상품에 가입하려는 경우에는 종전 적금의 중도해지에 따른 불이익, 잔여 복무기간 등을 종합적으로 고려하여 판단할 필요가 있습니다(예 종전 적금의 적립기간이 긴 경우, 새로운 적금에 단기간 가입하기보다는 금리수준이 높은 종전 적금을 계속 유지하는 것이 유리할 수 있음).
>
> Q. 종전 국군병사 적금상품에 대해서는 재정·세제지원 등 추가 인센티브 제공이 불가한지?
> - 현행 국군병사 적금의 경우, 국방부와 협약을 체결한 2개 은행이 자율적으로 운영하고 있는 상품으로서, 적립기간 산정방식 등 상품조건이 신규 상품과는 상이하며, 재정·세제지원을 위한 체계적인 관리도 현실적으로 어려운 상황입니다. 따라서 관리시스템이 구축될 신규 적금상품부터 법령개정을 거쳐 추가 인센티브 부여를 추진할 예정이며, 가입자의 혼란 방지 등을 위해 신규상품 출시 후 종전 병사 적금상품 신규 가입은 중단할 계획입니다(계속 적립은 허용).
>
> Q. 병사 개인당 최대 월적립한도가 40만 원인데, 은행 적금상품 월적립한도를 20만 원으로 달리한 이유는?
> - 국군병사 적금상품은 은행권이 금융의 사회적 책임 이행 등의 차원에서 참여하는 사업으로, 단기간 내 월적립한도 등을 급격히 조정하기에는 어려운 측면이 있습니다. 우선, 금번 신규상품 출시 단계에서는 은행별 월적립한도를 현행 10만 원에서 20만 원으로 2배 수준으로 늘리되, 향후 적금상품 운용 경과, 병사급여 인상 추이 등을 감안하여 월적립한도 상향 등을 단계적으로 협의해 나갈 계획입니다.
>
> Q. 적금가입 시 '가입자격 확인서'는 어떻게 발급받는 것인지?
> - 역종별로 국방부(현역병), 병무청(사회복무요원) 등 신원확인·관리 기관에서 가입자격 확인서를 발급할 예정입니다. 병사들의 가입 편의, 신원확인의 신뢰성 제고 등을 위해 가입확인서는 통일된 양식을 활용하고, 비대면 발급방식 등도 활성화할 계획입니다.
>
> Q. 적금상품 통합공시 사이트는 어떻게 조회하나?
> - 통합공시 사이트는 현행 은행연합회(www.kfb.or.kr) 홈페이지의 '은행상품 비교공시' 메뉴 내에 구축될 예정입니다. 향후 상품 출시 시기에 맞춰 은행연합회 팝업창, 참여은행 홈페이지 연계 등을 통해 적극 홍보할 계획입니다.

① 적금가입 시 가입자격 확인서는 통일된 양식을 활용한다.
② 국군병사 적금상품의 월적립한도는 더 상향될 수 있다.
③ 적금상품 통합공시 사이트는 상품 출시 시기에 맞춰 적극 홍보될 예정이다.
④ 종전 적금상품을 해지하고 신규 적금상품에 가입하는 것은 효율적이지 않다.

10 다음 글의 내용으로 적절하지 않은 것은?

경제질서는 국가 간의 교역과 상호투자 등을 원활히 하기 위해 각 국가가 준수할 규범들을 제정하고 이를 이행시키면서 이루어진 질서이다. 경제질서는 교역 당사국 모두에 직접적인 이익을 가져다주기 때문에 비교적 잘 지켜지고 있다. 특히 1995년 WTO가 발족되어 안보질서보다도 더 정교한 질서로 자리를 잡고 있다. 경제질서를 준수하게 하는 힘은 준수하지 않았을 때 가해지는 불이익으로, 다른 나라들의 집단적 경제제재가 그에 해당된다. 자연보호질서는 경제질서의 한 종류로, 자원보호질서와 환경보호질서로 나뉜다. 이 두 가지 질서는 다음과 같은 생각에서 제안된 범세계적 운동이다. 자원보호질서는 유한한 자원을 모두 소비하면 후세 사람들이 살아갈 수 없으므로 재생 가능한 자원을 많이 사용하고 가능한 한 자원을 재활용하자는 생각이다. 환경보호질서는 하나밖에 없는 지구의 원 모습을 지켜 후손에게 물려주어야 한다는 생각이다. 자원보호질서는 부존자원의 낭비를 막기 위해 사용 물질의 양에 대한 규제를 주도하는 질서이고, 환경보호질서는 글자 그대로 환경을 쾌적한 상태로 유지하려는 질서이다. 이 두 가지 질서는 서로 연관되어 있으나 지키려는 내용에서 다르다. 자원보호질서는 사람이 사용하는 물자의 양을 통제하기 위한 질서이고, 환경보호질서는 환경의 원형보존을 위한 질서이다.

경제질서와는 달리 공공질서는 일부가 아닌 모든 구성국들에 이익을 가져다주는 국제질서이다. 국가 간의 교류 및 협력을 위해서는 서로 간의 의사소통, 인적·물적 교류 등이 원활히 이루어져야 한다. 이러한 거래, 교류, 접촉 등을 원활하게 하는 공동규범들이 공공질서를 이룬다. 공공질서는 모든 구성국에 편익을 주는 공공재를 창출하고 유지하려는 구성국들의 공동노력으로 이루어진다. 가장 새롭게 등장한 국제질서가 인권보호질서이다. 웨스트팔리아체제라 부르는 주권국가 중심의 현 국제정치질서에서는 주권존중, 내정 불간섭 원칙이 엄격히 지켜진다. 그래서 자국 정부에 의한 자국민 학살, 탄압, 인권유린 등이 국외에서는 외면되어 왔다. 그러나 정부에 의한 인민학살의 피해나, 다민족국가에서의 자국 내 소수민족 탄압이 용인될 수 없는 상태에까지 이르게 됨에 따라 점차로 인권보호를 위한 인도주의적 개입의 당위가 논의되기 시작하고 있다.

이러한 흐름 속에서 국제연합인권위원회 및 각종 NGO 등의 노력으로 국제사회에서 공동 개입하여 인권보호를 이루어내자는 운동이 일어나고 있다. 이러한 노력의 결과 하나의 새로운 국제질서인 인권보호질서가 자리를 잡아가고 있다. 인권보호질서는 아직 형성과정에 있으며, 또한 주권국가 중심의 현 국제정치질서와 충돌하므로 앞으로도 쉽게 자리를 잡기는 어려우리라 예상된다. 그러나 21세기에 접어들면서 '세계시민의식'이 급속히 확산되고 있는 점을 감안한다면, 어떤 국가도 결코 무시할 수 없는 국제질서로 발전하리라 생각한다.

① 교역 당사국에 직접 이익을 주기 때문에 WTO에 의한 경제질서는 비교적 잘 유지되고 있다.

② 세계시민의식의 확산과 더불어 등장한 인권보호질서는 내정 불간섭 원칙의 엄격한 준수를 요구한다.

③ 세계적 차원에서 유한한 자원의 낭비를 규제하고 자원을 재활용하기 위해 자원보호질서가 제안되었다.

④ 인적·물적 교류를 원활하게 하는 공동규범으로 이루어진 공공질서는 그 구성국들에 이익을 가져다준다.

11 다음은 예금보험공사의 금융부실관련자 책임추궁에 대한 내용이다. 이를 보고 추론한 내용으로 적절하지 않은 것은?

〈금융부실관련자 책임추궁〉

공사는 자금이 투입된 금융회사에 대하여 예금자보호법 제21조 2에 따라 부실에 책임이 있는 금융회사 전·현직 임직원 등에 대한 책임추궁과 금융회사에 빌린 돈을 갚지 아니함으로써 금융회사 부실의 부분적인 원인을 제공한 부실채무기업의 기업주와 임직원 등에 대하여도 책임추궁을 위한 조사를 실시하고 있습니다.

• 금융부실책임조사본부 운영
부실금융회사 및 부실채무기업에 대한 부실책임조사는 부실을 초래한 관련자들에게 민사상 책임을 묻기 위한 것으로, 업무처리과정에서 법령, 정관 위반 등으로 해당 금융회사 또는 해당 기업에 손실을 끼친 행위를 찾아내고 그 내용과 행위자 등 구체적인 사실관계와 입증자료 등을 확보하는 것입니다. 공사는 지난 2008년 3월 검찰과 협조하여 부실금융회사와 부실채무기업에 대한 조사를 총괄하는 '금융부실책임조사본부'를 발족하였으며, 2013년 3월에는 부실저축은행에서 빌린 돈을 갚지 않은 부실채무기업의 수가 3천여 개가 넘어감에 따라 전담조직(조사2국)을 신설하여 부실채무 기업에 대한 조사를 강화하고 있습니다.

• 외부 전문가 위주의 금융부실책임심의위원회 운영
공사는 부실책임조사 결과에 대한 객관적이고 공정한 심의를 위하여 변호사 등 전문가 위주로 「금융부실책임심의위원회」를 구성하여 운영하고 있으며, 객관적이고도 철저한 부실책임심의를 통해 부실관련자 책임 내용과 범위, 책임금액 등을 심의하고 있습니다.

• 금융부실관련자에 대한 재산조사 실시
공사는 부실관련자에 대한 손해배상청구에 따른 책임재산을 확보하기 위해 부실관련자에 대한 철저한 재산조사를 실시하고 있으며, 부실책임조사결과 및 부실관련자 재산조사 결과를 토대로 해당 금융회사 등을 통하여 손해배상청구소송 및 채권보전조치 등 필요한 법적조치를 취하고 있습니다.

이와 같이 공사는 부실관련자에 대한 철저한 책임추궁을 통하여 기존의 잘못된 경영관행을 혁신하여 건전한 책임경영 풍토를 정착시키고, 투입된 자금을 한푼이라도 더 회수하여 국민부담을 최대한 경감시키고자 최선을 다하고 있습니다.

---

① 금융부실관련자에 대한 예금보험공사의 책임추궁은 법률에 근거한다.
② 예금보험공사는 타 기관과 협조하여 부실채무기업에 대해 조사를 수행하고 있다.
③ 금융회사 부실에 대해 핵심 원인을 제공한 인물만 예금보험공사의 조사 대상이 된다.
④ 예금보험공사는 부실채무기업의 증가에 대해 전담조직 신설을 통해 대응하고 있다.

12 다음 글을 바탕으로 할 때, 〈보기〉의 밑줄 친 정책의 방향에 대한 추측으로 가장 적절한 것은?

동일한 환경에서 야구공과 고무공을 튕겨 보면, 고무공이 훨씬 민감하게 튀어 오르는 것을 볼 수 있다. 즉, 고무공은 야구공보다 탄력이 좋다. 일정한 가격에서 사람들이 사고자 하는 물건의 양인 수요량에도 탄력성의 개념이 적용될 수 있다. 재화의 가격이 변화할 때 수요량도 변화하게 되는 것이다. 이때 경제학에서는 가격 변화에 대한 수요량 변화의 민감도를 측정하는 표준화된 방법을 수요 탄력성이라고 한다.

수요 탄력성은 수요량의 변화 비율을 가격의 변화 비율로 나눈 값이다. 일반적으로 가격과 수요량은 반비례하므로 수요 탄력성은 음(−)의 값을 가진다. 그러나 통상적으로 음의 부호를 생략하고 절댓값만 표시한다.

가격에 따른 수요량 변화율에 따라 상품의 수요는 '단위 탄력적', '탄력적', '완전 탄력적', '비탄력적', '완전 비탄력적'으로 나눌 수 있다. 수요 탄력성이 1인 경우 수요는 '단위 탄력적'이라고 불린다. 또한, 수요 탄력성이 1보다 큰 경우 수요는 '탄력적'이라고 불린다. 한편 영(0)에 가까운 아주 작은 가격 변화에도 수요량이 매우 크게 변화하면 수요 탄력성은 무한대가 된다. 이 경우의 수요는 '완전 탄력적'이라고 불린다. 소비하지 않아도 생활에 지장이 없는 사치품이 이에 해당한다. 반면, 수요 탄력성이 1보다 작다면 수요는 '비탄력적'이라고 불린다. 만일 가격이 아무리 변해도 수요량에 어떠한 변화도 나타나지 않는다면 수요 탄력성은 영(0)이 된다. 이 경우 수요는 '완전 비탄력적'이라고 불린다. 생필품이 이에 해당한다.

수요 탄력성의 크기는 상품의 가격이 변할 때 이 상품에 대한 소비자의 지출이 어떻게 변하는지를 알려 준다. 상품에 대한 소비자의 지출액은 가격에 수요량을 곱한 것이다. 먼저 상품의 수요가 탄력적인 경우를 따져 보자. 이 경우에는 수요 탄력성이 1보다 크기 때문에, 가격이 오른 정도에 비해 수요량이 많이 감소한다. 이에 따라, 가격이 상승하면 소비자의 지출액은 가격이 오르기 전보다 감소한다. 반면에 가격이 내릴 때는 가격이 내린 정도에 비해 수요량이 많아지므로 소비자의 지출액은 증가한다. 물론 수요가 비탄력적이면 위와 반대되는 현상이 일어난다. 즉, 가격이 상승하면 소비자의 지출액은 증가하며, 가격이 하락하면 소비자의 지출액은 감소하게 된다.

> **보기**
>
> S국가의 정부는 경제 안정화를 위해 개별 소비자들이 지출액을 줄이도록 유도하는 <u>정책</u>을 시행하기로 하였다.

① 생필품의 가격은 높이고 사치품의 가격은 유지하려 하겠군.
② 생필품의 가격은 낮추고 사치품의 가격은 높이려 하겠군.
③ 생필품의 가격은 유지하고 사치품의 가격은 낮추려 하겠군.
④ 생필품과 사치품의 가격을 모두 유지하려 하겠군.

13 다음 글에 대한 결론으로 가장 적절한 것은?

경제 활동 주체들은 이윤이 극대화될 수 있는 지점을 찾아 입지하려는 경향을 지닌다. 이를 설명하는 이론이 '산업입지론'인데, 고전적인 산업입지 이론으로는 '최소비용입지론'과 '최대수요입지론'이 있다.

최소비용입지론은 산업의 입지에 관계없이 수요는 고정되어 있고 수입은 일정하다고 가정한다. 다른 비용들이 동일하다면 운송비가 최소화되는 지점이 최적 입지가 되며, 최소 운송비 지점을 바탕으로 다른 비용 요소들을 고려한다. 운송비는 원료 등 생산투입요소를 공장까지 운송하는 데 소요되는 '원료 운송비'와 생산한 제품을 시장까지 운송하는 데 소요되는 '제품 운송비'로 구성된다. 최소비용입지론에서는 원료지수(MI)를 도입하여 사용된 원료의 무게와 생산된 제품의 무게를 따진다. 그 결과 원료 산지와 시장 중 어느 쪽으로 가까이 입지할 때 운송비가 유리해지는가를 기준으로 산업의 입지를 판단한다.

원료지수(MI) = 사용된 원료의 무게 ÷ 생산된 제품의 무게

MI > 1일 때는 시장까지 운송해야 하는 제품의 무게에 비해 사용되는 원료의 무게가 더 큰 경우로, 공정 과정에서 원료의 무게가 줄어든다. 이런 상황에서는 가능하면 원료산지에 가깝게 입지할수록 운송비의 부담을 줄일 수 있어 원료 지향적 입지가 이루어진다. 반대로 MI < 1인 경우는 산지에서 운송해 온 재료 외에 생산 공정 과정에서 재료가 더해져 제품의 무게가 늘어나는 경우인데, 이때는 제품 운송비의 부담이 더 크므로 시장에 가까이 입지할수록 운송비 부담이 줄게 되어 시장 지향적인 입지 선택을 하게 된다. MI = 1인 경우는 원료 산지와 시장 사이 어느 지점에 입지하든 운송비에 차이는 없게 된다.

최대수요입지론은 산업입지와 상관없이 비용은 고정되어 있다고 가정한다. 이 이론에서는 경쟁 업체와 가격 변동을 고려하여 수요가 극대화되는 입지를 선정한다. 최초로 입지를 선정하는 업체는 시장의 어디든 입지할 수 있으나 소비자의 이동 거리를 최소화하기 위하여 시장의 중심에 입지한다. 그 다음 입지를 선정해야 하는 경쟁 업체는 가격 변화에 따라 수요가 변하는 정도가 크지 않은 경우, 시장의 중심에서 멀어질수록 시장을 뺏기게 되므로 경쟁 업체가 있더라도 가능한 한 중심에 가깝게 입지하려고 한다. 하지만 가격 변화에 따라 수요가 크게 변하는 경우, 두 경쟁자는 서로 적절히 떨어져 입지하여 보다 낮은 가격으로 제품을 공급하려고 한다.

① 소비자의 수요는 가격보다 업체의 서비스에 의해 결정된다.

② 업체끼리 서로 경쟁하기보다는 상생하는 것이 더 중요하다.

③ 시장의 경쟁자가 많지 않은 상황에서는 효과적인 입지 선정이 힘들다.

④ 여러 요소를 감안하더라도 최적의 입지 선택을 위해서는 거리에 따른 경제적 효과를 고려해야 한다.

14 농도 5%의 설탕물 600g을 1분 동안 가열하면 10g의 물이 증발한다. 이 설탕물을 10분 동안 가열한 후, 다시 설탕물 200g을 넣었더니 농도 10%의 설탕물 700g이 되었다. 이때 더 넣은 설탕물 200g의 농도는?(단, 용액의 농도와 관계없이 가열하는 시간과 증발하는 물의 양은 비례한다)

① 5%　　　　　　　　　　　　　　② 15%

③ 20%　　　　　　　　　　　　　　④ 25%

Hard

15 S은행에서 근무하는 A와 B의 보폭은 60cm로 같다. 퇴근 후 은행 로비에서 출발하여 A는 서쪽으로 8걸음/9초의 속력으로, B는 북쪽으로 6걸음/9초의 속력으로 21분 동안 직진하였다. 두 사람이 업무를 위해 이전과 같은 속력으로 같은 시간 동안 최단 거리로 움직여 다시 만난다고 할 때, A가 이동해야 하는 거리는?

① 480m　　　　　　　　　　　　　② 490m

③ 500m　　　　　　　　　　　　　④ 510m

Easy

16 120g 식염을 몇 g의 물에 넣어야 24%의 식염수가 되는가?

① 200g　　　　　　　　　　　　　② 225g

③ 250g　　　　　　　　　　　　　④ 380g

17 투자가 A, B, C, D는 각자 투자한 금액의 비율만큼 기업의 영업이익에 따라 배당금을 받는다. 2022년 상반기 기준, 영업이익이 3억 원이었고, 그중 B와 C가 받은 금액은 총 1억 원이었다. 또한 A가 받은 금액과 C가 받은 금액의 2배 값의 합은 $\dfrac{28}{9}$억 원이었다. C가 투자한 금액의 2배가 A가 투자한 금액과 같고, 하반기 영업이익이 2.7억 원일 때, B가 하반기에 받을 배당금은?

① 0.1억 원   ② 0.2억 원
③ 0.3억 원   ④ 0.4억 원

18 S사원은 엘리베이터를 이용하여 A4용지가 들어있는 박스를 사무실로 옮기고 있다. 이 엘리베이터는 적재 용량이 305kg이며, 엘리베이터에는 이미 몸무게가 60kg인 B사원이 80kg의 사무용품을 싣고 타 있는 상태이다. 50kg인 S사원이 한 박스당 10kg의 A4용지를 최대 몇 박스까지 가지고 엘리베이터에 탈 수 있는가?

① 9박스   ② 10박스
③ 11박스   ④ 12박스

19 S은행에서 영업 업무로 인해 100명의 직원을 2명씩 한 팀으로 조를 편성하려 한다. 단, 둘 중 적어도 한 명은 운전할 수 있어야만 한다. 100명 중 남성 사원이 40명이고, 운전 가능한 사람은 60명이며 여성 사원 중 40%는 운전을 할 수 있다고 한다. 여성으로만 이루어진 팀의 수를 최소화하여 조를 편성했다면, 여성으로만 이루어진 팀의 수는?

① 10팀   ② 11팀
③ 12팀   ④ 13팀

20 올해의 매출액과 순이익에 대한 진술이 다음과 같을 때, 올해의 매출액은?[단, (순이익)＝(매출액) −(원가)이다]

> • 작년의 매출액보다 올해의 매출액은 20% 증가했다.
> • 올해의 원가는 작년과 같고, 올해의 순이익은 1억 4천만 원이다.
> • 작년의 원가는 작년 매출액의 50%이다.

① 2억 원
② 2억 4천만 원
③ 2억 8천만 원
④ 3억 원

21 S사원은 인사평가에서 A, B, C, D 네 가지 항목의 점수를 받았다. 이 점수를 각각 1 : 1 : 1 : 1의 비율로 평균을 구하면 82.5점이고, 2 : 3 : 2 : 3의 비율로 평균을 구하면 83점, 2 : 2 : 3 : 3의 비율로 평균을 구하면 83.5점이다. 각 항목의 만점은 100점이라고 할 때, S사원이 받을 수 있는 최고점과 최저점의 차는?

① 45점
② 40점
③ 30점
④ 25점

22 다음 중 이번 달에 퇴직하는 A ~ D의 퇴직자 연금 액수 산출자료에 대한 설명으로 적절한 것은?

〈퇴직금 산출법〉

퇴직할 때 받게 되는 연금 액수는 근무연수와 최종평균보수월액에 의해 결정된다. 연금 액수 산출방법에는 월별 연금 지급 방식과 일시불 연금 지급 방식이 있다.

(1) (월별 연금 지급액)=(최종 평균 보수월액)×[0.5+0.02×(근무연수-20)](다만, 월별 연금 지급액은 최종 평균 보수월액의 80%를 초과할 수 없다)

(2) (일시불 연금 지급액)=(최종 평균 보수월액×근무연수×2)+{최종 평균 보수월액×(근무연수 -5)×0.1}

〈퇴직자 연금 액수 산출자료〉

구분	근무연수(년)	최종 평균 보수월액(만 원)
A	20	100
B	35	100
C	37	100
D	10	200

① A가 100개월밖에 연금을 받을 수 없다면 월별 연금보다 일시불 연금을 선택하는 것이 유리할 것이다.

② A의 일시불 연금 지급액은 D의 일시불연금 지급액보다 적을 것이다.

③ C가 B보다 월별연금 지급액을 4만 원 더 받게 될 것이다.

④ D가 월급에 변화 없이 10년을 더 근무한다면 D의 일시불 연금 지급액은 현재 받을 수 있는 일시불 연금 지급액의 두 배가 넘을 것이다.

23 다음은 연도별 국내 은행대출 현황을 나타낸 자료이다. 이에 대한 설명으로 적절한 것은?

〈연도별 국내 은행대출 현황〉

(단위 : 조 원)

구분	2015년	2016년	2017년	2018년	2019년	2020년	2021년	2022년	2023년
가계대출	403.5	427.1	437.5	450.0	486.4	530.0	583.6	621.8	640.6
주택담보대출	266.8	289.7	298.9	309.3	344.7	380.6	421.5	444.2	455.0
기업대출	404.5	432.7	447.2	468.0	493.3	527.6	539.4	569.4	584.3
부동산담보대출	136.3	153.7	168.9	185.7	205.7	232.8	255.4	284.4	302.4

※ (은행대출)=(가계대출)+(기업대출)

① 2017 ~ 2022년 주택담보대출의 전년 대비 증가액은 부동산담보대출보다 매년 높다.
② 2016 ~ 2023년 동안 전년 대비 가계대출이 가장 많이 증가한 해는 2021년이다.
③ 부동산담보대출이 세 번째로 많은 연도의 주택담보대출은 가계대출의 70% 미만이다.
④ 2021년 대비 2023년 주택담보대출 증가율은 기업대출 증가율보다 높다.

24 다음은 5월 22일 당일을 기준으로 하여 5월 15일부터 일주일간의 수박 1개 판매 자료이다. 이에 대한 설명으로 적절하지 않은 것은?

〈5월 15 ~ 22일 수박 판매가〉

(단위 : 원/개)

구분		5/15	5/16	5/17	5/18	5/19	5/22(당일)
평균		18,200	17,400	16,800	17,000	17,200	17,400
최고값		20,000	20,000	20,000	20,000	20,000	18,000
최저값		16,000	15,000	15,000	15,000	16,000	16,000
등락률		−4.4%	0%	3.6%	2.4%	1.2%	−
지역별	서울	16,000	15,000	15,000	15,000	17,000	18,000
	부산	18,000	17,000	16,000	16,000	16,000	16,000
	대구	19,000	19,000	18,000	18,000	18,000	18,000
	광주	18,000	16,000	15,000	16,000	17,000	18,000

① 대구의 경우 5월 16일까지는 가격 변동이 없었지만, 5일 전인 5월 17일에 감소했다.
② 5월 17일부터 전체 수박의 평균 가격은 200원씩 일정하게 증가하고 있다.
③ 5월 16일부터 증가한 서울의 수박 가격은 최근 높아진 기온의 영향을 받은 것이다.
④ 5월 15 ~ 18일 서울의 수박 평균 가격은 동기간 부산의 수박 평균 가격보다 낮다.

25 S사 홍보실의 A사원은 명절 KTX 이용자들의 소비심리를 연구하기 위해 4인 가족(어른 2명, 아동 2명)을 기준으로 귀성길 교통수단별 비용을 작성하였다. 이에 대한 설명으로 적절하지 않은 것은?

〈4인 가족 귀성길 교통수단별 비용〉

(단위 : 원)

통행료 \ 교통수단	경차	중형차	고속버스	KTX
어른요금(2명)	45,600	74,600	68,400	114,600
아동요금(2명)	12,500	25,100	34,200	57,200

※ 경차의 경우 4인 가족 승차 시 아동요금에서 30% 할인됨
※ 중형차의 경우 4인 가족 승차 시 아동요금에서 20% 할인됨
※ 고속버스의 경우 4인 가족 승차 시 전체요금에서 20% 할인됨
※ KTX의 경우 4인 가족 승차 시 전체요금에서 30% 할인됨

① 4인 가족이 중형차를 이용할 경우 94,680원의 비용이 든다.
② 4인 가족의 경우 KTX를 이용할 때 가장 비용이 많이 든다.
③ 4인 가족이 고속버스를 이용하는 것이 중형차를 이용하는 것보다 더 저렴하다.
④ 4인 가족의 경우 중형차를 이용하는 것이 세 번째로 비용이 많이 든다.

26 다음 제시된 내용이 참일 때 외부 인사의 성명으로 옳은 것은?

영업부 신입사원들은 지난 회의에서 만났던 외부 인사 세 사람(김씨, 이씨, 최씨)에 대해 이야기하고 있다. 신입사원들은 외부 인사들의 이름은 모두 정확하게 기억하고 있다. 하지만 그들의 성(姓)에 대해서는 그렇지 않다.
혜민 : 김지후, 최준수와는 많은 대화를 나눴는데, 이진서와는 거의 함께 할 시간이 없었어.
민준 : 나도 이진서와 최준수와는 시간을 함께 보낼 수 없었어. 그런데 지후는 최씨였어.
서현 : 진서가 최씨였고, 다른 두 사람은 김준수와 이지후였지.
세 명의 신입사원들은 외부 인사에 대하여 각각 단 한 명씩의 성명만을 올바르게 기억하고 있으며, 외부 인사들의 가능한 성씨는 김씨, 이씨, 최씨 외에는 없다.

① 최진서, 김준수, 이지후
② 이진서, 김준수, 최지후
③ 최진서, 이준수, 김지후
④ 김진서, 최준수, 이지후

27 다음은 커피 종류별 재료이다. A~D는 각각 다른 종류의 커피를 시켰고, 다섯 명 중 한 명이 거짓
을 말하고 있다고 할 때, 카페라테를 시킨 사람은?

구분	에스프레소	물	우유	사나몬 가루	카라멜 시럽
아메리카노	○	○	×	×	×
카페라테	○	×	○	×	×
카푸치노	○	×	○	○	×
캐러멜마키아토	○	×	○	×	○

- A : 나는 우유를 못 마셔서 우유가 들어가지 않은 커피를 시켰어.
- B : 나는 우유가 들어가고 시나몬 가루가 들어가지 않은 커피를 시켰어.
- C : 나는 두 가지 재료만 들어간 커피를 시켰어.
- D : 나는 캐러멜 시럽으로 장식된 커피를 시켰어.
- 점원 : B고객님, 주문하신 카푸치노 나왔습니다.

① A
② B
③ C
④ D

28 제시된 명제가 모두 참일 때, 빈칸에 들어갈 명제로 옳은 것은?

- 저축을 하지 않으면 이자가 생기지 않는다.
- _____
- 소비를 줄이지 않으면 저축을 하지 않는다.
- 그러므로 소비를 줄이지 않았다는 것은 용돈을 합리적으로 쓰지 않은 것이다.

① 용돈을 합리적으로 쓰지 않으면 이자가 생기지 않는다.
② 이자가 생기면 저축을 하지 않는다.
③ 저축을 하지 않으면 소비를 줄이지 않는다.
④ 용돈을 합리적으로 쓰면 이자가 생긴다.

※ 불고기 버거, 치킨 버거, 새우 버거가 각각 두 개씩 있고 A ~ D 4명이 전부 나눠 먹는다고 할 때, 다음 〈조건〉을 참고하여 이어지는 질문에 답하시오. [29~30]

> **조건**
> • 모든 사람은 반드시 1개 이상의 버거를 먹으며, 최대 2개의 버거를 먹을 수 있다.
> • 한 사람이 같은 종류의 버거 2개를 먹을 수는 없다.
> • A는 불고기 버거를 먹었다.
> • B는 치킨 버거를 먹지 않았다.
> • C는 새우 버거를 먹었다.
> • C와 D 중 1명은 불고기 버거를 먹었다.

Easy

29 다음 중 반드시 참인 것은?

① A는 불고기 버거만 먹었다.

② B는 새우 버거를 먹었다.

③ C는 치킨 버거를 먹었다.

④ D는 불고기 버거를 먹었다.

30 C가 불고기 버거를 먹었다고 할 때, 다음 중 참이 아닌 것은?

① A는 치킨 버거를 먹었다.

② B는 두 개의 버거를 먹었다.

③ D는 한 개의 버거만 먹었다.

④ D는 치킨 버거를 먹었다.

31 지각을 한 영업사원 S는 어제 소주, 맥주, 양주, 막걸리, 고량주를 각각 한 병씩 마셨다고 한다. 술을 어느 순서로 마셨냐고 묻자, S는 다음 술집으로 이동하기 전에 필름이 끊겨 기억이 잘 나지 않는다고 하고 급하게 화장실로 뛰어갔다. 다음 진술이 모두 참일 때, 항상 참이 아닌 것은?

- 양주는 언제 마셨는지 기억이 없다.
- 맥주는 소주를 다 마신 후에 마셨고, 그때 고량주는 아직 마시지 않은 상태였다.
- 취한 상태에서 맥주를 마시면 속이 안 좋아져서, 맥주는 마지막에 마시지 않았다고 한다.
- 소주는 고량주와 막걸리(또는 막걸리와 고량주) 사이에 마셨다.
- 막걸리를 마시고 바로 맥주를 마시지는 않았다.

① 고량주를 막걸리보다 먼저 마실 수 없다.
② 양주를 처음에 마시지 않았다면, 가장 처음 마신 술은 막걸리이다.
③ 소주보다 막걸리를 먼저 마셨다.
④ 맥주를 마시고 바로 고량주를 마셨을 것이다.

32 S은행에서 A ~ D부서에 1명씩 신입사원을 선발하였다. 지원자는 총 5명이었으며, 선발 결과에 대해 다음과 같이 진술하였다. 이 중 1명의 진술만 거짓으로 밝혀졌을 때, 다음 중 항상 옳은 것은?

- 지원자 1 : 지원자 2가 A부서에 선발되었다.
- 지원자 2 : 지원자 3은 A 또는 D부서에 선발되었다.
- 지원자 3 : 지원자 4는 C부서가 아닌 다른 부서에 선발되었다.
- 지원자 4 : 지원자 5는 D부서에 선발되었다.
- 지원자 5 : 나는 D부서에 선발되었는데, 지원자 1은 선발되지 않았다.

① 지원자 1은 B부서에 선발되었다.
② 지원자 2는 A부서에 선발되었다.
③ 지원자 3은 D부서에 선발되었다.
④ 지원자 4는 B부서에 선발되었다.

33 A ~ E는 S시에서 개최하는 마라톤에 참가하였다. 제시된 〈조건〉이 모두 참일 때, 다음 중 항상 참이 아닌 것은?

> **조건**
> • A는 B와 C보다 앞서 달리고 있다.
> • D는 A보다 뒤에 달리고 있지만, B보다는 앞서 달리고 있다.
> • C는 D보다 뒤에 달리고 있지만, B보다는 앞서 달리고 있다.
> • E는 C보다 뒤에 달리고 있지만, 다섯 명 중 꼴찌는 아니다.

① 현재 1등은 A이다.
② 현재 꼴찌는 B이다.
③ E는 C와 B 사이에서 달리고 있다.
④ 현재 순위에 변동 없이 결승점까지 달린다면 C가 4등을 할 것이다.

Hard

34 제시된 〈조건〉을 통해 추론할 때, 다음 중 항상 거짓이 되는 것은?

> **조건**
> • 6대를 주차할 수 있는 2행 3열로 구성된 S주차장이 있다.
> • S주차장에는 자동차 a, b, c, d가 주차되어 있다.
> • 1행과 2행에 빈자리가 한 곳씩 있다.
> • a자동차는 대각선을 제외하고 주변에 주차된 차가 없다.
> • b자동차와 c자동차는 같은 행 바로 옆에 주차되어 있다.
> • d자동차는 1행에 주차되어 있다.

① b자동차의 앞 주차공간은 비어있다.
② c자동차의 옆 주차공간은 빈자리가 없다.
③ a자동차는 2열에 주차되어 있다.
④ a자동차와 d자동차는 같은 행에 주차되어 있다.

35 S은행은 공개 채용을 통해 4명의 남자 사원과 2명의 여자 사원을 최종 선발하였고, 선발된 6명의 신입 사원을 기획부, 인사부, 구매부 세 부서에 배치하려고 한다. 다음 〈조건〉에 따라 신입 사원을 배치할 때, 옳지 않은 것은?

> **조건**
> • 기획부, 인사부, 구매부 각 부서에 적어도 1명의 신입 사원을 배치한다.
> • 기획부, 인사부, 구매부에 배치되는 신입 사원의 수는 서로 다르다.
> • 부서별로 배치되는 신입 사원의 수는 구매부가 가장 적고, 기획부가 가장 많다.
> • 여자 신입 사원만 배치되는 부서는 없다.

① 인사부에는 2명의 신입 사원이 배치된다.
② 구매부에는 1명의 남자 신입 사원이 배치된다.
③ 기획부에는 반드시 여자 신입 사원이 배치된다.
④ 인사부에는 반드시 여자 신입 사원이 배치된다.

36 S기업에서 다음 면접방식으로 면접을 진행할 때, 심층면접을 할 수 있는 최대 인원수와 마지막 심층면접자의 기본면접 종료 시각을 바르게 짝지은 것은?

> 〈면접방식〉
> • 면접은 기본면접과 심층면접으로 구분된다. 기본면접실과 심층면접실은 각 1개이고, 면접대상자는 1명씩 입실한다.
> • 기본면접과 심층면접은 모두 개별면접의 방식을 취한다. 기본면접은 심층면접의 진행 상황에 관계 없이 10분 단위로 계속되고, 심층면접은 기본면접의 진행 상황에 관계없이 15분 단위로 계속된다.
> • 기본면접을 마친 면접대상자는 순서대로 심층면접에 들어간다.
> • 첫 번째 기본면접은 오전 9시 정각에 실시되고, 첫 번째 심층면접은 첫 번째 기본면접이 종료된 시각에 시작된다.
> • 기본면접과 심층면접 모두 낮 12시부터 오후 1시까지 점심 및 휴식 시간을 가진다.
> • 각각의 면접 도중에 점심 및 휴식 시간을 가질 수 없고, 1인을 위한 기본면접 시간이나 심층면접 시간이 확보되지 않으면 새로운 면접을 시작하지 않는다.
> • 기본면접과 심층면접 모두 오후 1시에 오후 면접 일정을 시작하고, 기본면접의 일정과 관련 없이 심층면접은 오후 5시 정각에는 종료되어야 한다.
> ※ 면접대상자의 이동 및 교체 시간 등 다른 조건은 고려하지 않는다.

    인원수   종료 시각
①   27명   오후 2시 30분
②   27명   오후 2시 40분
③   28명   오후 2시 30분
④   28명   오후 2시 40분

37 다음 내용과 〈조건〉에 근거할 때 옳은 것은?

〈제○○조 환경오염 및 예방 대책의 추진〉

환경부장관 및 시장·군수·구청장 등은 국가산업단지의 주변지역에 대한 환경기초조사를 정기적으로 실시하여야 하며 이를 기초로 하여 환경오염 및 예방 대책을 수립·시행하여야 한다.

〈제○○조 환경기초조사의 방법·시기 등〉

전조(前條)에 따른 환경기초조사의 방법과 시기 등은 다음 각 호와 같다.
1. 환경기초조사의 범위는 지하수 및 지표수의 수질, 대기, 토양 등에 대한 계획·조사 및 치유대책을 포함한다.
2. 환경기초조사는 당해 기초지방자치단체장이 1단계 조사를 하고 환경부장관이 2단계 조사를 한다. 다만 1단계 조사결과에 의하여 정상지역으로 판정된 때는 2단계 조사를 하지 아니한다.
3. 제2호에 따른 1단계 조사는 그 조사 시행일 기준으로 3년마다 실시하고, 2단계 조사는 1단계 조사 판정일 이후 1개월 이내에 실시하여야 한다.

조건
- S시에는 갑, 을, 병 세 곳의 국가산업단지가 있다.
- S시 시장은 다음과 같이 세 개 단지의 주변지역에 대한 1단계 환경기초조사를 하였다. 2023년 1월 1일 현재, 기록되어 있는 시행일, 판정일 및 판정 결과는 다음과 같다.

구분	1단계 조사 시행일	1단계 조사 판정일	결과
갑단지 주변지역	2022년 7월 1일	2022년 11월 30일	오염 지역
을단지 주변지역	2020년 3월 1일	2020년 9월 1일	오염 지역
병단지 주변지역	2021년 10월 1일	2022년 7월 1일	정상 지역

① 갑단지 주변지역에 대하여 2023년에 환경부장관은 2단계 조사를 해야 한다.
② 을단지 주변지역에 대하여 2023년에 S시 시장은 1단계 조사를 해야 한다.
③ 을단지 주변지역에 대하여 S시 시장은 2020년 9월 중에 2단계 조사를 하였다.
④ 병단지 주변지역에 대하여 환경부장관은 2022년 7월 중에 2단계 조사를 하였다.

38 다음 두 자료 (가), (나)를 비교할 때, 서로 다른 부분의 개수는?

(가) 펀드(Fund)를 우리말로 바꾸면 '모금한 기금'을 뜻하지만 경제 용어로는 '경제적 이익을 보기 위해 불특정 다수인으로부터 모금하여 운영하는 투자 기금'을 가리키는 말로 사용합니다. 펀드는 주로 주식이나 채권에 많이 투자를 하는데, 개인이 주식이나 채권에 투자하기 위해서는 어떤 회사의 채권을 사야 하는지, 언제 사야 하는지, 언제 팔아야 하는지, 어떻게 계약을 하고 세금을 얼마나 내야 하는지, 알아야 할 게 너무 많아 복잡합니다.

(나) 펀드(Fund)를 우리말로 바꾸면 '모금한 자금'을 뜻하지만 경제 용어로는 '경제적 이익을 보기 위해 불특정 다수인으로부터 모금하여 운영하는 투자 기금'을 가리키는 말로 사용합니다. 펀드는 주로 주식이나 채권에 많이 투자를 하는데, 개인이 주식이나 채권에 투자하기 위해서는 어떤 회사의 채권을 사야 하는지, 언제 사야 하는지, 언제 팔아야 하는지, 어떻게 계약을 하고 세금을 얼마나 내야 하는지, 알아야 될 게 너무 많아 복잡합니다.

① 0개   ② 1개
③ 2개   ④ 3개

※ 다음 제시된 문자와 같은 것의 개수를 구하시오. [39~42]

Easy

39

깕

갊	걇	깕	깔	꾋	꺾	겈	긂	꿃	걏	걀	겺
겺	꺘	걇	겱	갋	깗	깘	깗	햝	걏	갋	갋
갉	깗	겺	꺓	끌	꼴	글	걸	갉	꺛	걏	갈
걀	칼	걇	걇	갶	겑	꺘	깘	꺾	꺛	겺	꼮

① 3개   ② 4개
③ 5개   ④ 6개

40

keT

kEt	koT	ket	keT	keI	KeI	KET	KeT	keT	keI	keT	Ket
kOT	keT	kel	ket	KET	Kei	keT	koT	KeT	kET	ksT	koT
KeT	kEt	keT	KeI	keI	ket	EeT	kET	keT	kOT	Ket	koI
ket	keI	kET	keT	Ket	kET	kel	ket	KET	kei	keP	KET

① 5개　　　　　　② 6개
③ 7개　　　　　　④ 8개

41

拍

阿	珀	茶	自	呪	主	珍	拍	球	棧	兜	多
眼	碼	戊	但	迫	迫	是	尸	舶	拍	瑛	搏
拍	泊	押	相	吐	森	牧	放	查	搏	瑛	抵
捨	恃	身	挑	拍	珏	汗	胛	疸	柯	合	引

① 1개　　　　　　② 2개
③ 3개　　　　　　④ 4개

42

6p8

6q6	8p8	6q8	696	868	969	696	686	8q6	898	8p8	868
8p6	898	8P8	686	8q6	6p6	6P8	6q8	6P6	6p8	8P8	8p6
696	686	6p8	8p8	898	8P8	6q6	696	8p6	969	6p6	6q6
969	6p6	6P8	696	6p6	6p8	8p6	8q6	868	6q8	696	686

① 2개　　　　　　② 3개
③ 4개　　　　　　④ 5개

※ 다음 표에 제시되지 않은 문자를 고르시오. [43~44]

43

가도	가나	가고	가라	가주	가치	가마	가호	가정	가세	가리	가수
가이	가용	가진	가누	가루	가추	가하	가준	가무	가서	가로	가인
가시	가창	가회	가니	가우	가양	가신	가오	가노	가산	가포	가조
가다	가부	가타	가요	가중	가미	가소	가두	가뇨	가연	가지	가빈

① 가지　　　　　　　　　② 가나
③ 가루　　　　　　　　　④ 가사

44

춨	춞	췰	춞	춦	칤	춨	챰	춖	칅	춞	춖
칅	충	췔	춰	칤	칀	춰	췔	충	칤	칅	춞
춖	췰	춖	춨	칅	쳄	춰	칀	춞	춦	춰	칅
춰	춦	칤	춞	충	춦	췔	춠	춨	칅	춦	춮

① 춮　　　　　　　　　② 칅
③ 챰　　　　　　　　　④ 쳄

45 다음 중 나머지 셋과 다른 것은?

① d^2f(x)/dx^2＝f^(2)(x)　　　② d^2f(x)/dx^2＝f^(2)(x)
③ d^2f(x)1dx^2＝f^(2)(x)　　　④ d^2f(x)/dx^2＝f^(2)(x)

※ 다음 글에서 제시된 단어가 몇 번 나오는지 고르시오. [46~47]

46

금감원은 최근 우크라이나 사태와 글로벌 통화정책 정상화 등으로 대내외 경제의 불확실성이 더욱 커지면서 현재 은행의 손실흡수능력이 충분하다고 안심할 수는 없는 상황이라고 설명했다. 금감원 관계자는 "은행이 대내외 경제 충격에도 건전성을 유지하면서 본연의 기능을 충실히 수행할 수 있도록 손실흡수능력 확충을 지속적으로 유도할 예정"이라며 "이를 위해 은행이 전례없는 팬데믹 상황 이후 잠재돼 있는 신용위험을 충실히 평가하고 이를 바탕으로 충분한 대손충당금을 적립하도록 지도해나갈 방침"이라고 밝혔다.

는

① 2개   ② 3개
③ 4개   ④ 5개

47

최근 데이터센터 하드웨어 시장은 장비 구매에서 구독 중심으로 넘어가는 첫 능선을 넘고 있다. 실물 IT자산을 회사 데이터센터에 유지하면서도 실제 사용한 양만큼만 비용을 지불하는 이른바 구독형 IT서비스다. 서비스형 하드웨어는 이제 모든 데이터센터 장비 제조사에서 제공된다. 대규모로 하드웨어를 한 번에 공급해 매출을 올리던 서버, 스토리지 등의 하드웨어 제조사는 서비스 업체로 변신을 꾀하고 있다.

하드웨어

① 2개   ② 3개
③ 4개   ④ 5개

※ 다음은 S의류 유통업체의 자사 상품번호에 대한 자료이다. 이를 보고 이어지는 질문에 답하시오.
[48~50]

- S의류 유통업체는 단순 유통업체로, 국내의류를 구매해 외국에 수출하거나, 외국의류를 수입해 국내에 판매하거나 외국으로 재수출한다(구매·수입일은 실제 대금지급일이다).

〈상품번호〉

[생산연도 – 구매·수입연도] – [수입국 – 수입 선적월일] – [수출국 – 수출 선적월일] –
[상품종류] – [상품사이즈] – [해외보험유무]
예 1012CN0208CN0802OBB-1

〈상품번호 세부사항〉

생산연도 – 구매·수입연도	수입국 – 수입 선적월일	수출국 – 수출 선적월일
2010년 : 10 2011년 : 11 2012년 : 12 … 예 타사의 2010년 생산제품을 자사가 2012년 구매·수입 시 → 1012	* 국내 구매 시, 수입 선적월일 0000으로 표기 예 중국수입제품 2012년 2월 8일 선적 시, CN0208	* 국내 판매 시, 수출 선적월일 0000으로 표기 예 중국수출제품 2012년 8월 2일 선적 시, CN0802

상품종류	상품사이즈	해상보험유무
O : 외투류 T : 상의류 P : 하의류(바지·치마류) S : 상·하의 세트류 D : 드레스·점프슈트 등 일체형 제품 A : 그 외 액세서리(양말·신발·레깅스·모자 등)	BB : 베이비(만 1세 이전) TD : 토들러(만 2～6세 이전) KD : 키즈(만 7～16세 이전) AD : 성인(만 17세 이후)	* 표기는 수출 시에만 한정하며, 언급이 없을 경우에는 해상보험을 가입하지 않았다고 가정한다. -1 : 보험 가입 -0 : 보험 미가입 및 국내판매

* 국가 코드 : 한국 KR, 중국 CN, 일본 JP, 인도 IN, 필리핀 PH, 타이완 TW, 인도네시아 ID, 몽골 MN

48 인도에서 2018년 8월 10일 생산한 성인 신발을 2019년 5월 17일 구매하였고, 해상보험을 가입하여 2020년 7월 2일 선적해 수입하였다. 이후 이 상품은 2020년 9월 22일에 인도네시아로 판매되어 2021년 1월 5일에 선적하여 수출하기로 계약하였을 때, 이 상품의 상품번호는?

① 1819IN0702ID0105AAD-0

② 1819IN0702ID0105AAD-1

③ 1819IN0702ID0922AAD-0

④ 1819IN0517ID0922AAD-0

49 다음은 한국인인 A씨가 구매한 S의류 유통업체 상품 내역이다. A씨가 구매한 상품의 상품번호로 가장 적절한 것은?

중국 유명 의류업체인 B사는 2019년 한정판 모자를 출시하였고, S의류와 독점계약을 하였다. S의류는 1차로 2019년 7월 10일 100개를 수입하여 7월 25일에 모두 판매하였으며, 2차로 2020년 1월 20일 200개를 수입하여 1월 25일부터 판매를 시작하였다. 1차·2차 선적일은 모두 수입일 다음 날이었다. A는 이 소식을 듣고 S의류를 통해 해당 상품인 키즈용 모자를 구매하려 하였으나 7월 25일 1차에는 품절로 실패하였고, 2차에 성공하여 구매하였다.

① 1919CN0121KR0125AKD-0
② 1919CN0121KR0000AKD-0
③ 1920CN0121KR0000AKD-0
④ 1920CN0121KR0120AKD-0

Hard

50 다음 상품번호를 보고 S의류 유통업체 직원인 B사원이 A팀장에게 보고해야 할 대답으로 가장 적절한 것은?

A팀장 : B사원님, 저희 회사가 타국에서 2020년 수입한 상품 중 2018년 이후에 생산한 것을 한 번 봐주시겠어요? 그중에서 외투와 기타 액세서리를 제외한 의류 중에서 키즈 이상 사이즈의 상품은 모두 몇 개인가요?

B사원 : _____

1920KR0000TW0425OKD-1	2020CN1020KR0000ATD-0	1820KR0000IN0918AKD-1
2020KR0000PH1212DKD-1	2020ID0801CN0921PBB-1	1919KR0000MN0301DKD-1
1719JP0102KR0000TKD-0	1720K0000CN0518OTD-0	1920IN1101KR0000PKD-0
1919KR0000JP0125PAD-1	2020TW1215JP1228AKD-1	1820KR0000IN0425TAD-0
1819CN0314JP0821AAD-0	1920KR0000PH1111ABB-1	1819IN1014KKR0000TBB-0

① 없습니다.　　　　　　　　　② 3개입니다.
③ 5개입니다.　　　　　　　　　④ 7개입니다.

아이들이 답이 있는 질문을 하기 시작하면 그들이 성장하고 있음을 알 수 있다.

- 존 J. 플롬프 -

PART 3

인성검사

PART

3 인성검사

01 인성검사의 개요

1. 인성검사의 의의

인성검사는 1943년 미국 미네소타 대학교의 임상심리학자 Hathaway 박사와 정신과 의사 Mckinley 박사가 제작한 MMPI(Minnesota Multiphasic Personality Inventory)를 원형으로 한 다면적 인성검사를 말한다. 다면적이라 불리는 것은 여러 가지 정신적인 증상들을 동시에 측정할 수 있도록 고안되어 있기 때문이다. 풀이하자면, 개인이 가지고 있는 다면적인 성격을 많은 문항 수의 질문을 통해 수치로 나타내는 것이다. 그렇다면 성격이란 무엇인가? 성격은 일반적으로 개인 내부에 있는 특징적인 행동과 생각을 결정해 주는 정신적·신체적 체제의 역동적 조직이라고 말할 수 있으며, 환경에 적응하게 하는 개인적인 여러 가지 특징과 행동양식의 잣대라고 정의할 수 있다. 다시 말하면, 성격이란 한 개인이 환경적 변화에 적응하는 특징적인 행동 및 사고유형이라고 할 수 있으며, 인성검사란 그 개인의 행동 및 사고유형을 서면을 통해 수치적·언어적으로 기술하거나 예언해 주는 도구라 할 수 있다.

신규채용 또는 평가에 활용하는 인성검사로 MMPI 원형을 그대로 사용하는 기업도 있지만, 대부분의 기업에서는 MMPI 원형을 기준으로 연구, 조사, 정보수집, 개정 등의 과정을 통해서 자체 개발한 유형을 사용하고 있다.

인성검사의 구성은 여러 가지 하위 척도로 구성되어 있는데, MMPI 다면적 인성검사의 척도를 살펴보면 기본 척도가 8개 문항으로 구성되어 있고, 2개의 임상 척도와 4개의 타당성 척도를 포함, 총 14개 척도로 구성되어 있다.

캘리포니아 심리검사(CPI; California Psychological Inventory)의 경우는 48개 문항, 18개의 척도로 구성되어 있다.

2. 인성검사의 해석단계

해석단계는 첫 번째, 각 타당성 및 임상 척도에 대한 피검사자의 점수를 검토하는 방법으로 척도마다 피검사자의 점수가 정해진 범위에 속하는지 여부를 검토하게 된다.

두 번째, 척도별 연관성에 대한 분석으로 각 척도에서의 점수범위가 의미하는 것과 그것들이 나타낼 가설들을 종합하고, 어느 특정 척도의 점수를 근거로 하여 다른 척도들에 대한 예측을 시도하게 된다.

세 번째, 척도 간의 응집 또는 분산을 찾아보고 그에 따른 해석적 가설을 형성하는 과정으로 두 개 척도 간의 관계만을 가지고 해석하게 된다.

네 번째, 매우 낮은 임상 척도에 대한 검토로서, 일부 척도에서 낮은 점수가 특별히 의미 있는 경우가 있기 때문에 신중히 다뤄지게 된다.

다섯 번째, 타당성 및 임상 척도에 대한 형태적 분석으로서, 타당성 척도들과 임상 척도들 전체의 형태적 분석이다. 주로 척도들의 상승도와 기울기 및 굴곡을 해석해서 피검사자에 대한 종합적이고 총체적인 추론적 해석을 하게 된다.

02　척도구성

1. MMPI 척도구성

(1) 타당성 척도

타당성 척도는 피검사자가 검사에 올바른 태도를 보였는지, 또 피검사자가 응답한 검사문항들의 결론이 신뢰할 수 있는 결론인가를 알아보는 라이스케일(허위척도)이라 할 수 있다. 타당성 4개 척도는 잘못된 검사태도를 탐지하게 할 뿐만 아니라, 임상 척도와 더불어 검사 이외의 행동에 대하여 유추할 수 있는 자료를 제공해 줌으로써, 의미있는 인성요인을 밝혀주기도 한다.

〈타당성 4개 척도구성〉

무응답 척도 (?)	무응답 척도는 피검사자가 응답하지 않은 문항과 '그렇다'와 '아니다'에 모두 답한 문항들의 총합이다. 척도점수의 크기는 다른 척도점수에 영향을 미치게 되므로, 빠뜨린 문항의 수를 최소로 줄이는 것이 중요하다.
허구 척도 (L)	L 척도는 피검사자가 자신을 좋은 인상으로 나타내 보이기 위해 하는 고의적이고 부정직하며 세련되지 못한 시도를 측정하는 허구 척도이다. L 척도의 문항들은 정직하지 못하거나 결점들을 고의적으로 감춰 자신을 좋게 보이려는 사람들의 장점마저도 부인하게 된다.
신뢰성 척도 (F)	F 척도는 검사문항에 빗나간 방식의 답변을 응답하는 경향을 평가하기 위한 척도로 정상적인 집단의 10% 이하가 응답한 내용을 기준으로 일반 대중의 생각이나 경험과 다른 정도를 측정한다.
교정 척도 (K)	K 척도는 분명한 정신적인 장애를 지니면서도 정상적인 프로파일을 보이는 사람들을 식별하기 위한 것이다. K 척도는 L 척도와 유사하게 거짓답안을 확인하지만 L 척도보다 더 미세하고 효과적으로 측정한다.

(2) 임상 척도

임상 척도는 검사의 주된 내용으로써 비정상 행동의 종류를 측정하는 10가지 척도로 되어 있다. 임상 척도의 수치는 높은 것이 좋다고 해석하는 경우도 있지만, 개별 척도별로 해석을 참고하는 경우가 대부분이다.

건강염려증(Hs) Hypochondriasis	개인이 말하는 신체적 증상과 이러한 증상들이 다른 사람을 조정하는 데 사용되고 있지는 않은지 여부를 측정하는 척도로서, 측정내용은 신체의 기능에 대한 과도한 집착 및 이와 관련된 질환이나 비정상적인 상태에 대한 불안감 등이다.
우울증(D) Depression	개인의 비관 및 슬픔의 정도를 나타내는 기분상태의 척도로서, 자신에 대한 태도와 타인과의 관계에 대한 태도, 절망감, 희망의 상실, 무력감 등을 원인으로 나타나는 활동에 대한 흥미의 결여, 불면증과 같은 신체적 증상 및 과도한 민감성 등을 표현한다.
히스테리(Hy) Hysteria	현실에 직면한 어려움이나 갈등을 회피하는 방법인 부인기제를 사용하는 경향 정도를 진단하려는 것으로서 특정한 신체적 증상을 나타내는 문항들과 아무런 심리적·정서적 장애도 가지고 있지 않다고 주장하는 것을 나타내는 문항들의 두 가지 다른 유형으로 구성되어 있다.
반사회성(Pd) Psychopathic Deviate	가정이나 일반사회에 대한 불만, 자신 및 사회와의 격리, 권태 등을 주로 측정하는 것으로서 반사회적 성격, 비도덕적인 성격 경향 정도를 알아보기 위한 척도이다.
남성-여성특성(Mf) Masculinity−Femininity	직업에 관한 관심, 취미, 종교적 취향, 능동·수동성, 대인감수성 등의 내용을 담고 있으며, 흥미형태의 남성특성과 여성특성을 측정하고 진단하는 검사이다.
편집증(Pa) Paranoia	편집증을 평가하기 위한 것으로서 정신병적인 행동과 과대의심, 관계망상, 피해망상, 과대망상, 과민함, 비사교적 행동, 타인에 대한 불만감 같은 내용의 문항들로 구성되어 있다.
강박증(Pt) Psychasthenia	병적인 공포, 불안감, 과대근심, 강박관념, 자기 비판적 행동, 집중력 곤란, 죄책감 등을 검사하는 내용으로 구성되어 있으며, 주로 오랫동안 지속된 만성적인 불안을 측정한다.
정신분열증(Sc) Schizophrenia	정신적 혼란을 측정하는 척도로서 가장 많은 문항에 내포하고 있다. 이 척도는 별난 사고방식이나 행동양식을 지닌 사람을 판별하는 것으로서 사회적 고립, 가족관계의 문제, 성적 관심, 충동억제불능, 두려움, 불만족 등의 내용으로 구성되어 있다.
경조증(Ma) Hypomania	정신적 에너지를 측정하는 것으로서, 사고의 다양성과 과장성, 행동영역의 불안정성, 흥분성, 민감성 등을 나타낸다. 이 척도가 높으면 무엇인가를 하지 않고는 못 견디는 정력적인 사람이다.
내향성(Si) Social Introversion	피검사자의 내향성과 외향성을 측정하기 위한 척도로서, 개인의 사회적 접촉 회피, 대인관계의 기피, 비사회성 등의 인성요인을 측정한다. 이 척도의 내향성과 외향성은 어느 하나가 좋고 나쁨을 나타내는 것이 아니라, 피검사자가 어떤 성향의 사람인가를 알아내는 것이다.

2. CPI 척도구성

<18 척도>

척도	설명
지배성 척도 (Do)	강력하고 지배적이며, 리더십이 강하고 대인관계에서 주도권을 잡는 지배적인 사람을 변별하고자 하는 척도이다.
지위능력 척도 (Cs)	현재의 개인 자신의 지위를 측정하는 것이 아니라, 개인의 내부에 잠재되어 있어 어떤 지위에 도달하게끔 하는 자기 확신, 야심, 자신감 등을 평가하기 위한 척도이다.
사교성 척도 (Sy)	사교적이고 활달하며 참여기질이 좋은 사람과, 사회적으로 자신을 나타내기 싫어하고 참여기질이 좋지 않은 사람을 변별하고자 하는 척도이다.
사회적 태도 척도 (Sp)	사회생활에서의 안정감, 활력, 자발성, 자신감 등을 평가하기 위한 척도로서, 사교성과 밀접한 관계가 있다. 고득점자는 타인 앞에 나서기를 좋아하고, 타인의 방어기제를 공격하여 즐거움을 얻고자 하는 성격을 가지고 있다.
자기수용 척도 (Sa)	자신에 대한 믿음, 자신의 생각을 수용하는 자기확신감을 가지고 있는 사람을 변별하기 위한 척도이다.
행복감 척도 (Wb)	근본 목적은 행복감을 느끼는 사람과 그렇지 않은 사람을 변별해 내는 척도 검사이지만, 긍정적인 성격으로 가장하기 위해서 반응한 사람을 변별해 내는 타당성 척도로서의 목적도 가지고 있다.
책임감 척도 (Re)	법과 질서에 대해서 철저하고 양심적이며 책임감이 강해 신뢰할 수 있는 사람과 인생은 이성에 의해서 지배되어야 한다고 믿는 사람을 변별하기 위한 척도이다.
사회성 척도 (So)	사회생활에서 이탈된 행동이나 범죄의 가능성이 있는 사람을 변별하기 위한 척도로서 범죄자 유형의 사람은 정상인보다 매우 낮은 점수를 나타낸다.
자기통제 척도 (Sc)	자기통제의 유무, 충동, 자기중심에서 벗어날 수 있는 통제의 적절성, 규율과 규칙에 동의하는 정도를 측정하는 척도로서, 점수가 높은 사람은 지나치게 자신을 통제하려 하며, 낮은 사람은 자기 통제가 잘 안되므로 충동적이 된다.
관용성 척도 (To)	침묵을 지키고 어떤 사실에 대하여 성급하게 판단하기를 삼가고 다양한 관점을 수용하려는 사회적 신념과 태도를 재려는 척도이다.
좋은 인상 척도 (Gi)	타인이 자신에 대해 어떻게 반응하는가, 타인에게 좋은 인상을 주었는가에 흥미를 느끼는 사람을 변별하고, 자신을 긍정적으로 보이기 위해 솔직하지 못한 반응을 하는 사람을 찾아내기 위한 타당성 척도이다.
추종성 척도 (Cm)	사회에 대한 보수적인 태도와 생각을 측정하는 척도검사이다. 아무렇게나 적당히 반응한 피검사자를 찾아내는 타당성 척도로서의 목적도 있다.
순응을 위한 성취 척도 (Ac)	강한 성취욕구를 측정하기 위한 척도로서 학업성취에 관련된 동기요인과 성격요인을 측정하기 위해서 만들어졌다.
독립성을 통한 성취 척도 (Ai)	독립적인 사고, 창조력, 자기실현을 위한 성취능력의 정도를 측정하는 척도이다.
지적 능률 척도 (Ie)	지적 능률성을 측정하기 위한 척도이며, 지능과 의미 있는 상관관계를 가지고 있는 성격특성을 나타내는 항목을 제공한다.
심리적 예민성 척도 (Py)	동기, 내적 욕구, 타인의 경험에 공명하고 흥미를 느끼는 정도를 재는 척도이다.
유연성 척도 (Fx)	개인의 사고와 사회적 행동에 대한 유연성, 순응성 정도를 나타내는 척도이다.
여향성 척도 (Fe)	흥미의 남향성과 여향성을 측정하기 위한 척도이다.

03 인성검사 시 유의사항

(1) 충분한 휴식으로 불안을 없애고 정서적인 안정을 취한다. 심신이 안정되어야 자신의 마음을 표현할 수 있다.

(2) 생각나는 대로 솔직하게 응답한다. 자신을 너무 과대포장하지도, 너무 비하하지 않도록 한다. 답변을 꾸며서 하면 앞뒤가 맞지 않게끔 구성돼 있어 불리한 평가를 받게 되므로 솔직하게 답하도록 한다.

(3) 검사문항에 대해 지나치게 골똘히 생각해서는 안 된다. 지나치게 몰두하면 엉뚱한 답변이 나올 수 있으므로 불필요한 생각은 삼간다.

(4) 인성검사는 대개 문항 수가 많기에 자칫 건너뛰는 경우가 있는데, 가능한 모든 문항에 답해야 한다. 응답하지 않은 문항이 많을 경우 평가자가 정확한 평가를 내리지 못해 불리한 평가를 받을 수 있기 때문이다.

04 인성검사 모의연습

※ 인성검사는 정답이 따로 없는 유형의 검사이므로 결과지를 제공하지 않습니다.

※ 다음 문항을 읽고 ① ~ ④ 중 자신에게 해당하는 것을 고르시오(① 전혀 그렇지 않다, ② 그렇지 않다, ③ 그렇다, ④ 매우 그렇다). [1~252]

번호	문항	응답			
01	타박을 받아도 위축되거나 기가 죽지 않는다.	①	②	③	④
02	몸이 피곤할 때도 명랑하게 행동한다.	①	②	③	④
03	익숙지 않은 집단, 장소로 옮겨가는 것이 꺼려진다.	①	②	③	④
04	타인의 지적을 순수하게 받아들일 수 있다.	①	②	③	④
05	매일의 목표가 있는 생활을 하고 있다.	①	②	③	④
06	실패했던 기억을 되새기면서 고민하는 편이다.	①	②	③	④
07	언제나 생기가 있고 열정적이다.	①	②	③	④
08	상품을 선택하는 취향이 오랫동안 바뀌지 않는다.	①	②	③	④
09	자신을 과시하다가 으스댄다는 핀잔을 듣곤 한다.	①	②	③	④
10	동료가 될 사람을 1명만 택한다면 자기유능감이 높은 사람을 뽑겠다.	①	②	③	④
11	열등감으로 자주 고민한다.	①	②	③	④
12	많은 사람들을 만나는 것을 좋아한다.	①	②	③	④
13	새로운 것에 대한 호기심이 잘 생기지 않는다.	①	②	③	④
14	사람들을 쉽게 믿고 그들을 이해하려 노력한다.	①	②	③	④
15	무엇이든 꾸준히 하면 스스로 해낼 수 있다고 믿는다.	①	②	③	④

16	남에게 무시당하면 화가 치밀어 주체할 수 없다.	① ② ③ ④
17	과묵하고 소극적이라는 평가를 받곤 한다.	① ② ③ ④
18	상상보다는 사실지향성에 무게를 두는 편이다.	① ② ③ ④
19	남의 의견을 호의적으로 받아들이고 협조적이다.	① ② ③ ④
20	별로 반성하지 않으며, 게으름을 부리곤 한다.	① ② ③ ④
21	꼭 필요한 것인지 따져보며 충동구매를 하지 않는다.	① ② ③ ④
22	일부 특정한 사람들하고만 교제를 하는 편이다.	① ② ③ ④
23	일반적이고 확실한 것이 아니라면 거절하는 편이다.	① ② ③ ④
24	남에게 자신의 진심을 표현하기를 주저하는 편이다.	① ② ③ ④
25	임무를 달성하기 위해 목표를 분명하게 세운다.	① ② ③ ④
26	사고 싶은 것이 있으면 따지지 않고 바로 사곤 한다.	① ② ③ ④
27	낯선 사람에게도 친근하게 먼저 말을 건네는 편이다.	① ② ③ ④
28	다양성을 존중해 새로운 의견을 수용하는 편이다.	① ② ③ ④
29	남의 말을 들을 때 진위를 의심하곤 한다.	① ② ③ ④
30	시험 전에도 노는 계획을 세우곤 한다.	① ② ③ ④
31	주변 상황에 따라 기분이 수시로 변하곤 한다.	① ② ③ ④
32	몸담고 있는 동호회 수가 여러 개이다.	① ② ③ ④
33	익숙한 것만을 선호하다가 변화에 적응하지 못할 때가 많다.	① ② ③ ④
34	나를 비판하는 사람의 진짜 의도를 의심해 공격적으로 응수한다.	① ② ③ ④
35	도중에 실패해도 소임을 다하기 위해 끝까지 추진한다.	① ② ③ ④
36	고민이 있어도 지나치게 걱정하지 않는다.	① ② ③ ④
37	많은 사람들 앞에서 말하는 것이 서툴다.	① ② ③ ④
38	지적 흥미에 관심이 많고, 새로운 지식에 포용적이다.	① ② ③ ④
39	사람들을 믿지 못해 불편할 때가 많다.	① ② ③ ④
40	자신의 책임을 잊고 경솔하게 행동하곤 한다.	① ② ③ ④
41	기분 나쁜 일은 금세 잊는 편이다.	① ② ③ ④
42	다과회, 친목회 등의 소모임에서 자주 책임을 맡는다.	① ② ③ ④
43	부모님의 권위를 존중해 그분들의 말씀에 거의 순종한다.	① ② ③ ④
44	나의 이익을 지키려면 반드시 타인보다 우위를 점해야 한다고 생각한다.	① ② ③ ④
45	자신의 언행이 가볍다고 자주 지적받곤 한다.	① ② ③ ④
46	슬럼프에 빠지면 좀처럼 헤어나지 못한다.	① ② ③ ④
47	자신이 기력이 넘치며 사교적이라고 생각한다.	① ② ③ ④
48	익숙한 일·놀이에 진부함을 잘 느끼고, 새로운 놀이·활동에 흥미를 크게 느낀다.	① ② ③ ④
49	친구들을 신뢰해 그들의 말을 잘 듣는 편이다.	① ② ③ ④
50	인생의 목표와 방향이 뚜렷하며 부지런하다는 평가를 받곤 한다.	① ② ③ ④
51	감정을 잘 조절해 여간해서 흥분하지 않는 편이다.	① ② ③ ④

PART 3

52	느긋하고 서두르지 않으며 여유로운 편이다.	① ② ③ ④
53	새로운 유행이 시작되면 다른 사람보다 먼저 시도해 보는 편이다.	① ② ③ ④
54	친구와 다투면 먼저 손을 내밀어 화해하지 못해 친구를 잃곤 한다.	① ② ③ ④
55	자신이 유능하다고 믿기 때문에 자신감이 넘친다.	① ② ③ ④
56	걱정거리가 머릿속에서 쉽사리 잊히지 않는 편이다.	① ② ③ ④
57	혼자 있을 때가 편안하다.	① ② ③ ④
58	비유적·상징적인 것보다는 사실적·현실적 표현을 선호한다.	① ② ③ ④
59	모르는 사람은 믿을 수 없으므로 경계하는 편이다.	① ② ③ ④
60	책임감, 신중성 등 자신에 대한 주위의 평판이 좋다고 생각한다.	① ② ③ ④
61	슬픈 일만 머릿속에 오래 남는다.	① ② ③ ④
62	꾸물대는 것이 싫어 늘 서두르는 편이다.	① ② ③ ④
63	예술가가 된 나의 모습을 상상하곤 한다.	① ② ③ ④
64	칭찬도 나쁘게 받아들이는 편이다.	① ② ③ ④
65	경솔한 언행으로 분란을 일으킬 때가 종종 있다.	① ② ③ ④
66	삶이 버겁게 느껴져 침울해지곤 한다.	① ② ③ ④
67	윗사람, 아랫사람 가리지 않고 쉽게 친해져 어울린다.	① ② ③ ④
68	상상 속에서 이야기를 잘 만들어 내는 편이다.	① ② ③ ④
69	손해를 입지 않으려고 약삭빠르게 행동하는 편이다.	① ② ③ ④
70	기왕 일을 한다면 꼼꼼하게 하는 편이다.	① ② ③ ④
71	비난을 받으면 몹시 신경이 쓰이고 자신감을 잃는다.	① ② ③ ④
72	주위 사람에게 인사하는 것이 귀찮다.	① ② ③ ④
73	창의력과 상상력이 풍부하다는 이야기를 자주 듣는다.	① ② ③ ④
74	자기중심적인 관점에서 남을 비판하곤 한다.	① ② ③ ④
75	지나치게 깔끔하고 싶은 강박증이 있다.	① ② ③ ④
76	세밀한 계획을 세워도 과도한 불안을 느낄 때가 많다.	① ② ③ ④
77	거의 항상 바쁘게 살아가는 편이다.	① ② ③ ④
78	타인이 예상하지 못한 엉뚱한 행동, 생각을 할 때가 자주 있다.	① ② ③ ④
79	의견이 어긋날 때는 먼저 한발 양보하는 편이다.	① ② ③ ④
80	어떤 일을 시도하다가 잘 안되면 금방 포기한다.	① ② ③ ④
81	긴박한 상황에 맞닥뜨리면 자신감을 잃을 때가 많다.	① ② ③ ④
82	처음 만난 사람과 이야기하는 것이 피곤하다.	① ② ③ ④
83	이것저것 새로운 것에 관심이 많고 새로운 것을 배우고 싶다.	① ② ③ ④
84	싫은 사람과도 충분히 협력할 수 있다고 생각한다.	① ② ③ ④
85	꾸준하고 참을성이 있다는 말을 자주 듣는다.	① ② ③ ④
86	신호 대기 중에도 조바심이 난다.	① ② ③ ④
87	남들보다 우월한 지위에서 영향력을 행사하고 싶다.	① ② ③ ④

88	'왜?'라는 질문을 자주 한다.	①	②	③	④
89	좋아하지 않는 사람이라도 친절하고 공손하게 대한다.	①	②	③	④
90	세부적인 내용을 일목요연하게 정리해 공부한다.	①	②	③	④
91	상대가 통화 중이면 다급해져 연속해서 전화를 건다.	①	②	③	④
92	쾌활하고 자신감이 강하며 남과의 교제에 적극적이다.	①	②	③	④
93	궁금한 점이 있으면 꼬치꼬치 따져서 반드시 궁금증을 풀고 싶다.	①	②	③	④
94	사람들은 누구나 곤경을 회피하려고 거짓말을 한다.	①	②	③	④
95	물건을 분실하거나 어디에 두었는지 기억 못할 때가 많다.	①	②	③	④
96	충동적인 행동을 하지 않는 편이다.	①	②	③	④
97	상대방이 말을 걸어오기를 기다리는 편이다.	①	②	③	④
98	새로운 생각들을 수용해 자신의 관점을 쉽게 수정하는 편이다.	①	②	③	④
99	기분을 솔직하게 드러내는 편이어서 남들이 나의 기분을 금방 알아채곤 한다.	①	②	③	④
100	의지와 끈기가 강한 편이다.	①	②	③	④
101	어떤 상황에서든 만족할 수 있다.	①	②	③	④
102	모르는 사람에게 말을 걸기보다는 혼자 있는 게 좋다.	①	②	③	④
103	어떤 일이든 새로운 방향에서 이해할 수 있다고 생각한다.	①	②	③	④
104	부모님이나 친구들에게 진심을 잘 고백하는 편이다.	①	②	③	④
105	참을성이 있지만 융통성이 부족하다는 말을 듣곤 한다.	①	②	③	④
106	깜짝 놀라면 몹시 당황하는 편이다.	①	②	③	④
107	아는 사람이 많아져 대인관계를 넓히는 것을 선호한다.	①	②	③	④
108	자신의 감수성, 지적 흥미에 충실하며 내면세계에 관심이 많다.	①	②	③	④
109	사람들은 이득이 된다면 옳지 않은 방법이라도 쓸 것이다.	①	②	③	④
110	세밀하게 설정된 계획표를 성실하게 실천하려 노력하는 편이다.	①	②	③	④
111	난처한 헛소문에 휘말려도 개의치 않는다.	①	②	③	④
112	매사에 진지하려고 노력한다.	①	②	③	④
113	급진적인 변화를 선호한다.	①	②	③	④
114	주변 사람들의 감정과 욕구를 잘 이해하는 편이다.	①	②	③	④
115	대체로 먼저 할 일을 해 놓고 나서 노는 편이다.	①	②	③	④
116	긴급 사태에도 당황하지 않고 행동할 수 있다.	①	②	③	④
117	일할 때 자신의 생각대로 하지 못할 때가 많다.	①	②	③	④
118	새로운 변화를 싫어한다.	①	②	③	④
119	다른 사람의 감정에 민감하다.	①	②	③	④
120	시험을 보기 전에 먼저 꼼꼼하게 공부 계획표를 짠다.	①	②	③	④
121	삶에는 고통을 주는 것들이 너무 많다고 생각한다.	①	②	③	④
122	내성적 성격 때문에 윗사람과의 대화가 꺼려진다.	①	②	③	④
123	새로운 물건에서 신선한 아름다움을 느낄 때가 많다.	①	②	③	④

124	사람들이 정직하게 행동하는 것은 타인의 비난이 두렵기 때문이다.	① ② ③ ④
125	계획에 따라 규칙적인 생활을 하는 편이다.	① ② ③ ④
126	걱정거리가 있으면 잠을 잘 수가 없다.	① ② ③ ④
127	자기주장만 지나치게 내세워 소란을 일으키곤 한다.	① ② ③ ④
128	예술 작품에서 큰 감동을 받곤 한다.	① ② ③ ④
129	싹싹하고 협조적이라는 평가를 받곤 한다.	① ② ③ ④
130	소지품을 잘 챙기지 않아 잃어버리곤 한다.	① ② ③ ④
131	즐거운 일보다는 괴로운 일이 더 많다.	① ② ③ ④
132	누가 나에게 말을 걸기 전에는 내가 먼저 말을 걸지 않는다.	① ② ③ ④
133	기본에 얽매이는 정공법보다는 창의적인 변칙을 선택하곤 한다.	① ② ③ ④
134	쉽게 양보를 하는 편이다.	① ② ③ ④
135	신발이나 옷이 떨어져도 무관심해 단정하지 못할 때가 종종 있다.	① ② ③ ④
136	사소한 일에도 긴장해 위축되곤 한다.	① ② ③ ④
137	타인과 어울리는 것보다는 혼자 지내는 것이 즐겁다.	① ② ③ ④
138	직업을 선택할 때 창조력과 심미안이 필요한 것을 선호한다.	① ② ③ ④
139	자기 것을 이웃에게 잘 나누어주는 편이다.	① ② ③ ④
140	몇 번이고 생각하고 검토한다.	① ② ③ ④
141	어떤 일을 실패하면 두고두고 생각한다.	① ② ③ ④
142	친구와 웃고 떠드는 것을 별로 좋아하지 않는다.	① ② ③ ④
143	창조적인 일을 하고 싶다.	① ② ③ ④
144	자기 것을 덜 주장하고, 덜 고집하는 편이다.	① ② ③ ④
145	일단 결정된 것은 완수하기 위해 자신의 능력을 총동원한다.	① ② ③ ④
146	수줍음이 많아서 사람들 앞에서 너무 위축되곤 한다.	① ② ③ ④
147	비교적 말이 없고 무난한 것을 선호하는 편이다.	① ② ③ ④
148	새로운 것을 고안하는 일에서 큰 즐거움을 느낀다.	① ② ③ ④
149	나의 이익에 직접적인 영향을 주는 사안에 대해서는 고집을 꺾지 않는다.	① ② ③ ④
150	사회적 규범을 지키려 애쓰고 목표 의식이 뚜렷한 편이다.	① ② ③ ④
151	나를 기분 나쁘게 한 사람을 쉽게 잊지 못한다.	① ② ③ ④
152	내성적이어서 낯선 이와 만나는 것을 꺼리는 편이다.	① ② ③ ④
153	예술적 감식안이 있는 편이다.	① ② ③ ④
154	남의 명령이 듣기 싫고 자기 본위적인 편이다.	① ② ③ ④
155	규율을 따르느라 때로는 융통성이 부족해지곤 한다.	① ② ③ ④
156	나를 힘들게 하는 일들이 너무 많다고 여긴다.	① ② ③ ④
157	마음을 터놓고 지내는 친구들이 적은 편이다.	① ② ③ ④
158	창조력은 부족하지만 실용적인 사고에 능숙한 편이다.	① ② ③ ④
159	남이 일하는 방식이 못마땅해 공격적으로 참견하곤 한다.	① ② ③ ④

160	여러 번 생각한 끝에 결정을 내린다.	① ② ③ ④
161	주변 사람이 잘되는 것을 보면 상대적으로 내가 실패한 것 같다.	① ② ③ ④
162	대중의 주목을 받는 연예인이 되고 싶은 마음은 조금도 없다.	① ② ③ ④
163	예술제나 미술전 등에 관심이 많다.	① ② ③ ④
164	조화로운 신뢰 관계를 유지하기 위해 타인의 이름을 기억하려 노력하는 편이다	① ② ③ ④
165	도서실 등에서 책을 정돈하고 관리하는 일을 싫어하지 않는다.	① ② ③ ④
166	남의 비난에도 스트레스를 잘 받지 않는다.	① ② ③ ④
167	여럿이 모여서 얘기하는 데 잘 끼어들지 못한다.	① ② ③ ④
168	공상이나 상상을 많이 하는 편이다.	① ② ③ ④
169	예절은 가식처럼 느껴져 예절을 신경 쓰지 않는 편이다.	① ② ③ ④
170	선입견으로 섣불리 단정하지 않기 위해 주의 깊게 살피는 편이다.	① ② ③ ④
171	불확실한 미래에 대한 염려는 불필요하다고 생각한다.	① ② ③ ④
172	처음 보는 사람들과 쉽게 얘기하고 친해지는 편이다.	① ② ③ ④
173	참신한 물건을 개발하는 일이 적성에 맞는 것 같다.	① ② ③ ④
174	의기양양하며 공격적인 사람보다는 겸손하며 이해심이 많은 사람이 되고 싶다.	① ② ③ ④
175	주어진 일을 매듭짓기 위해 끝까지 매달리는 편이다.	① ② ③ ④
176	기분 나쁜 일은 오래 생각하지 않는다.	① ② ③ ④
177	모르는 사람들이 많이 있는 곳에서도 활발하게 행동하는 편이다.	① ② ③ ④
178	새로운 아이디어를 생각해내는 일이 좋다.	① ② ③ ④
179	대인관계에서 상황을 빨리 파악하는 편이다.	① ② ③ ④
180	전표 계산 또는 장부 기입 같은 일을 싫증내지 않고 할 수 있다.	① ② ③ ④
181	근심이 별로 없지만, 때로는 정서적인 반응이 무딘 편이다.	① ② ③ ④
182	모임에서 말을 많이 하고 적극적으로 행동한다.	① ② ③ ④
183	사건 뒤에 숨은 본질을 생각해 보기를 좋아한다.	① ② ③ ④
184	나는 이해득실에 밝은 현실주의자라고 생각한다.	① ② ③ ④
185	자신의 장래를 위해 1년, 5년, 10년 등 장단기 목표를 세운다.	① ② ③ ④
186	자신이 처한 환경에서 불안, 분노, 우울, 절망 등을 잘 느끼지 않는다.	① ② ③ ④
187	여기저기에 친구나 아는 사람들이 많이 있다.	① ② ③ ④
188	색채 감각이나 미적 센스가 풍부한 편이다.	① ② ③ ④
189	남의 감정을 잘 이해하는 편이라서 남이 나에게 고민 상담을 요청할 때가 많다.	① ② ③ ④
190	신중하고 주의 깊다는 평가를 받곤 한다.	① ② ③ ④
191	대체로 걱정하거나 고민하지 않는다.	① ② ③ ④
192	활발하고 적극적이라는 말을 자주 듣는다.	① ② ③ ④
193	엉뚱한 일을 하기 좋아하고 발상도 개성적이다.	① ② ③ ④
194	남들과 껄끄러운 상황을 되도록 회피하려고 한다.	① ② ③ ④
195	일을 완료하기 전에는 쉬어도 마음이 편하지 않다.	① ② ③ ④

196	일반적으로 낙담할 일을 당해도 쉽게 상처받지 않는다.	① ② ③ ④
197	혼자 조용히 있기보다는 사람들과 어울리려고 한다.	① ② ③ ④
198	지적 흥미를 충족하기 위해 책과 신문을 많이 읽는다.	① ② ③ ④
199	타인과 더불어 살려면 반드시 법을 지켜야 한다.	① ② ③ ④
200	실패하든 성공하든 장래를 위해 그 원인을 반드시 분석한다.	① ② ③ ④
201	화가 날 법한 상황을 잘 참는 편이다.	① ② ③ ④
202	활동이 많으면서도 무난하고 점잖다는 말을 듣곤 한다.	① ② ③ ④
203	패션과 아름다움에 대한 감각이 둔한 편이다.	① ② ③ ④
204	타인을 잘 믿는 편이며, 남을 돕기를 주저하지 않는다.	① ② ③ ④
205	매사에 충분히 준비되어 있다는 자신감이 든다.	① ② ③ ④
206	비관적이고 무기력한 상황을 견디기 힘들다.	① ② ③ ④
207	앞에 나서서 통솔하기보다는 다른 이의 지휘에 잘 따르는 편이다.	① ② ③ ④
208	자신의 감수성을 발휘하면 좋은 에세이를 쓸 수 있을 것 같다.	① ② ③ ④
209	상대방의 기분을 잘 이해한다.	① ② ③ ④
210	과업을 이루려면 준법정신이 반드시 필요하다.	① ② ③ ④
211	실수를 하면 하루 종일 기분이 좋지 않다.	① ② ③ ④
212	혼자서 일하기를 좋아한다.	① ② ③ ④
213	낯선 곳에서 생소한 풍취를 즐길 수 있는 여행이 좋다.	① ② ③ ④
214	공식적인 요청이 없더라도 회사의 행사에는 참여해야 한다.	① ② ③ ④
215	성공하기 위해서는 반드시 자신을 통제해야 한다고 생각한다.	① ② ③ ④
216	화가 나면 주변에 있는 물건을 집어던지곤 한다.	① ② ③ ④
217	조용하고 명상적인 분위기를 좋아한다.	① ② ③ ④
218	박람회 등에서 견학을 하며 지식을 넓히는 일을 좋아한다.	① ② ③ ④
219	집단의 협동을 위해서 월간 정보, 공지 사항을 꼼꼼하게 확인하는 편이다.	① ② ③ ④
220	시간을 시, 분 단위로 세밀하게 나눠 쓴다.	① ② ③ ④
221	욕구를 느끼면 기존의 것을 무시하고 충동적으로 행동하는 편이다.	① ② ③ ④
222	친구를 잘 바꾸지 않는다.	① ② ③ ④
223	상품을 고를 때 디자인과 색에 신경을 많이 쓴다.	① ② ③ ④
224	다른 사람과 싸워도 쉽게 화해할 수 있다.	① ② ③ ④
225	나는 삶의 목표를 이루려면 정성스럽고 참된 행동이 가장 중요하다고 생각한다.	① ② ③ ④
226	예기치 못한 일이 발생해도 침착하다.	① ② ③ ④
227	모든 일에 앞장서는 편이다.	① ② ③ ④
228	한때는 예술가를 꿈꾸며 습작에 매달린 적이 있다.	① ② ③ ④
229	부서의 협력을 위해 상사의 명령은 반드시 수행해야 한다고 생각한다.	① ② ③ ④
230	큰일을 이루고 싶은 야망을 위해 자신을 닦아세우는 편이다.	① ② ③ ④
231	자신에 대한 주위의 잘못된 소문에도 크게 화를 내지 않는다.	① ② ③ ④

232	남을 지배하는 사람이 되고 싶다.	① ② ③ ④
233	실내 장식품이나 액세서리 등에 관심이 많다.	① ② ③ ④
234	자신의 행동이 타인에게 무례하게 보이지 않는지 살피는 편이다.	① ② ③ ④
235	걸리지만 않는다면 융통성을 위해 법을 조금은 어겨도 괜찮다.	① ② ③ ④
236	감정에 휘둘려 섣부른 판단을 하지 않으려고 애쓴다.	① ② ③ ④
237	외딴 곳보다는 사람들이 북적거리는 곳에 살고 싶다.	① ② ③ ④
238	지자체에서 개최하는 각종 예술제 소식에 관심이 많다.	① ② ③ ④
239	인간은 착한 본성을 가지고 태어났다고 생각한다.	① ② ③ ④
240	마감이 다가오기 전에 미리 업무를 마무리하는 편이다.	① ② ③ ④
241	누군가 내 험담을 하는 것은 아닌지 괜스레 불안할 때가 있다.	① ② ③ ④
242	혼자서 하는 일보다는 여러 사람을 두루 만나는 일이 더 마음에 든다.	① ② ③ ④
243	무슨 감정이든 쉽게 몰입하며 낯선 것에 흥미를 느끼는 편이다.	① ② ③ ④
244	대화를 할 때 남을 더 배려하는 편이다.	① ② ③ ④
245	어떻게 일해야 더 효율적일지 늘 고민한다.	① ② ③ ④
246	나쁜 일이 일어나도 쉽게 떨쳐낼 수 있다.	① ② ③ ④
247	바쁜 도시보다는 한적한 자연에 묻혀 느긋하게 살고 싶다.	① ② ③ ④
248	추운 지역에 사는 주민들에게 냉장고를 파는 방법처럼 상식의 틀을 깨는 사고방식을 선호한다.	① ② ③ ④
249	모임이 있을 때 주로 남들에게 맞춰주는 편이다.	① ② ③ ④
250	주위를 항상 청결하게 하려고 노력하는 편이다.	① ② ③ ④
251	거울을 보면서 열등감이나 자괴감을 느끼곤 한다.	① ② ③ ④
252	다른 사람들의 눈길을 끌고 주목을 받는 것이 아무렇지 않다.	① ② ③ ④

PART 3

얼마나 많은 사람들이 책 한 권을 읽음으로써

인생에 새로운 전기를 맞이했던가.

– 헨리 데이비드 소로 –

PART 4

면접

01 　면접 주요사항

면접의 사전적 정의는 면접관이 지원자를 직접 만나보고 인품(人品)이나 언행(言行) 따위를 시험하는 일로, 흔히 필기시험 후에 최종적으로 심사하는 방법이다.

최근 주요 기업의 인사담당자들을 대상으로 채용 시 면접이 차지하는 비중을 설문조사했을 때, $50 \sim 80\%$ 이상이라고 답한 사람이 전체 응답자의 80%를 넘었다. 이와 대조적으로 지원자들을 대상으로 취업 시험에서 면접을 준비하는 기간을 물었을 때, 대부분의 응답자가 $2 \sim 3$일 정도라고 대답했다.

지원자가 일정 수준의 스펙을 갖추기 위해 자격증 시험과 토익을 치르고 이력서와 자기소개서까지 쓰다 보면 면접까지 챙길 여유가 없는 것이 사실이다. 그리고 서류전형과 인적성검사를 통과해야만 면접을 볼 수 있기 때문에 자연스럽게 면접은 취업시험 과정에서 그 비중이 작아질 수밖에 없다. 하지만 아이러니하게도 실제 채용 과정에서 면접이 차지하는 비중은 절대적이라고 해도 과언이 아니다.

기업들은 채용 과정에서 토론 면접, 인성 면접, 프레젠테이션 면접, 역량 면접 등의 다양한 면접을 실시한다. 1차 커트라인이라고 할 수 있는 서류전형을 통과한 지원자들의 스펙이나 능력은 서로 엇비슷하다고 판단되기 때문에 서류상 보이는 자격증이나 토익 성적보다는 지원자의 인성을 파악하기 위해 면접을 더욱 강화하는 것이다. 일부 기업은 의도적으로 압박 면접을 실시하기도 한다. 지원자가 당황할 수 있는 질문을 던져서 그것에 대한 지원자의 반응을 살펴보는 것이다.

면접은 다르게 생각한다면 '나는 누구인가'에 대한 물음에 해답을 줄 수 있는 가장 현실적이고 미래적인 경험이 될 수 있다. 취업난 속에서 자격증을 취득하고 토익 성적을 올리기 위해 앞만 보고 달려온 지원자들은 자신에 대해서 고민하고 탐구할 수 있는 시간을 평소 쉽게 가질 수 없었을 것이다. 자신을 잘 알고 있어야 자신에 대해서 자신감 있게 말할 수 있다. 대체로 사람들은 자신에게 관대한 편이기 때문에 자신에 대해서 어떤 기대와 환상을 가지고 있는 경우가 많다. 하지만 면접은 제삼자에 의해 개인의 능력을 객관적으로 평가받는 시험이다. 어떤 지원자들은 다른 사람에게 자신을 표현하는 것을 어려워한다. 평소에 잘 사용하지 않는 용어를 내뱉으면서 거창하게 자신을 포장하는 지원자도 많다. 면접에서 가장 기본은 자기 자신을 면접관에게 알기 쉽게 표현하는 것이다.

이러한 표현을 바탕으로 자신이 앞으로 하고자 하는 것과 그에 대한 이유를 설명해야 한다. 최근에는 자신감을 향상시키거나 말하는 능력을 높이는 학원도 많기 때문에 얼마든지 자신의 단점을 극복할 수 있다.

1. 자기소개의 기술

자기소개를 시키는 이유는 면접자가 지원자의 자기소개서를 압축해서 듣고, 지원자의 첫인상을 평가할 시간을 가질 수 있기 때문이다. 면접을 위한 워밍업이라고 할 수 있으며, 첫인상을 결정하는 과정이므로 매우 중요한 순간이다.

(1) 정해진 시간에 자기소개를 마쳐야 한다.

쉬워 보이지만 의외로 지원자들이 정해진 시간을 넘기거나 혹은 빨리 끝내서 면접관에게 지적을 받는 경우가 많다. 본인이 면접을 받는 마지막 지원자가 아닌 이상, 정해진 시간을 지키지 않는 것은 수많은 지원자를 상대하기에 바쁜 면접관과 대기 시간에 지친 다른 지원자들에게 불쾌감을 줄 수 있다.

또한 회사에서 시간관념은 절대적인 것이므로 반드시 자기소개 시간을 지켜야 한다. 말하기는 1분에 200자 원고지 2장 분량의 글을 읽는 만큼의 속도가 가장 적당하다. 이를 A4 용지에 10point 글자 크기로 작성하면 반 장 분량이 된다.

(2) 간단하지만 신선한 문구로 자기소개를 시작하자.

요즈음 많은 지원자가 이 방법을 사용하고 있기 때문에 웬만한 소재의 문구가 아니면 면접관의 관심을 받을 수 없다. 이러한 문구는 시대적으로 유행하는 광고 카피를 패러디하는 경우와 격언 등을 인용하는 경우, 그리고 지원한 회사의 IC나 경영이념, 인재상 등을 사용하는 경우 등이 있다. 지원자는 이러한 여러 문구 중에 자신의 첫인상을 북돋아 줄 수 있는 것을 선택해서 말해야 한다. 자신의 이름을 문구 속에 적절하게 넣어서 말한다면 좀 더 효과적인 자기소개가 될 것이다.

(3) 무엇을 먼저 말할 것인지 고민하자.

면접관이 많이 던지는 질문 중 하나가 지원동기이다. 그래서 성장기를 바로 건너뛰고, 지원한 회사에 들어오기 위해 대학에서 어떻게 준비했는지를 설명하는 자기소개가 대세이다.

(4) 면접관의 호기심을 자극해 관심을 불러일으킬 수 있게 말하라.

면접관에게 질문을 많이 받는 지원자의 합격률이 반드시 높은 것은 아니지만, 질문을 전혀 안 받는 것보다는 좋은 평가를 기대할 수 있다. 질문을 받기 위해 면접관의 호기심을 자극할 수 있는 가장 좋은 방법은 대학생활을 이야기하면서 자신의 장기를 잠깐 넣는 것이다. 물론 장기자랑에 자신감이 있어야 한다 (최근에는 장기자랑을 개인별로 시키는 곳이 많아졌다).

지원한 분야와 관련된 수상 경력이나 프로젝트 등을 말하는 것도 좋다. 이는 지원자의 업무 능력과 직접 연결되는 것이므로 효과적인 자기 홍보가 될 수 있다. 일부 지원자들은 자신만의 특별한 경험을 이야기하는데, 이때는 그 경험이 보편적으로 사람들의 공감대를 얻을 수 있는 것인지 다시 생각해봐야 한다.

(5) 마지막 고개를 넘기가 가장 힘들다.

첫 단추도 중요하지만, 마지막 단추도 중요하다. 하지만 왠지 격식을 따지는 인사말은 지나가는 인사말 같고, 다르게 하자니 예의에 어긋나는 것 같은 기분이 든다. 이때는 처음에 했던 자신만의 문구를 다시 한 번 말하는 것도 좋은 방법이다. 자연스러운 끝맺음이 될 수 있도록 적절한 연습이 필요하다.

2. 1분 자기소개 시 주의사항

(1) 자기소개서와 자기소개가 똑같다면 감점일까?

아무리 자기소개서를 외워서 말한다 해도 자기소개가 자기소개서와 완전히 똑같을 수는 없다. 자기소개서의 분량이 더 많고 회사마다 요구하는 필수 항목들이 있기 때문에 굳이 고민할 필요는 없다. 오히려 자기소개서의 내용을 잘 정리한 자기소개가 더 좋은 결과를 만들 수 있다. 하지만 자기소개서와 상반된 내용을 말하는 것은 적절하지 않다. 지원자의 신뢰성이 떨어진다는 것은 곧 불합격을 의미하기 때문이다.

(2) 말하는 자세를 바르게 익혀라.

지원자가 자기소개를 하는 동안 면접관은 지원자의 동작 하나하나를 관찰한다. 그렇기 때문에 바른 자세가 중요하다는 것은 우리가 익히 알고 있다. 하지만 문제는 무의식적으로 나오는 습관 때문에 자세가 흐트러져 나쁜 인상을 줄 수 있다는 것이다. 이러한 습관을 고칠 수 있는 가장 좋은 방법은 캠코더 등으로 자신의 모습을 담는 것이다. 거울을 사용할 경우에는 시선이 자꾸 자기 눈과 마주치기 때문에 집중하기 힘들다. 하지만 촬영된 동영상은 제삼자의 입장에서 자신을 볼 수 있기 때문에 많은 도움이 된다.

(3) 정확한 발음과 억양으로 자신 있게 말하라.

지원자의 모양새가 아무리 뛰어나도, 목소리가 작고 발음이 부정확하면 큰 감점을 받는다. 이러한 모습은 지원자의 좋은 점에까지 악영향을 끼칠 수 있다. 직장을 흔히 사회생활의 시작이라고 말하는 시대적 정서에서 사람들과 의사소통을 하는 데 문제가 있다고 판단되는 지원자는 부적절한 인재로 평가될 수밖에 없다.

3. 대화법

전문가들이 말하는 대화법의 핵심은 '상대방을 배려하면서 이야기하라.'는 것이다. 대화는 나와 다른 사람의 소통이다. 내용에 대한 공감이나 이해가 없다면 대화는 더 진전되지 않는다.

『카네기 인간관계론』이라는 베스트셀러의 작가인 철학자 카네기가 말하는 최상의 대화법은 자신의 경험을 토대로 이야기하는 것이다. 즉, 살아오면서 직접 겪은 경험이 상대방의 관심을 끌 수 있는 가장 좋은 이야깃거리인 것이다. 특히, 어떤 일을 이루기 위해 노력하는 과정에서 겪은 실패나 희망에 대해 진솔하게 얘기한다면 상대방은 어느새 당신의 편에 서서 그 이야기에 동조할 것이다.

독일의 사업가이자, 동기부여 트레이너인 위르겐 힐러의 연설법 중 가장 유명한 것은 '시즐(Sizzle)'을 잡는 것이다. 시즐이란, 새우튀김이나 돈가스가 기름에서 지글지글 튀겨질 때 나는 소리이다. 즉, 자신의 말을 듣고 시즐처럼 반응하는 상대방의 감정에 적절하게 대응하라는 것이다.

말을 시작한 지 10 ~ 15초 안에 상대방의 '시즐'을 알아차려야 한다. 자신의 이야기에 대한 상대방의 첫 반응에 따라 말하기 전략도 달라져야 한다. 첫 이야기의 반응이 미지근하다면 가능한 한 그 이야기를 빨리 마무리하고 새로운 이야깃거리를 생각해내야 한다. 길지 않은 면접 시간 내에 몇 번 오지 않는 대답의 기회를 살리기 위해서 보다 전략적이고 냉철해야 하는 것이다.

4. 차림새

(1) 구두

면접에 어떤 옷을 입어야 할지를 며칠 동안 고민하면서 정작 구두는 면접 보는 날 현관을 나서면서 즉흥적으로 신고 가는 지원자들이 많다. 특히, 남자 지원자들이 이러한 실수를 많이 한다. 구두를 보면 그 사람의 됨됨이를 알 수 있다고 한다. 면접관 역시 이러한 것을 놓치지 않기 때문에 지원자는 자신의 구두에 더욱 신경을 써야 한다. 스타일의 마무리는 발끝에서 이루어지는 것이다. 아무리 멋진 옷을 입고 있어도 구두가 어울리지 않는다면 전체 스타일이 흐트러지기 때문이다.

정장용 구두는 디자인이 깔끔하고, 에나멜 가공처리를 하여 광택이 도는 페이턴트 가죽 소재 제품이 무난하다. 검정 계열 구두는 회색과 감색 정장에, 브라운 계열의 구두는 베이지나 갈색 정장에 어울린다. 참고로 구두는 오전에 사는 것보다 발이 충분히 부은 상태인 저녁에 사는 것이 좋다. 마지막으로 당연한 일이지만 반드시 면접을 보는 전날 구두 뒤축이 닳지는 않았는지 확인하고 구두에 광을 내 둔다.

(2) 양말

양말은 정장과 구두의 색상을 비교해서 골라야 한다. 특히 검정이나 감색의 진한 색상의 바지에 흰 양말을 신는 것은 시대에 뒤처지는 일이다. 일반적으로 양말의 색깔은 바지의 색깔과 같아야 한다. 또한 양말의 길이도 신경 써야 한다. 남성의 경우에 의자에 바르게 앉거나 다리를 꼬아서 앉을 때 다리털이 보여서는 안 된다. 반드시 긴 정장 양말을 신어야 한다.

(3) 정장

지원자는 평소에 정장을 입을 기회가 많지 않기 때문에 면접을 볼 때 본인 스스로도 옷을 어색하게 느끼는 경우가 많다. 옷을 불편하게 느끼기 때문에 자세마저 불안정한 지원자도 볼 수 있다. 그러므로 면접 전에 정장을 입고 생활해 보는 것도 나쁘지는 않다.

일반적으로 면접을 볼 때는 상대방에게 신뢰감을 줄 수 있는 남색 계열의 옷이나 어떤 계절이든 무난하고 깔끔해 보이는 회색 계열의 정장을 많이 입는다. 정장은 유행에 따라서 재킷의 디자인이나 버튼의 개수가 바뀌기 때문에 특히 남성 지원자의 경우, 너무 오래된 옷을 입어서 아버지 옷을 빌려 입고 나온 듯한 인상을 주어서는 안 된다.

(4) 헤어스타일과 메이크업

헤어스타일에 자신이 없다면 미용실에 다녀오는 것도 좋은 방법이다. 그리고 여성 지원자의 경우에는 자신에게 어울리는 메이크업을 하는 것도 괜찮다. 메이크업은 상대에 대한 예의를 갖추는 것이므로 지나치게 화려한 메이크업이 아니라면 보다 준비된 지원자처럼 보일 수 있다.

5. 첫인상

취업을 위해 성형수술을 받는 사람들에 대한 이야기는 더 이상 뉴스거리가 되지 않는다. 그만큼 많은 사람이 좁은 취업문을 뚫기 위해 이미지 향상에 신경을 쓰고 있다. 이는 면접관에게 좋은 첫인상을 주기 위한 것으로, 지원서에 올리는 증명사진을 이미지 프로그램을 통해 수정하는 이른바 '사이버 성형'이 유행하는 것과 같은 맥락이다. 실제로 외모가 채용 과정에서 영향을 끼치는가에 대한 설문조사에서도 60% 이상의 인사담당자들이 그렇다고 답변했다.

하지만 외모와 첫인상을 절대적인 관계로 이해하는 것은 잘못된 판단이다. 외모가 첫인상에서 많은 부분을 차지하지만, 외모 외에 다른 결점이 발견된다면 그로 인해 장점들이 가려질 수도 있다. 이러한 현상은 아래에서 다시 논하겠다.

첫인상은 말 그대로 한 번밖에 기회가 주어지지 않으며 몇 초 안에 결정된다. 첫인상을 결정짓는 요소 중 시각적인 요소가 80% 이상을 차지한다. 첫눈에 들어오는 생김새나 복장, 표정 등에 의해서 결정되는 것이다. 면접을 시작할 때 자기소개를 시키는 것도 지원자별로 첫인상을 평가하기 위해서이다. 첫인상이 중요한 이유는 만약 첫인상이 부정적으로 인지될 경우, 지원자의 다른 좋은 면까지 거부당하기 때문이다. 이러한 현상을 심리학에서는 초두효과(Primacy Effect)라고 한다.

한 번 형성된 첫인상은 여간해서 바꾸기 힘들다. 이는 첫인상이 나중에 들어오는 정보까지 영향을 주기 때문이다. 첫인상의 정보가 나중에 들어오는 정보 처리의 지침이 되는 것을 심리학에서는 맥락효과(Context Effect)라고 한다. 따라서 평소에 첫인상을 좋게 만들기 위한 노력을 꾸준히 해야만 하는 것이다.

좋은 첫인상이 반드시 외모에만 집중되는 것은 아니다. 오히려 깔끔한 옷차림과 부드러운 표정 그리고 말과 행동 등에 의해 전반적인 이미지가 만들어진다. 누구나 이러한 것 중에 한두 가지 단점을 가지고 있다. 요즈음은 이미지 컨설팅을 통해서 자신의 단점들을 보완하는 지원자도 있다. 특히, 표정이 밝지 않은 지원자는 평소 웃는 연습을 의식적으로 하여 면접을 받는 동안 계속해서 여유 있는 표정을 짓는 것이 중요하다. 성공한 사람들은 인상이 좋다는 것을 명심하자.

1. 면접의 유형

과거 천편일률적인 일대일 면접과 달리 면접에는 다양한 유형이 도입되어 현재는 "면접은 이렇게 보는 것이다."라고 말할 수 있는 정해진 유형이 없어졌다. 그러나 전국수협 면접에서는 현재까지는 다대일 면접이 진행되고 있으므로 어느 정도 유형을 파악하여 사전에 대비가 가능하다. 면접의 기본인 단독 면접부터, 다대일 면접, 집단 면접의 유형과 그 대책에 대해 알아보자.

(1) 단독 면접

단독 면접이란 응시자와 면접관이 1대1로 마주하는 형식을 말한다. 면접위원 한 사람과 응시자 한 사람이 마주 앉아 자유로운 화제를 가지고 질의응답을 되풀이하는 방식이다. 이 방식은 면접의 가장 기본적인 방법으로 소요시간은 10 ~ 20분 정도가 일반적이다.

① 장점

필기시험 등으로 판단할 수 없는 성품이나 능력을 알아내는 데 가장 적합하다고 평가받아 온 면접방식으로 응시자 한 사람 한 사람에 대해 여러 면에서 비교적 폭넓게 파악할 수 있다. 응시자의 입장에서는 한 사람의 면접관만을 대하는 것이므로 상대방에게 집중할 수 있으며, 긴장감도 다른 면접방식에 비해서는 적은 편이다.

② 단점

면접관의 주관이 강하게 작용해 객관성을 저해할 소지가 있으며, 면접 평가표를 활용한다 하더라도 일면적인 평가에 그칠 가능성을 배제할 수 없다. 또한 시간이 많이 소요되는 것도 단점이다.

> **단독 면접 준비 Point**
>
> 단독 면접에 대비하기 위해서는 평소 1대1로 논리 정연하게 대화를 나눌 수 있는 능력을 기르는 것이 중요하다. 그리고 면접장에서는 면접관을 선배나 선생님 혹은 아버지를 대하는 기분으로 면접에 임하는 것이 부담도 훨씬 적고 실력을 발휘할 수 있는 방법이 될 것이다.

(2) 다대일 면접

다대일 면접은 일반적으로 가장 많이 사용되는 면접방법으로 보통 2∼5명의 면접관이 1명의 응시자에게 질문하는 형태의 면접방법이다. 면접관이 여러 명이므로 다각도에서 질문을 하여 응시자에 대한 정보를 많이 알아낼 수 있다는 점 때문에 선호하는 면접방법이다.

하지만 응시자의 입장에서는 질문도 면접관에 따라 각양각색이고 동료 응시자가 없으므로 숨 돌릴 틈도 없게 느껴진다. 또한 관찰하는 눈도 많아서 조그만 실수라도 지나치는 법이 없기 때문에 정신적 압박과 긴장감이 높은 면접방법이다. 따라서 응시자는 긴장을 풀고 한 시험관이 묻더라도 면접관 전원을 향해 대답한다는 느낌으로 또박또박 대답하는 자세가 필요하다.

① 장점

면접관이 집중적인 질문과 다양한 관찰을 통해 응시자가 과연 조직에 필요한 인물인가를 완벽히 검증할 수 있다.

② 단점

면접시간이 보통 10∼30분 정도로 좀 긴 편이고 응시자에게 지나친 긴장감을 조성하는 면접방법이다.

> **다대일 면접 준비 Point**
>
> 질문을 들을 때 시선은 면접위원을 향하고 다른 데로 돌리지 말아야 하며, 대답할 때에도 고개를 숙이거나 입속에서 우물거리는 소극적인 태도는 피하도록 한다. 면접위원과 대등하다는 마음가짐으로 편안한 태도를 유지하면 대답도 자연스러운 상태에서 좀 더 충실히 할 수 있고, 이에 따라 면접위원이 받는 인상도 달라진다.

(3) 집단 면접

집단 면접은 다수의 면접관이 여러 명의 응시자를 한꺼번에 평가하는 방식으로 짧은 시간에 능률적으로 면접을 진행할 수 있다. 각 응시자에 대한 질문내용, 질문횟수, 시간배분이 똑같지는 않으며, 모두에게 같은 질문이 주어지기도 하고, 각각 다른 질문을 받기도 한다.

또한 어떤 응시자가 한 대답에 대한 의견을 묻는 등 그때그때의 분위기나 면접관의 의향에 따라 변수가 많다. 집단 면접은 응시자의 입장에서는 개별 면접에 비해 긴장감은 다소 덜한 반면에 다른 응시자들과의 비교가 확실하게 나타나므로 응시자는 몸가짐이나 표현력·논리성 등이 결여되지 않도록 자신의 생각이나 의견을 솔직하게 발표하여 집단 속에 묻히거나 밀려나지 않도록 주의해야 한다.

① 장점

집단 면접의 장점은 면접관이 응시자 한 사람에 대한 관찰시간이 상대적으로 길고, 비교 평가가 가능하기 때문에 결과적으로 평가의 객관성과 신뢰성을 높일 수 있다는 점이며, 응시자는 동료들과 함께 면접을 받기 때문에 긴장감이 다소 덜하다는 것을 들 수 있다. 또한 동료가 답변하는 것을 들으며, 자신의 답변 방식이나 자세를 조정할 수 있다는 것도 큰 이점이다.

② 단점

응답하는 순서에 따라 응시자마다 유리하고 불리한 점이 있고, 면접위원의 입장에서는 각각의 개인적인 문제를 깊게 다루기가 곤란하다는 것이 단점이다.

> ### 집단 면접 준비 Point
>
> 너무 자기 과시를 하지 않는 것이 좋다. 대답은 자신이 말하고 싶은 내용을 간단명료하게 말해야 한다. 내용이 없는 발언을 한다거나 대답을 질질 끄는 태도는 좋지 않다. 또 말하는 중에 내용이 주제에서 벗어나거나 자기중심적으로만 말하는 것도 피해야 한다. 집단 면접에 대비하기 위해서는 평소에 설득력을 지닌 자신의 논리력을 계발하는 데 힘써야 하며, 다른 사람 앞에서 자신의 의견을 조리 있게 개진할 수 있는 발표력을 갖추는 데에도 많은 노력을 기울여야 한다.
>
> • 실력에는 큰 차이가 없다는 것을 기억하라.
> • 동료 응시자들과 서로 협조하라.
> • 답변하지 않을 때의 자세가 중요하다.
> • 개성 표현은 좋지만 튀는 것은 위험하다.

(4) 집단 토론식 면접

집단 토론식 면접은 집단 면접과 형태는 유사하지만 질의응답이 아니라 응시자들끼리의 토론이 중심이 되는 면접방법으로 최근 들어 급증세를 보이고 있다. 이는 공통의 주제에 대해 다양한 견해들이 개진되고 결론을 도출하는 과정, 즉 토론을 통해 응시자의 다양한 면에 대한 평가가 가능하다는 집단 토론식 면접의 장점이 널리 확산된 데 따른 것으로 보인다. 사실 집단 토론식 면접을 활용하면 주제와 관련된 지식 정도와 이해력, 판단력, 설득력, 협동성은 물론 리더십, 조직 적응력, 적극성과 대인관계 능력 등을 쉽게 파악할 수 있다.

토론식 면접에서는 자신의 의견을 명확히 제시하면서도 상대방의 의견을 경청하는 토론의 기본자세가 필수적이며, 지나친 경쟁심이나 자기 과시욕은 접어두는 것이 좋다. 또한 집단 토론의 목적이 결론을 도출해 나가는 과정에 있다는 것을 감안하여 무리하게 자신의 주장을 관철시키기보다 오히려 토론의 질을 높이는 데 기여하는 것이 좋은 인상을 줄 수 있다는 점을 알아야 한다. 취업 희망자들은 토론식 면접이 급속도로 확산되는 추세임을 감안해 특히 철저한 준비를 해야 한다. 평소에 신문의 사설이나 매스컴 등의 토론 프로그램을 주의 깊게 보면서 논리 전개방식을 비롯한 토론 과정을 익히도록 하고, 친구들과 함께 간단한 주제를 놓고 토론을 진행해 볼 필요가 있다. 또한 사회·시사문제에 대해 자기 나름대로의 관점을 정립해두는 것도 꼭 필요하다.

(5) PT 면접

PT 면접, 즉 프레젠테이션 면접은 최근 들어 집단 토론 면접과 더불어 그 활용도가 점차 커지고 있다. PT 면접은 기업마다 특성이 다르고 인재상이 다른 만큼 인성 면접만으로는 알 수 없는 지원자의 문제해결 능력, 전문성, 창의성, 기본 실무능력, 논리성 등을 관찰하는 데 중점을 두는 면접으로, 지원자 간의 변별력이 높아 대부분의 기업에서 적용하고 있으며, 확산되는 추세이다.

면접 시간은 기업별로 차이가 있지만, 전문지식, 시사성 관련 주제를 제시한 다음, 보통 20 ~ 50분 정도 준비하여 5분가량 발표할 시간을 준다. 면접관과 지원자의 단순한 질의응답식이 아닌, 주제에 대해 일정 시간 동안 지원자의 발언과 발표하는 모습 등을 관찰하게 된다. 정확한 답이나 지식보다는 논리적 사고와 의사표현력이 더 중시되기 때문에 자신의 생각을 어떻게 설명하느냐가 매우 중요하다.

PT 면접에서 같은 주제라도 직무별로 평가요소가 달리 나타난다. 예를 들어, 영업직은 설득력과 의사소통 능력에 중점을 둘 수 있겠고, 관리직은 신뢰성과 창의성 등을 더 중요하게 평가한다.

PT 면접 준비 Point

- 면접관의 관심과 주의를 집중시키고, 발표 태도에 유의한다.
- 모의 면접이나 거울 면접으로 미리 점검한다.
- PT 내용은 세 가지 정도로 정리해서 말한다.
- PT 내용에는 자신의 생각이 담겨 있어야 한다.
- PT 중간에 자문자답 방식을 활용한다.
- 평소 지원하는 업계의 동향이나 직무에 대한 전문지식을 쌓아둔다.
- 부적절한 용어 사용이나 무리한 주장 등은 하지 않는다.

---

(6) 합숙 면접

합숙 면접은 대체로 1박 2일이나 2박 3일 동안 해당 기업의 연수원이나 수련원 등에서 이루어지는 면접으로, 평가 항목으로는 PT 면접, 토론 면접, 인성 면접 등을 기본으로 새벽등산, 레크리에이션, 게임 등 다양한 형태로 진행된다. 경쟁자들과 함께 생활하고 협동해야 하는 만큼 스트레스도 많이 받는 경우가 허다하다.

모든 지원자를 하루 동안 평가하게 되므로 지원자 1명을 평가하는 데 걸리는 시간은 짧게는 5분에서 길게는 1시간 이상 정도인데, 이 시간으로는 지원자를 제대로 평가하기에는 한계가 있다. 합숙 면접은 24시간 이상을 지원자와 면접관이 함께 생활하면서 다양한 프로그램을 통해 지원자의 역량을 폭넓게 평가할 수 있기 때문에 기업에서는 합숙 면접을 선호한다. 대체로 은행, 증권 등 금융권에서 합숙 면접을 통해 지원자의 의도되고 꾸며진 모습 외에 창의력, 의사소통 능력, 협동심, 책임감, 리더십 등 다양한 모습을 평가하였지만, 최근에는 기업에서도 많이 실시되고 있다.

합숙 면접에서 좋은 점수를 얻기 위해서는 무엇보다 팀워크를 중시하는 모습을 보여야 한다. 합숙 면접은 일반 면접과는 달리 개인보다는 그룹별로 과제가 주어지고 해결해야 하므로 조원 또는 동료와 얼마나 잘 어울리느냐가 중요한 평가기준이 된다. 장시간에 걸쳐 평가하기 때문에 힘든 부분도 있지만, 지원자들이 지쳐 있거나 당황하고 있는 사이에도 면접관들은 지원자들의 조직 적응력, 적극성, 사회성, 친화력 등을 꼼꼼하게 체크하기 때문에 잠시도 긴장을 늦춰서는 안 된다.

2. 면접의 실전 대책

(1) 면접 대비사항

① 지원 회사에 대한 사전지식을 충분히 준비한다.

필기시험에서 합격 또는 서류전형에서의 합격통지가 온 후 면접시험 날짜가 정해지는 것이 보통이다. 이때 수험자는 면접시험을 대비해 사전에 자기가 지원한 계열사 또는 부서에 대해 폭넓은 지식을 준비할 필요가 있다.

> **지원 회사에 대해 알아두어야 할 사항**
>
> - 회사의 연혁
> - 회장 또는 사장의 이름, 출신학교, 관심사
> - 회장 또는 사장이 요구하는 신입사원의 인재상
> - 회사의 사훈, 사시, 경영이념, 창업정신
> - 회사의 대표적 상품, 특색
> - 업종별 계열회사의 수
> - 해외지사의 수와 그 위치
> - 신 개발품에 대한 기획 여부
> - 자기가 생각하는 회사의 장단점
> - 회사의 잠재적 능력개발에 대한 제언

② 충분한 수면을 취한다.

충분한 수면으로 안정감을 유지하고 첫 출발의 상쾌한 마음가짐을 갖는다.

③ 얼굴을 생기 있게 한다.

첫인상은 면접에 있어서 가장 결정적인 당락요인이다. 면접관에게 좋은 인상을 줄 수 있도록 화장하는 것도 필요하다. 면접관들이 가장 좋아하는 인상은 얼굴에 생기가 있고 눈동자가 살아 있는 사람, 즉 기가 살아 있는 사람이다.

④ 아침에 인터넷 뉴스를 읽고 간다.

그날의 뉴스가 질문 대상에 오를 수가 있다. 특히 경제면, 정치면, 문화면 등을 유의해서 볼 필요가 있다.

> **출발 전 확인할 사항**
>
> 이력서, 자기소개서, 지갑, 신분증(주민등록증), 손수건, 휴지, 노트, 볼펜, 예비스타킹 등을 준비하자.

(2) 면접 시 옷차림

면접에서 옷차림은 간결하고 단정한 느낌을 주는 것이 가장 중요하다. 색상과 디자인 면에서 지나치게 화려한 색상이나, 노출이 심한 디자인은 자칫 면접관의 눈살을 찌푸리게 할 수 있다. 단정한 차림을 유지하면서 자신만의 독특한 멋을 연출하는 것, 지원하는 회사의 분위기를 파악했다는 센스를 보여주는 것 또한 코디네이션의 포인트이다.

> **복장 점검**
>
> • 구두는 잘 닦여 있는가?
> • 옷은 깨끗이 다려져 있으며 스커트 길이는 적당한가?
> • 손톱은 길지 않고 깨끗한가?
> • 머리는 흐트러짐 없이 단정한가?

(3) 면접요령

① 첫인상을 중요시한다.

상대에게 인상을 좋게 주지 않으면 어떠한 얘기를 해도 이쪽의 기분이 충분히 전달되지 않을 수 있다. 예를 들어, '저 친구는 표정이 없고 무엇을 생각하고 있는지 전혀 알 길이 없다.'처럼 생각되면 최악의 상태이다. 우선 청결한 복장, 바른 자세로 침착하게 들어가야 한다. 건강하고 신선한 이미지를 주어야 하기 때문이다.

② 좋은 표정을 짓는다.

얘기를 할 때의 표정은 중요한 사항의 하나다. 거울 앞에서 웃는 연습을 해본다. 웃는 얼굴은 상대를 편안하게 하고, 특히 면접 등 긴박한 분위기에서는 천금의 값이 있다 할 것이다. 그렇다고 하여 항상 웃고만 있어서는 안 된다. 자기의 할 얘기를 진정으로 전하고 싶을 때는 진지한 얼굴로 상대의 눈을 바라보며 얘기한다. 면접을 볼 때 눈을 감고 있으면 마이너스 이미지를 주게 된다.

③ 결론부터 이야기한다.

자기의 의사나 생각을 상대에게 정확하게 전달하기 위해서 먼저 무엇을 말하고자 하는가를 명확히 결정해 두어야 한다. 대답을 할 경우에는 결론을 먼저 이야기하고 나서 그에 따른 설명과 이유를 덧붙이면 논지(論旨)가 명확해지고 이야기가 깔끔하게 정리된다.

한 가지 사실을 이야기하거나 설명하는 데는 3분이면 충분하다. 복잡한 이야기라도 어느 정도의 길이로 요약해서 이야기하면 상대도 이해하기 쉽고 자기도 정리할 수 있다. 긴 이야기는 오히려 상대를 불쾌하게 할 수가 있다.

④ 질문의 요지를 파악한다.

면접 때의 이야기는 간결성만으로는 부족하다. 상대의 질문이나 이야기에 대해 적절하고 필요한 대답을 하지 않으면 대화는 끊어지고 자기의 생각도 제대로 표현하지 못하여 면접자로 하여금 수험생의 인품이나 사고방식 등을 명확히 파악할 수 없게 한다. 무엇을 묻고 있는지, 무슨 이야기를 하고 있는지 그 요점을 정확히 알아내야 한다.

면접에서 고득점을 받을 수 있는 성공요령

1. 자기 자신을 겸허하게 판단하라.
2. 지원한 회사에 대해 100% 이해하라.
3. 실전과 같은 연습으로 감각을 익히라.
4. 단답형 답변보다는 구체적으로 이야기를 풀어나가라.
5. 거짓말을 하지 말라.
6. 면접하는 동안 대화의 흐름을 유지하라.
7. 친밀감과 신뢰를 구축하라.
8. 상대방의 말을 성실하게 들으라.
9. 근로조건에 대한 이야기를 풀어나갈 준비를 하라.
10. 끝까지 긴장을 풀지 말라.

전국수협의 면접은 면접관 6 ~ 9명과 지원자 3 ~ 4명의 다대다 면접으로 진행된다. 인성 위주로 4 ~ 5개의 공통 질문을 받게 되며, 자기소개서를 기반으로 개인 질문도 받을 수 있다. 약 10분에서 15분 정도 소요되며 전국수협의 정보를 바탕으로 한 면접 기출 질문으로 연습한다면 어려움 없이 면접을 볼 수 있을 것이다.

[기출 질문]
- 자기소개를 해 보시오.
- 지역수협에 대해 아는 것을 말해 보시오.
- 조합이 예전에 비해 어려움에 처해있는데 이유가 무엇인지 말해 보시오.
- 직원이 가져야 할 중요한 자질이 무엇인지 말해 보시오.
- 수협에 올 때 둘러보며 느낀점이 있다면 말해 보시오.
- 생활기반이 여수가 아닌데 여수수협을 선택한 이유를 말해 보시오.
- 우리 조합에 지원하게 된 동기를 말해 보시오.
- 자기소개서가 조합이 아니고 중앙회에 맞춰 썼다고 생각하는데, 중앙회와 조합의 차이에 대해 설명해 보시오.
- 지역지점에서 근무하다가 본점에서 근무하게 된다면 어떨 것 같은지 말해 보시오.
- 전공이 특이한데 어떻게 기여할 수 있는지 말해 보시오.
- 마지막으로 하고 싶은 말이 있다면 해 보시오.
- 주변에서 본인에 대해 어떻게 평가하는지 말해 보시오.
- 수협 홈페이지에 기재된 인재상 중 가장 중요한 게 무엇인지 말해 보시오.
- 수협에서 해보고 싶은 직무를 말해 보시오.
- 본인의 강점을 사례를 들어 설명하시오.
- 업무적으로 상사와 자주 충돌하게 된다면 어떻게 행동할 것인지 말해 보시오.
- 수협에 입사 후 이루어내고 싶은 것을 말해 보시오.
- 최근 가장 열심히 해본 것은 무엇이며 그것을 이루어내기 위한 과정을 말해 보시오.
- 본인을 색깔로 표현하고 그 이유를 말해 보시오.
- 평소 수협에 대해 어떤 이미지를 가지고 있는지 말해 보시오.
- 협동조합의 특징에 대해 설명하시오.

미래는 자신이 가진 꿈의 아름다움을 믿는 사람들의 것이다.

− 엘리노어 루즈벨트 −

현재 나의 실력을 객관적으로 파악해 보자!

모바일 OMR
답안채점 / 성적분석 서비스

도서에 수록된 모의고사에 대한 객관적인 결과(정답률, 순위)를
종합적으로 분석하여 제공합니다.

OMR 입력

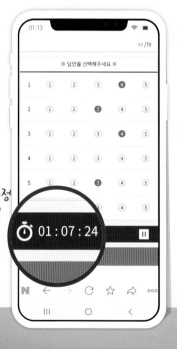

성적분석

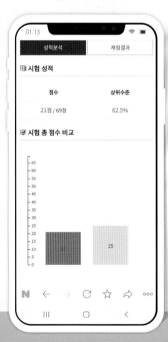

채점결과

※OMR 답안채점 / 성적분석 서비스는 등록 후 30일간 사용가능합니다.

참여방법

 → → → →

도서 내 모의고사 → 로그인 → '시작하기' → '응시하기' → 나의 답안을 → '성적분석&채점결과' → 현재 내 실력
우측 상단에 위치한   하기   클릭   클릭   모바일 OMR   클릭   확인하기
QR코드 찍기   카드에 입력

SD에듀

금융권 필기시험 시리즈

알차다!
꼭 알아야 할 내용을
담고 있으니까

친절하다!
핵심내용을 쉽게
설명하고 있으니까

명쾌하다!
상세한 풀이로 완벽하게
익힐 수 있으니까

핵심을 뚫는다!
시험 유형과 흡사한
문제를 다루니까

"신뢰와 책임의 마음으로 수험생 여러분에게 다가갑니다."

"농협" 합격을 위한 시리즈

농협 계열사 취업의 문을 여는
Master Key!

2024 최신판

일반관리계 / 기술·기능계

전국수협

최신기출유형 ➕ 모의고사 5회 ➕ 무료NCS특강

정답 및 해설

편저 | SDC(Sidae Data Center)

SDC

SDC는 SD에듀 데이터 센터의 약자로 약 30만 개의 NCS·적성 문제 데이터를
바탕으로 최신출제경향을 반영하여 문제를 출제합니다.

모바일 OMR
답안채점/성적분석
서비스

NCS 핵심이론
및 대표유형
PDF 제공

[합격시대]
온라인 모의고사
무료쿠폰

[WiN시대로]
AI면접
무료쿠폰

SD에듀
(주)시대고시기획

PART 1

적성검사

끝까지 책임진다! SD에듀!

QR코드를 통해 도서 출간 이후 발견된 오류나 개정법령, 변경된 시험 정보, 최신기출문제, 도서 업데이트 자료 등이 있는지 확인해 보세요! **시대에듀 합격 스마트 앱**을 통해서도 알려 드리고 있으니 구글 플레이나 앱 스토어에서 다운받아 사용하세요. 또한, 파본 도서인 경우에는 구입하신 곳에서 교환해 드립니다.

출제유형분석 01 | 실전예제

01

 정답 ④

태학의 명륜당은 종학으로 만들어 국자, 즉 종실의 자제 및 공경의 적자가 다니게 하고, 비천당은 백성들이 다니는 학교로 만들어 별도로 운영해야 한다고 하였으므로, 제시문에서는 국자와 서민들을 나누어 가르치던 『주례』의 전통을 따르는 것이 바람직하다고 보았다. 따라서 글의 주장으로 가장 적절한 것은 ④이다.

오답분석

① 태학의 명륜당은 종학으로 만들어 종실의 자제 및 공경의 적자가 다니게 하고, 비천당은 백성들이 다니는 학교로 만들어 별도로 운영하는 것이 합당할 것이라고 하였으므로 글의 주장으로 적절하지 않다.
② 옛날 태학에서 사람들에게 풍악을 가르쳤기 때문에 명칭을 성균관이라 하였다는 것은 언급되어 있지만, 이러한 전통을 회복해야 한다는 내용은 언급되어 있지 않으므로 글의 주장으로 적절하지 않다.
③ 옛날에 사람을 가르치는 법들 중 하나인 향학이 서민들을 교육하기 위한 기관이라는 것은 언급되어 있지만 이 내용만으로 향학의 설립을 통해 백성에 대한 교육을 강화해야 한다는 내용을 추론하기는 어려우므로 글의 주장으로 적절하지 않다.

02

 정답 ④

마지막 문단의 '기다리지 못함도 삼가고 아무것도 안함도 삼가야 한다.'는 문장이 이 글의 주제라고 할 수 있다. 여기서 기다리지 못한다는 것은 의도적인 개입을 의미하며, 아무것도 안한다는 것은 방관적인 태도를 뜻하므로 글의 주제로 ④가 가장 적절하다.

오답분석

① 제시문에서는 개입하고 힘을 쏟고자 하는 대신에 이 잠재력을 발휘할 수 있도록 하는 것이 중요하다고 하였으므로 '인위적 노력'과는 거리가 멀다.
② 싹을 잡아당겨서도 안 되지만 그렇다고 단지 싹이 자라는 것을 지켜만 봐서도 안 된다고 하였으므로 적절하지 않다.
③ 명확한 목적성을 설정하는 것과 제시문의 내용과는 크게 관계가 없다.

03

 정답 ④

제시문에서는 역사적 사건의 경과 과정이 의미를 지닐 수 있도록 서술하는 양식을 이야기식 서술이라 하는데, 이에 따르면 역사적 서술의 타당성은 결코 논증에 의해 결정되지 않으며 사건은 원래 가지고 있지 않던 발단 – 중간 – 결말이라는 성격을 부여받는다고 하였다. 이를 통해 역사적 사건의 경과 과정에 특정한 문학적 형식을 부여할 뿐만 아니라 의미도 함께 부여한다는 것을 알 수 있다. 따라서 글의 중심 내용으로 가장 적절한 것은 ④이다.

출제유형분석 02 　실전예제

01

정답 ①

제시문은 아리스토텔레스의 목적론에 대한 논쟁에 대한 설명으로, (가) 근대에 등장한 아리스토텔레스의 목적론에 대한 비판 – (나) 근대 사상가들의 구체적인 비판 – (라) 근대 사상가들의 비판에 대한 반박 – (다) 근대 사상가들의 비판에 대한 현대 학자들의 비판 순으로 나열되어야 한다.

02

정답 ③

제시문은 판소리의 3요소와 함께 고수에 대해 설명하고 있다. 따라서 (다) 판소리의 3요소 – (가) 창, 아니리에 대한 설명 – (라) 발림에 대한 설명 – (마) 판소리를 하려면 고수도 필요함 – (나) 고수의 중요한 역할 순으로 나열되어야 한다.

03

정답 ④

'본성 대 양육 논쟁'이라는 화제를 제기하는 (나) 문단이 첫 번째에 배치되어야 하며, (다) 문단의 '이러한 추세'가 가리키는 것이 (나) 문단에서 언급한 '양육 쪽이 일방적인 승리를 거두게 된 것'이므로, (나) – (다) 순으로 이어지는 것이 자연스럽다. 또한 (라) 문단의 첫 번째 문장, '더욱이'는 앞 내용과 연결되는 내용을 덧붙여 앞뒤 문장을 이어주는 말이므로 (다)의 뒤에 이어져야 하며, 본성과 양육 논쟁의 가열을 전망하면서 본성과 양육 모두 인간 행동에 필수적인 요인임을 밝히고 있는 (가) 문단의 순으로 나열되어야 한다.

04

정답 ④

먼저 정신과 물질의 관계에 대한 이원론과 동일론을 언급하며 동일론의 문제점을 이야기하는 (다) 문단이 오는 것이 적절하다. 다음으로는 그러한 동일론의 문제점을 해결할 수 있는 기능론에 대해 설명하는 (나) 문단이 오는 것이 적절하고, 그 뒤를 이어 기능론을 비판하는 이원론의 입장에서 감각질과 관련한 사고 실험에 대해 설명하는 (라) 문단이 오는 것이 적절하다. 마지막으로는 그러한 사고 실험에서 감각질이 뒤집혀도 겉으로 드러난 행동과 말이 똑같은 이유를 설명하는 (가) 문단의 순으로 나열되어야 한다.

출제유형분석 03 　실전예제

01

정답 ④

제시된 보기의 문장은 호주에서 카셰어링 서비스가 급격한 성장세를 보이는 이유를 비용 측면에서 바라보고 있다. 이때, 세 번째 문단의 (라) 뒤에서는 차량을 소유할 경우 부담해야 하는 비용에 관하여 이야기하고 있으므로 결국 비용 측면을 언급하는 보기의 문장은 (라)에 들어가는 것이 가장 적절하다.

02

정답 ②

제시문은 베토벤의 9번 교향곡에 대해 설명하고 있으며, 보기는 9번 교향곡이 '합창 교향곡'이라는 명칭이 붙은 이유에 대해 말하고 있다. 제시문의 세 번째 문장까지는 교향곡에 대해 설명하고 있으며, 네 번째 문장부터는 교향곡에 대한 현대의 평가 및 가치에 대해 설명을 하고 있다. 따라서 보기는 교향곡에 대한 설명과 교향곡에 성악이 도입되었다는 설명을 한 다음 문장인 (나)에 들어가는 것이 가장 적절하다.

03

정답 ③

제시된 보기의 문장은 미첼이 찾아낸 '탈출 속도'의 계산법과 공식에 대한 것이다. 따라서 탈출 속도에 대한 언급이 제시문의 어디서 시작되는지 살펴봐야 한다. 제시문의 경우, 영국의 자연 철학자 존 미첼이 제시한 이론에 대한 소개 – 해당 이론에 대한 가정과 '탈출 속도'의 소개 – '임계 둘레'에 대한 소개와 사고 실험 – 앞선 임계 둘레 사고 실험의 결과 – 사고 실험을 통한 미첼의 추측의 순서로 쓰여 있으므로 보기의 문장은 '탈출 속도'가 언급된 부분의 다음이자 '탈출 속도'를 바탕으로 임계 둘레를 추론해낸 내용의 앞인 (다)에 위치하는 것이 가장 적절하다.

04

정답 ④

제시된 보기의 핵심 개념은 맹장이라도 길 찾기가 중요하다는 것이다. (라)의 앞에서 '길을 잃어버리는 것'을 '전체의 핵심을 잡지 못하는 것'으로 비유한 내용을 찾을 수 있다. (라) 뒤의 내용 역시 요점과 핵심의 중요성을 강조하고 있으므로 보기는 (라)에 위치하는 것이 가장 적절하다.

출제유형분석 04 | 실전예제

01

정답 ④

ㄷ. 온라인은 복지로 홈페이지, 오프라인은 읍면동 주민센터에서 보조금 신청서를 작성 후 제출하면 되며, 카드사의 홈페이지에서는 보조금 신청서 작성이 불가능하다.
ㄹ. 오프라인으로 신청한 경우, 읍면동 주민센터 외에도 해당 카드사 지점을 방문하여 카드를 발급받을 수 있다.

[오답분석]
ㄱ. 어린이집 보육료 및 유치원 유아학비는 신청자가 별도로 인증하지 않아도 보조금 신청 절차에서 인증된다.
ㄴ. 오프라인과 온라인 신청 모두 연회비가 무료임이 명시되어 있다.

02

정답 ②

제시문의 세 번째 문단 첫 번째 문장에 따르면 프루시너는 프리온이라는 단백질에 핵산이 존재하지 않는다고 하였다.

03

정답 ④

마지막 문단에 따르면 U-City 사업이 지능화시설물 구축 혹은 통합운영센터의 건설로 표면화되었지만 공공주도 및 공급자 중심의 스마트도시 시설투자는 정책 수혜자인 시민의 체감으로 이어지지 못하는 한계가 발생하게 되었다. 또한 대기업의 U-City 참여 제한 등으로 성장 동력이 축소되는 과정을 겪어 왔다. 따라서 제시문의 내용으로 적절하지 않은 것은 ④이다.

출제유형분석 05 | 실전예제

01
정답 ①

제시문에서는 인간의 생각과 말은 깊은 관계를 가지고 있으며, 생각이 말보다 범위가 넓고 큰 것은 맞지만 그것을 말로 표현하지 않으면 그 생각이 다른 사람에게 전달되지 않는다고 주장한다. 즉, 생각은 말을 통해서만 다른 사람에게 전달될 수 있다는 것이다. 따라서 이러한 주장에 대한 반박으로 ①이 가장 적절하다.

02
정답 ④

도덕적 딜레마 논증은 1) 어린이를 대상으로 한 임상실험이 없게 된다는 점, 2) 제한된 동의 능력만을 가진 경우 실험 대상에 포함시키는 것은 도덕적으로 올바르지 않다는 것을 근거로 하고 있다. 따라서 이를 비판하기 위해서는 ⅰ) 어린이를 대상에서 배제시키는 것이 어린이를 꼭 위험에 몰아넣는 것은 아니라는 점을 보이거나, ⅱ) 제한된 동의 능력만을 가졌다고 하여도 반드시 도덕적으로 실험 대상에 포함시키는 것이 잘못된 것은 아니라는 점을 들면 된다. 그런 의미에서 ㄴ은 ⅰ)에 해당하며 ㄷ은 ⅱ)에 해당하므로 적절한 비판이라고 할 수 있다. 그러나 ㄱ은 제시문의 두 번째 논증과 같은 의미이기 때문에 논증을 비판하는 것이 아니라 오히려 강화하는 것이라고 할 수 있다.

03
정답 ④

벤담(ⓒ)은 걸인의 자유를 고려하지 않은 채 대다수의 사람을 위해 그들을 모두 강제 수용소에서 생활하도록 해야 한다고 주장했다. 따라서 개인의 자유를 중시한 롤스(ⓒ)는 벤담의 주장에 대해 개인의 자유를 침해하는 것은 정의롭지 않다고 비판할 수 있다.

오답분석
① 벤담은 최대 다수의 최대 행복을 정의로운 것으로 보았으므로 벤담의 입장과 동일하다.
②・③ 벤담은 개인의 이익보다 최대 다수의 이익을 정의로운 것으로 보았으므로 벤담의 입장과 동일하다.

출제유형분석 06 | 실전예제

01
정답 ②

보기는 국가 간 산업 경쟁에서 승패가 갈린 사례이다. 근대화된 방직 기계를 앞세운 일본이 '생존 경쟁'에서 전근대적인 생산 방식을 지닌 조선에 승리하였다고 볼 수 있다. 그러나 이런 상황에서 열등한 집단에 대한 지원을 강화하는 것은 사회 진화론의 논리에 어긋나므로 ②의 진술은 ⓒ(키드, 피어슨)의 반응으로 보기 어렵다.

오답분석
① 두 번째 문단에서 스펜서는 인간 사회의 생활을 개인 간의 생존 경쟁으로 파악했고, 인위적인 도움을 주어서는 안 된다고 주장하였다. 그러므로 보기에 제시된 상황에 대하여 패자인 조선의 수공업자들과 면화 재배 농민들의 몰락이 당연하며, 이들을 돕지 말아야 한다고 생각할 수 있다.
③ 네 번째 문단을 보면 문명 개화론자들은 사회 진화론을 수용하여 서구식 근대 문명국가를 건설해야 한다고 역설하였다. 따라서 이들이라면 일본이 근대화된 방직 기계를 사용해서 조선의 재래식 기계를 압도한 것은 근대화에 앞섰기 때문이라고 해석할 것이다.
④ 강자에 대한 패배를 불가피한 숙명으로 인식한 윤치호 같은 인물은 조선의 수공업자나 농민들의 몰락을 어쩔 수 없는 일로 해석했을 것이다.

02

정답 ④

자유 위임 방식은 대표자가 소신에 따라 자유롭게 결정할 수 있다. 따라서 지역구 주민들의 우려가 타당하더라도 A는 X에 찬성할 수 있다.

03

정답 ②

물가 상승으로 인해 화폐가치는 급락하지만, 풍년으로 인해 쌀값이 하락하면 오히려 화폐가치가 상승한다. 따라서 쌀값이 하락할 때, 화폐가치가 떨어진다는 내용인 ②는 적절하지 않다.

출제유형분석 07 | 실전예제

01

정답 ②

빈칸 뒤에서는 고전 미학과 근대 미학이 각각 추구하는 이념과 대상에 대해 예를 들어 설명하고 있다. 따라서 빈칸에 들어갈 문장으로 미학이 추구하는 이념과 대상도 '시대에 따라 다름'을 언급하는 ②가 가장 적절하다.

02

정답 ③

빈칸 앞뒤 문맥의 의미에 따라 제시문의 내용을 추론하면 기업주의 이익추구에 따른 병폐가 우리 소비자에게 간접적으로 전해진다는 것이다. 따라서 빈칸에 들어갈 문장으로 ③이 가장 적절하다.

03

정답 ②

빈칸의 앞 문장에 따르면 땅집에서는 모든 것이 자기 나름의 두께와 깊이를 가진다. 집 자체가 인간과 마찬가지의 두께와 깊이를 가진다고 설명하고 있으므로 빈칸에 들어갈 문장으로는 '인간'이 들어간 ②가 가장 적절하다.

04

정답 ④

알려지지 않은 것에서는 불안정, 걱정, 공포감이 뒤따라 나오기 때문에 우리 마음의 불안한 상태를 없애고자 한다면, 알려지지 않은 것을 알려진 것으로 바꿔야 한다. 이러한 환원은 우리의 마음을 편하게 해주고 만족하게 한다. 이 때문에 우리는 이미 알려진 것, 체험한 것, 기억에 각인된 것을 원인으로 설정하게 되고, 낯설고 체험하지 않았다는 느낌을 빠르게 제거해 버려, 특정 유형의 설명만이 남아 우리의 사고방식을 지배하게 만든다. 따라서 빈칸에는 '이것은 낯설고 체험하지 않았다는 느낌을 가장 빠르고 쉽게 제거해 버린다.'는 내용이 가장 적절하다.

출제유형분석 01 | 실전예제

01

정답 ④

미주가 집에서 출발해서 동생을 만나기 전까지 이동한 시간을 x시간이라고 하자. 미주가 이동한 거리는 $8x\,$km이고, 동생이 미주가 출발한 후 12분 뒤에 지갑을 들고 이동했으므로 이동한 거리는 $20(x-\dfrac{1}{5})\,$km이다.

$8x=20(x-\dfrac{1}{5})$

$\rightarrow 12x=4$

$\therefore x=\dfrac{1}{3}$

따라서 미주와 동생은 $\dfrac{1}{3}$시간=20분 후에 만나게 된다.

02

정답 ①

A지점에서 B지점까지의 거리를 $5a\,$km라 하고, S열차의 처음 속도를 $x\,$km/min이라 하면, N열차의 속도는 $(x-3)\,$km/min이다.

(시간)=(거리)÷(속도)이므로 N열차가 이동한 시간은 $\dfrac{5a}{x-3}$분이고, S열차가 이동한 시간은 $\left(\dfrac{4a}{x}+\dfrac{a}{x-5}\right)$분이다($\because \dfrac{4}{5}$ 지점에서 분당 속도를 5km 늦췄으므로). 두 열차가 B지점에 동시에 도착해 이동 시간은 같으므로 다음과 같은 식이 성립한다.

$\dfrac{5a}{x-3}=\dfrac{4a}{x}+\dfrac{a}{x-5}$

$\rightarrow \dfrac{5}{x-3}=\dfrac{4}{x}+\dfrac{1}{x-5}$

$\rightarrow 5x(x-5)=4(x-3)(x-5)+x(x-3)$

$\rightarrow 5x^2-25x=4(x^2-8x+15)+x^2-3x$

$\rightarrow 10x=60$

$\therefore x=6$

따라서 S열차의 처음 출발 속도는 6km/min이다.

03

정답 ②

집에서 약수터까지의 거리는 $\dfrac{1}{2}\times(10\times60)=300\,$m, 동생의 속력은 $300\div(15\times60)=\dfrac{1}{3}\,$m/s이다. 형이 집에서 약수터까지 왕복한 시간은 $10\times2=20$분이므로 형이 집에 도착할 때까지 동생이 이동한 거리는 $\dfrac{1}{3}\times(20\times60)=400\,$m이다.

따라서 동생이 집에서부터 떨어진 거리는 $300-100=200\,$m이다.

01

농도가 30%인 설탕물의 양을 xg이라 하면, 증발시킨 후 설탕의 양은 같으므로 다음과 같은 식이 성립한다.

$\dfrac{30}{100}x = \dfrac{35}{100} \times (x-50) \to x=350$

즉, 농도가 35%인 설탕물의 양은 300g이다.

여기에 더 넣을 설탕의 양을 yg이라 하면, $300 \times \dfrac{35}{100} + y = (300+y) \times \dfrac{40}{100} \to 10,500+100y = 12,000+40y$

$\therefore \ y=25$

따라서 농도 40%의 설탕물을 만들려면 설탕 25g을 더 넣어야 한다.

02

- B비커의 설탕물 100g을 A비커 설탕물과 섞은 후 각 비커에 들어있는 설탕의 양

  - A비커 : $\left(\dfrac{x}{100} \times 300 + \dfrac{y}{100} \times 100 \right)$g

  - B비커 : $\left(\dfrac{y}{100} \times 500 \right)$g

- A비커의 설탕물 100g을 B비커 설탕물과 섞은 후 각 비커에 들어있는 설탕의 양

  - A비커 : $\left(\dfrac{3x+y}{400} \times 300 \right)$g

  - B비커 : $\left(\dfrac{y}{100} \times 500 + \dfrac{3x+y}{400} \times 100 \right)$g

설탕물을 모두 옮긴 후 두 비커에 들어있는 설탕물의 농도에 대한 식은 각각 다음과 같다.

$\dfrac{\dfrac{3x+y}{400} \times 300}{300} \times 100 = 5 \cdots \text{㉠}$

$\dfrac{\dfrac{y}{100} \times 500 + \dfrac{3x+y}{400} \times 100}{600} \times 100 = 9.5 \cdots \text{㉡}$

㉡에 ㉠을 대입하여 정리하면 $5y+5=57$, $y=\dfrac{52}{5}$ 이고 $x=\dfrac{20-\dfrac{52}{5}}{3}=\dfrac{16}{5}$ 이다.

따라서 $10x+10y = 10 \times \dfrac{16}{5} + 10 \times \dfrac{52}{5} = 32+104 = 136$이다.

03

농도 6% 설탕물의 양과 더 넣은 물의 양의 비가 3:1이므로 더 넣은 물의 양은 $\dfrac{y}{3}$g이고 다음과 같은 관계가 성립한다.

$x+y+\dfrac{y}{3}=600 \cdots \text{㉠}$

$\dfrac{15}{100}x + \dfrac{6}{100}y = \dfrac{8}{100} \times 600 \cdots \text{㉡}$

㉡에 ㉠을 대입하여 정리하면 $15 \times \left(600 - \dfrac{4}{3}y\right) + 6y = 4,800$이므로 $y=300$이다.

따라서 농도 15% 설탕물의 양은 $600 - \dfrac{4}{3} \times 300 = 200$g이다.

01

A회사는 10분에 5개의 인형을 만드므로 1시간에 30개의 인형을 만든다. 따라서 40시간에 인형은 1,200개를 만들고, 인형뽑기 기계는 40대를 만든다. 기계 하나당 적어도 40개의 인형이 들어가야 하므로 최대 30대의 인형이 들어있는 인형뽑기 기계를 만들 수 있다.

02

능률은 쉬는 시간을 제외한 시간에서 한 시간 동안 딴 감귤의 개수라고 하였으므로, 유진이의 능률은 $90 \div \frac{70}{60} = 77$개, 은미는 $95 \div \frac{90}{60} = 63$개이다.

따라서 은미가 농장에서 일한 능률은 유진이가 농장에서 일한 능률의 $\frac{63}{77} \times 100 = 81.8181\cdots = 81\%$를 차지한다.

03

A프린터가 1대당 1분 동안 프린트할 수 있는 용지매수를 x장, B프린터의 경우 y장이라 가정하고, 100장을 프린트하는 데 걸리는 시간에 대한 방정식을 세우면 다음과 같다.

$(3x+2y) \times 4 = 100 \rightarrow 3x+2y = 25 \cdots ㉠$

$(4x+y) \times 5 = 100 \rightarrow 4x+y = 20 \cdots ㉡$

㉠과 ㉡을 연립하면 $x=3$, $y=8$이 나오므로 A프린터는 1대당 1분에 3장, B프린터는 8장을 출력할 수 있다.

따라서 A프린터 2대와 B프린터 3대를 동시에 사용할 때 1분 동안 출력되는 용지는 $2 \times 3 + 8 \times 3 = 30$장이므로 100장을 출력하는 데 걸리는 시간은 3분 20초($=\frac{100}{30}$분)이다.

01

A가 첫 번째로 낸 금액을 a원, B가 첫 번째로 낸 금액을 b원이라고 하자.

$(a+0.5a)+(b+1.5b) = 32,000 \rightarrow 1.5a+2.5b = 32,000 \cdots ㉠$

$(a+0.5a)+5,000 = (b+1.5b) \rightarrow 1.5a = 2.5b-5,000 \cdots ㉡$

㉠과 ㉡을 연립하면,

$\therefore a=9,000$, $b=7,400$

따라서 A가 첫 번째로 낸 금액은 9,000원이다.

02

2023년 4월 초부터 매월 50,000원씩 9개월 동안 적립한 금액은

$50,000(1+0.02)+50,000(1+0.02)^2+\cdots+50,000(1+0.02)^9 = \frac{1.02 \times 50,000 \times (1.02^9-1)}{1.02-1} = \frac{1.02 \times 50,000 \times (1.2-1)}{0.02}$

$=510,000$원이다.

510,000원을 계약금으로 지불하고 남은 금액은 $1,000,000-510,000=490,000$원이다.

매월 말 a원씩 일정한 금액으로 갚고 남은 금액은 다음과 같다.

- 1월 말 a원을 갚고 남은 금액 : $(490,000 \times 1.02 - a)$원
- 2월 말 a원을 갚고 남은 금액 : $(490,000 \times 1.02 - a) \times 1.02 - a = \{490,000 \times 1.02^2 - (1.02 + 1)a\}$원
- 3월 말 a원을 갚고 남은 금액 : $\{490,000 \times 1.02^2 - (1.02 + 1)a\} \times 1.02 - a = \{490,000 \times 1.02^3 - (1.02^2 + 1.02 + 1)a\}$원

$$\cdots$$

- 9월 말 a원을 갚고 남은 금액 : $490,000 \times 1.02^9 - (1.02^8 + 1.02^7 + \cdots + 1.02 + 1)a = 0$

$490,000 \times 1.02^9 = 490,000 \times 1.2 = 588,000$이고 $(1.02^8 + 1.02^7 + \cdots + 1.02 + 1)a = \dfrac{a(1.02^9 - 1)}{1.02 - 1} = \dfrac{a \times (1.2 - 1)}{0.02} = 10a$

$10a = 588,000$

$\therefore \ a = 58,800$

따라서 매달 58,800원씩 갚아야 한다.

03   정답 ①

지난달에는 $\dfrac{3,750,000}{12,500} = 300$포대의 쌀을 구매하였으므로 이번 달에 쌀을 구매하는 데 사용한 금액은 $14,000 \times 300 = 4,200,000$

원이다.

따라서 이번 달의 쌀 구매비용은 지난달보다 $4,200,000 - 3,750,000 = 450,000$원 더 증가하였다.

출제유형분석 05   실전예제

01   정답 ④

A, B, C 세 사람에 해당하는 청소 주기 6, 8, 9일의 최소공배수는 $2 \times 3 \times 4 \times 3 = 72$이다.

9월은 30일, 10월은 31일까지 있으므로 9월 10일에 청소를 하고 72일 이후인 11월 21일에 세 사람이 같이 청소하게 된다.

02   정답 ④

소민이는 $7 + 2 = 9$일마다 일을 시작하고 민준이는 $10 + 2 = 12$일마다 일을 시작한다.

따라서 두 사람은 9와 12의 최소공배수인 36일마다 일을 시작하므로 34일 후에는 연속으로 쉬는 날이 같아진다.

03   정답 ②

$40 = 2^3 \times 5$, $12 = 2^2 \times 3$이므로 최소공배수는 $2^3 \times 3 \times 5 = 120$이다.

12명의 학생이 10일 동안 돌아가면서 정리하면 처음 같이 정리했던 부원과 함께 정리할 수 있다.

따라서 6월 7일에 정리한 학생들이 처음으로 도서관을 정리하는 날이 같아지는 날은 $10 + 4 = 14$일 후인 6월 21일이다.

01

정답 ②

2명씩 짝을 지어 한 그룹으로 보고 원탁에 앉는 방법은 원순열 공식 $(n-1)!$를 이용한다.

2명씩 3그룹이므로 $(3-1)!=2\times1=2$가지이다. 또한 그룹 내에서 2명이 자리를 바꿔 앉을 수 있는 경우는 2가지씩이다.

따라서 6명이 원탁에 앉을 수 있는 방법은 $2\times2\times2\times2=16$가지이다.

02

정답 ②

구입한 제품 A의 수를 a개, 제품 B의 개수를 b개라고 하자(a, b≥0).

$600a+1,000b=12,000$

$\rightarrow 3a+5b=60$

a와 b를 (a, b)의 순서쌍으로 나타내면 다음과 같다.

(0, 12), (5, 9), (10, 6), (15, 3), (20, 0)

따라서 구하고자 하는 경우의 수는 5가지이다.

03

정답 ②

총 9장의 손수건을 구매했으므로 B손수건 3장을 제외한 나머지 A, C, D손수건은 각각 $\frac{9-3}{3}=2$장씩 구매하였다.

먼저 3명의 친구들에게 서로 다른 손수건을 3장씩 나눠줘야 하므로 B손수건을 1장씩 나눠준다. 나머지 A, C, D손수건을 서로 다른 손수건으로 2장씩 나누면 (A, C), (A, D), (C, D)로 묶을 수 있다. 이 세 묶음을 3명에게 나눠주는 방법은 $3!=3\times2\times1=6$가지가 나온다.

따라서 친구 3명에게 종류가 다른 손수건을 3장씩 나눠주는 경우의 수는 6가지이다.

01

정답 ④

중국인 중 관광을 목적으로 온 사람의 수를 x로 놓고, 문제의 설명대로 표를 만들면 다음과 같다.

(단위 : 명)

구분	중국인	중국인이 아닌 외국인	합계
인원	30	70	100
관광을 목적으로 온 외국인	x	14	20

관광을 목적으로 온 외국인은 20%이므로, 중국인 중 관광으로 온 사람은 6명이어야 한다.

따라서 x는 6이므로 중국인 중 관광을 목적으로 온 사람일 확률은 $\frac{6}{30}=\frac{1}{5}$이다.

02

정답 ③

X바이러스의 감염률과 예방접종률을 표로 정리하면 다음과 같다.

구분	예방접종 ○	예방접종 ×	합계
감염 ○	$0.8 \times 0.005 = 0.004$	$0.2 \times (1-0.95) = 0.01$	$0.004 + 0.01 = 0.014 = 1.4\%$
감염 ×	$0.8 \times (1-0.005) = 0.796$	$0.2 \times 0.95 = 0.19$	$0.796 + 0.19 = 0.986 = 98.6\%$

따라서 X바이러스의 전체 감염률은 1.4%이다.

03

정답 ①

먼저 세 자연수의 합이 6이 되는 경우의 수를 구하여야 한다.

- 자연수의 합이 6이 되는 경우는 4+1+1 또는 2+2+2 또는 3+2+1가 있다.
- 3개의 주사위를 던졌을 때 나올 수 있는 모든 사건의 경우의 수는 $6 \times 6 \times 6 = 216$가지이다.
- 주사위의 합이 4+1+1로 표현되는 것은 (1, 1, 4), (1, 4, 1), (4, 1, 1)로 총 3개가 있고, 주사위를 던져 2+2+2이 나올 수 있는 것은 (2, 2, 2)로 1개가 있다.
- 주사위를 던져 3+2+1이 나올 수 있는 것은 (1, 2, 3), (1, 3, 2), (2, 1, 3), (2, 3, 1), (3, 1, 2), (3, 2, 1)로 총 3!=6개가 있다.

따라서 3개의 주사위를 동시에 던질 때 나온 숫자의 합이 6이 되는 확률은 $\dfrac{10}{216} = \dfrac{5}{108}$ 이다.

출제유형분석 08 | 실전예제

01

정답 ④

가격이 540달러인 청소기를 구입하면 20%의 관세가 부가되므로 내야 하는 가격은 540×1.2달러이고, 이를 원화로 환산하면 540×1.2×1,128원이다. 영양제는 200달러 이하로 관세가 붙지 않고, 이를 원화로 환전하면 52×1,128원이다. 각각 따로 주문한다고 하였으므로 배송비는 2번 내야 한다.
따라서 A씨가 원화로 내야 하는 총금액은 540×1.2×1,128+52×1,128+30,000×2=700×1,128+60,000=789,600+60,000 =849,600원이다.

02

정답 ②

S씨가 태국에서 구매한 기념품 금액은 환율과 해외서비스 수수료까지 적용하여 구하면 15,000×38.1×1.002=572,643원이다.
따라서 카드 금액으로 내야 할 기념품 비용은 572,640원이다.

03

정답 ③

대리석 10kg당 가격은 35,000÷100=350달러이며, 원화로 환전하면 350×1,160=406,000원이다.
따라서 대리석 1톤의 수입대금은 원화로 406,000×1,000÷10=4,060만 원이다.

01

(단리식 적금 이자)$=$(월 납입액)$\times n \times \dfrac{n+1}{2} \times \dfrac{r}{12}$ (n : 개월수, r : 이자율)

• P고객이 만기 시 수령하는 이자액 : $120,000 \times \dfrac{24 \times 25}{2} \times \dfrac{0.025}{12} = 75,000$원

• P고객이 가입기간 동안 납입한 원금 : $120,000 \times 24 = 2,880,000$원

따라서 만기환급금은 $75,000 + 2,880,000 = 2,955,000$원이다.

02

중도상환수수료는 (중도상환금액)$\times$(중도상환수수료율)$\times$(잔여기간)$\div$(대출기간)이므로 식을 세우면 다음과 같다.

$80,000,000 \times 0.025 \times \dfrac{24}{48} = 1,000,000$원

따라서 A고객의 중도상환수수료는 $1,000,000$원이다.

03

연준이는 특가세일 기준에서 선착순 100명에 들어 10% 할인과 S신용카드로 할부결제 시 5% 할인을 받아 총 15% 할인을 받게 되므로 할인된 청소기 가격은 $1,200,000 \times 0.85 = 102$만 원이다.

(총할부 수수료)$= \left[\text{(할부 원금)} \times \text{(수수료율)} \times \dfrac{\text{(할부 개월 수)}+1}{2} \right] \div 12$ 공식에서 할부 원금은 102만 원, 수수료율은 11개월 기준 17%이지만 VIP회원이기 때문에 2%p 차감하여 적용되는 수수료율은 $17-2=15\%$이다.

따라서 연준이가 지불해야 할 총할부 수수료는 $\left(1,020,000 \times 0.15 \times \dfrac{11+1}{2} \right) \div 12 = \dfrac{918,000}{12} = 76,500$원이다.

01

(ㄱ)은 2020년 대비 2021년 의료 폐기물의 증감률로 $\dfrac{48,934 - 49,159}{49,159} \times 100 \fallingdotseq -0.5\%$이고,

(ㄴ)은 2018년 대비 2019년 사업장 배출시설계 폐기물의 증감률로 $\dfrac{123,604 - 130,777}{130,777} \times 100 \fallingdotseq -5.5\%$이다.

02

정답 ②

2024년 공연음악의 예상 후원 시장 규모는 $6,305+118=6,423$백만 달러이고, 티켓 판매 시장 규모는 $22,324+740=23,064$백만 달러이다. 따라서 2024년 공연음악 시장 규모는 $6,423+23,064=29,487$백만 달러이다.

2019년 스트리밍 시장의 규모가 $1,530$백만 달러이므로, 2024년의 스트리밍 시장 규모는 $1,530\times2.5=3,825$백만 달러이다.

2024년 오프라인 음반 시장 규모를 x백만 달러라고 하면, $\dfrac{x-8,551}{8,551}\times100=-6\%$이므로 $x=-\dfrac{6}{100}\times8,551+8,551\fallingdotseq$ $8,037.9$백만 달러이다.

03

정답 ②

첫 번째 조건에서 2023년 11월 요가 회원 수 $a=50\times1.2=60$명이고, 세 번째 조건에서 2024년 1월 필라테스 예상 회원 수는 2023년 4분기 월 평균 회원 수가 되어야 하므로 2024년 1월 필라테스 예상 회원 수 $d=\dfrac{106+110+126}{3}=\dfrac{342}{3}=114$명이다.

두 번째 조건에 따라 2023년 12월 G.X 회원 수 c를 구하면 $(90+98+c)+37=106+110+126 \rightarrow c=342-225=117$명이 된다. b를 구하기 위한 방정식 $2a+b=c+d$에 a, c, d에 해당되는 수를 대입하면 $b+2\times60=117+114 \rightarrow b=231-120 \rightarrow b=111$이다.

따라서 2023년 12월 요가 회원 수는 111명이다.

04

정답 ④

(가) : $\dfrac{34,273-29,094}{29,094}\times100\fallingdotseq17.8$

(나) : $66,652+34,273+2,729=103,654$

(다) : $\dfrac{103,654-91,075}{91,075}\times100\fallingdotseq13.8$

출제유형분석 11 | 실전예제

01

정답 ③

ㄴ. 국가채권 중 조세채권의 전년 대비 증가율은 2021년에 $\dfrac{30-26}{26}\times100\fallingdotseq15.4\%$, 2023년에 $\dfrac{38-34}{34}\times100\fallingdotseq11.8\%$이다.

ㄷ. 융자회수금의 국가채권과 연체채권의 총합이 가장 높은 해는 2023년(142조 원)이며, 경상 이전수입의 국가채권과 연체채권의 총합이 가장 높은 해도 2023년 (18조 원)이므로 옳은 설명이다.

오답분석

ㄱ. 2020년 총연체채권은 27조 원으로 2022년 총연체채권의 80%인 $36\times0.8=28.8$조 원보다 작다.

ㄹ. 2020년 대비 2023년 경상 이전수입 중 국가채권의 증가율은 $\dfrac{10-8}{8}\times100=25\%$이며, 경상 이전수입 중 연체채권의 증가율은 $\dfrac{8-7}{7}\times100\fallingdotseq14.3\%$로 국가채권 증가율이 더 높다.

02

정답 ①

(고사한 소나무 수)=(감염률)×(고사율)×(발생지역의 소나무 수)

- 거제 : $0.5 \times 0.5 \times 1,590 = 397.5$
- 경주 : $0.2 \times 0.5 \times 2,981 = 298.1$
- 제주 : $0.8 \times 0.4 \times 1,201 = 384.32$
- 청도 : $0.1 \times 0.7 \times 279 = 19.53$
- 포항 : $0.2 \times 0.6 \times 2,312 = 277.44$

직접 계산하지 않아도 경주, 제주, 청도, 포항은 곱하는 수가 거제보다 작기 때문에 결괏값이 작다.

03

정답 ②

L사의 가습기 B와 H의 경우 모두 표시지 정보와 시험 결과에서 아파트 적용 바닥면적이 주택 적용 바닥면적보다 넓다.

오답분석

① W사의 G가습기 소음은 33.5dB(A)로, C사의 C가습기와 E가습기보다 소음이 더 크다.
③ D가습기와 G가습기의 실제 가습능력은 표시지 정보보다 더 나음을 알 수 있다.
④ W사의 D가습기는 시험 결과, 표시지 정보보다 미생물 오염도가 덜함을 알 수 있다.

04

정답 ②

매년 조사대상의 수는 동일하게 2,500명이므로 비율의 누적 값으로만 판단한다. 3년간의 월간 인터넷 쇼핑 이용 누적 비율을 구하면 다음과 같다.

- 1회 미만 : $30.4 + 8.9 + 18.6 = 57.9\%$
- 1회 이상 2회 미만 : $24.2 + 21.8 + 22.5 = 68.5\%$
- 2회 이상 3회 미만 : $15.9 + 20.5 + 19.8 = 56.2\%$
- 3회 이상 : $29.4 + 48.7 + 39.0 = 117.1\%$

따라서 두 번째로 많이 응답한 인터넷 쇼핑 이용 빈도수는 1회 이상 2회 미만이다.

오답분석

① 2022년 월간 인터넷 쇼핑을 3회 이상 이용했다고 응답한 사람은 $2,500 \times 0.487 = 1,217.5$명이다.
③ 매년 조사 대상이 2,500명씩 동일하므로 비율만 비교한다. 2023년 월간 인터넷 쇼핑을 2회 이상 3회 미만 이용했다고 응답한 비율은 19.8%이고, 2022년 1회 미만으로 이용했다고 응답한 비율은 8.9%이다. 따라서 $8.9 \times 2 = 17.8 < 19.8$이므로 2배 이상 많다.
④ 1회 이상 2회 미만 쇼핑했다고 응답한 사람의 2022년 비율은 21.8%이고, 2023년은 22.5%이다. 따라서 $\dfrac{22.5 - 21.8}{21.8} \times 100 ≒ 3.2\%$이므로 3% 이상 증가했다.

01

2022년 증가율은 2021년 대비 낮으므로 ④의 그래프는 적절하지 않다.

(단위 : 만 대, %)

구분	2013년	2014년	2015년	2016년	2017년	2018년	2019년	2020년	2021년	2022년	2023년
대수	1,794	1,844	1,887	1,940	2,012	2,099	2,180	2,253	2,320	2,368	2,437
증가	–	50	43	53	72	87	81	73	67	48	69
증가율	–	2.8	2.3	2.8	3.7	4.3	3.9	3.3	3.0	2.1	2.9

02

제시된 식에 따라 연도별 냉장고 화재발생 비율을 구하면 다음과 같다.

(단위 : %)

구분	2019년	2020년	2021년	2022년	2023년
김치냉장고 비율	47.7	59.3	45.4	59.4	56.6
일반냉장고 비율	52.3	40.7	54.6	40.6	43.4

따라서 옳은 그래프는 ①이다.

03

중국의 의료 빅데이터 예상 시장 규모의 전년 대비 성장률을 구하면 다음과 같다.

(단위 : %)

구분	2016년	2017년	2018년	2019년	2020년	2021년	2022년	2023년	2024년	2025년
성장률	–	약 56.3	90.0	약 60.7	약 93.2	약 64.9	약 45.0	약 35.0	약 30.0	약 30.0

2022년과 2023년의 증감률은 전년 대비 비슷한 감소폭을 보이는 것에 비해 ④의 그래프는 증감률이 크게 차이를 보인다. 따라서 ②의 그래프가 적절하다.

03 분석력

출제유형분석 01   실전예제

01

정답 ④

측정 결과를 토대로 정리하면 A별의 밝기 등급은 3등급 이하이며, C별의 경우 A, B, E별보다 어둡고 D별보다는 밝으므로 C별의 밝기 등급은 4등급이다. 따라서 A별의 밝기 등급은 3등급이며, D별은 5등급, 나머지 E별과 B별은 각각 1등급, 2등급이 된다. 별의 밝기 등급에 따라 순서대로 나열하면 'E − B − A − C − D'가 된다.

02

정답 ③

주어진 조건에 따라 A ~ D업체가 유통하는 재료를 정리하면 다음과 같다.

구분	A업체	B업체	C업체	D업체
커피 원두	○	○	○	
우유	○	○	×	×
아이스크림	×	×	○	
팥	○	×	○	○
딸기	×	○	×	○

위 표처럼 D업체가 유통하는 재료가 전부 정해지지 않았어도, 모든 업체가 유통하는 재료는 커피 원두임을 알 수 있다. 그러므로 D업체는 커피 원두를 유통하고, 아이스크림을 유통하지 않는다.
이를 바탕으로 A ~ D업체가 담당할 수 있는 메뉴는 다음과 같다.
• A업체 : 카페라테
• B업체 : 카페라테, 딸기라테
• C업체 : 아포가토, 팥빙수
• D업체 : 없음
따라서 서로 다른 메뉴를 담당하면서 4가지 메뉴의 재료를 유통할 수 있는 업체는 B업체와 C업체뿐이므로 H씨는 B업체와 C업체를 선정한다.

03

정답 ④

주어진 조건을 바탕으로 다섯 명이 먹은 음식을 정리하면 다음과 같다.

구분	쫄면	라면	우동	김밥	어묵
민하	×	×	×	×	○
상식	×	○	×	×	×
은희	×	×	○	×	×
은주	×	×	×	○	×
지훈	○	×	×	×	×

따라서 바르게 연결된 것은 ④ '민하 − 어묵, 상식 − 라면'이다.

04

첫 번째 조건에 따라 A는 선택 프로그램에 참가하므로 A는 수·목·금요일 중 하나의 프로그램에 참가한다. A가 목요일 프로그램에 참가하면 E는 A보다 나중에 참가하므로 금요일의 선택3 프로그램에 참가할 수밖에 없다. 따라서 항상 참이 되는 것은 ④이다.

오답분석

① 두 번째 조건에 따라 C는 필수 프로그램에 참가하므로 월·화요일 중 하나의 프로그램에 참가하며, 이때, C가 화요일 프로그램에 참가하면 C보다 나중에 참가하는 D는 선택 프로그램에 참가할 수 있다.
② B는 월·화요일 프로그램에 참가할 수 있으므로 B가 화요일 프로그램에 참가하면 C는 월요일 프로그램에 참가할 수 있다.
③ C가 화요일 프로그램에 참가하면 E는 선택2 또는 선택3 프로그램에 참가할 수 있다.

구분	월(필수1)	화(필수2)	수(선택1)	목(선택2)	금(선택3)
경우 1	B	C	A	D	E
경우 2	B	C	A	E	D
경우 3	B	C	D	A	E

05

주어진 내용을 정리하면 다음과 같다.

구분	A	B	C	D	E
짱구		×		×	
철수				×	
유리			○		
훈이		×			
맹구		×		×	×

유리는 C를 제안하였으므로 D는 훈이가, B는 철수가 제안하였음을 알 수 있고, A는 맹구가, 나머지 E는 짱구가 제안하였음을 알 수 있다. 따라서 제안자와 그 제안이 바르게 연결된 것은 철수 – B, 짱구 – E이다.

06

C, D, F지점의 사례만 고려하면, F지점에서 마카롱과 쿠키를 함께 먹었을 때 알레르기가 발생하지 않았으므로 마카롱은 알레르기 발생 원인이 될 수 없으며, 빵 또는 케이크가 알레르기 발생 원인이 될 수 있다. 따라서 ④는 반드시 참이 아니다.

오답분석

① A, B, D지점의 사례만 고려한 경우 : 빵과 마카롱을 함께 먹은 경우에는 알레르기가 발생하지 않았으므로, 케이크가 알레르기 발생 원인이 된다.
② A, C, E지점의 사례만 고려한 경우 : 케이크와 쿠키를 함께 먹은 경우에는 알레르기가 발생하지 않았으므로, 빵이 알레르기 발생 원인이 된다.
③ B, D, F지점의 사례만 고려한 경우 : 빵과 마카롱 또는 마카롱과 쿠키를 함께 먹은 경우에 알레르기가 발생하지 않았으므로, 케이크가 알레르기 발생 원인이 된다.

출제유형분석 02 실전예제

01

정답 ①

거짓을 말하는 사람이 1명이기 때문에 B와 C 둘 중 한명이 거짓을 말하고 있다.

ⅰ) B가 거짓말을 하는 경우 : A는 진실을 말하고 있다. A는 C가 범인이라고 했고, E는 A가 범인이라고 했으므로 A와 C가 범인
이다.

ⅱ) C가 거짓말을 하는 경우 : B는 진실을 말하므로 A도 거짓말을 하고 있다. 그러므로 1명만 거짓을 말하고 있으므로 모순이다.

따라서 A와 C가 범인이다.

02

정답 ④

정의 진술에 따라 을과 정의 진술은 동시에 참이 되거나 거짓이 된다.

ⅰ) 을과 정의 진술이 모두 거짓인 경우

을은 병과 함께 PC방에 있었다는 갑의 진술과 자신은 집에 있었다는 병의 진술이 서로 모순되므로 성립하지 않는다.

ⅱ) 을과 정의 진술이 모두 참인 경우

• 을의 진술이 참이므로 그날 밤 갑, 을 병은 함께 있었다.

• 정의 진술이 참이므로 정은 금은방에 있지 않았다.

따라서 현재 상황을 정리하면 '갑, 을, 병이 함께 있고, 정은 금은방 아닌 곳에 있다.'를 유추할 수 있다.

그리고 5명 중 2명은 거짓말을 하고 있으므로 갑, 병, 무 3명 중 1명만 진실이 된다.

ⅲ) 갑이 참인 경우

을과 병은 PC방에 있었다는 것이 진실이고, 을의 진술에 따라 갑, 을, 병은 함께 PC방에 있었다. 병은 거짓말을 하고 있으므로
그날 혼자 집에 있지 않았다. 무도 거짓말을 하고 있으므로 무는 갑과 함께 집에 있지 않았고, 금은방에 있었다. 따라서 병은
그날 혼자 집에 있지 않았다고 했지 금은방에 있었는지 다른 이와 있었는지 알 수 없으므로, 금은방에 있었던 무가 범인이다.

ⅳ) 병이나 무가 참인 경우

갑의 말이 거짓이므로 을과 병은 함께 있지 않았어야 하지만, 갑, 을, 병이 함께 있었다는 을의 진술과 상반되므로 모순이다.

따라서 보석을 훔친 범인은 무이다.

03

정답 ③

A와 D의 진술이 모순되므로, A의 진술이 참인 경우와 거짓인 경우를 구한다.

ⅰ) A의 진술이 참인 경우

A의 진술에 따라 D가 부정행위를 하였으며, 거짓을 말하고 있다. B는 A의 진술이 참이므로 B의 진술도 참이며, B의 진술이
참이므로 C의 진술은 거짓이 되고, E의 진술은 참이 된다. 따라서 부정행위를 한 사람은 C, D이다.

ⅱ) A의 진술이 거짓인 경우

A의 진술에 따라 D는 참을 말하고 있고, B는 A의 진술이 거짓이므로 B의 진술도 거짓이 된다. B의 진술이 거짓이므로 C의
진술은 참이 되고, E의 진술은 거짓이 된다. 그러면 거짓을 말한 사람은 A, B, E이지만 조건에서 부정행위를 한 사람은 두
명이므로 모순이 되어 옳지 않다.

따라서 부정행위를 한 사람은 C와 D이다.

04

정답 ①

D의 진술에 대한 A와 C의 진술이 상반되므로 둘 중 한 명이 거짓을 말하고 있음을 알 수 있다.

ⅰ) C의 진술이 거짓인 경우 : C와 D 두 명의 진술이 거짓이 되므로 성립하지 않는다.

ⅱ) A의 진술이 거짓인 경우 : B, C, D, E의 진술이 모두 참이 되며, 사탕을 먹은 사람은 A이다.

따라서 거짓을 말하는 사람은 A이다.

05

진실을 말하는 사람이 1명뿐인데, 만약 E의 말이 거짓이라면 5명 중에 먹은 사과의 개수가 겹치는 사람은 없어야 한다. 그런데 먹은 사과의 개수가 겹치지 않고 5명이서 12개의 사과를 나누어 먹는 것은 불가능하다. 그러므로 E의 말은 참이고, A, B, C, D의 말은 거짓이므로 이를 정리하면 다음과 같다.

• A보다 사과를 적게 먹은 사람이 있다.
• B는 사과를 3개 이상 먹었다.
• C는 D보다 사과를 많이 먹었고, B보다 사과를 적게 먹었다.
• 사과를 가장 많이 먹은 사람은 A가 아니다.
• E는 사과를 4개 먹었고, 먹은 사과의 개수가 같은 사람이 있다.

E가 먹은 개수를 제외한 나머지 사과의 개수는 모두 8개이고, D<C<B(3개 이상)이며, 이 중에서 A보다 사과를 적게 먹은 사람이 있어야 한다. 이를 모두 충족시키는 사과 개수는 B 3개, C 2개, D 1개, A 2개이다.

따라서 사과를 가장 많이 먹은 사람은 E, 가장 적게 먹은 사람은 D이다.

06

단 한 명이 거짓말을 하고 있으므로 C와 D 중 한 명은 반드시 거짓을 말하고 있다. 즉, C의 말이 거짓일 경우 D의 말은 참이 되며, D의 말이 참일 경우 C의 말은 거짓이 된다.

ⅰ) D의 말이 거짓일 경우 : C와 B의 말이 참이므로 A와 D가 모두 1등이 되므로 모순이다.

ⅱ) C의 말이 거짓일 경우 : A는 1등 당첨자가 되지 않으며, 나머지 진술에 따라 D가 1등 당첨자가 된다.

따라서 C가 거짓을 말하고 있으며, 1등 당첨자는 D이다.

출제유형분석 03 | 실전예제

01

B가 과장이므로 대리가 아닌 A는 부장의 직책을 가진다.

[오답분석]

조건에 따라 A, B, C, D의 사무실 위치를 정리하면 다음과 같다.

구분	2층	3층	4층	5층
경우1	부장	B과장	대리	A부장
경우2	B과장	대리	부장	A부장
경우3	B과장	부장	대리	A부장

① A부장 외의 또 다른 부장은 2층, 3층 또는 4층에 근무한다.
③ 대리는 3층 또는 4층에 근무한다.
④ B는 2층 또는 3층에 근무한다.

02

다섯 번째 조건에 의해 홍대리가 건강검진을 받을 수 있는 요일은 월요일 또는 화요일이며, 네 번째 조건에 의해 이사원 역시 월요일 또는 화요일에 건강검진을 받을 수 있다. 이때 여섯 번째 조건에서 이사원이 홍대리보다 늦게 건강검진을 받는다고 하였으므로 홍대리가 월요일, 이사원이 화요일에 건강검진을 받는 것을 알 수 있다. 나머지 수·목·금요일의 일정은 세 번째 조건에 의해 박과장이 금요일을 제외한 수요일과 목요일 각각 건강검진을 받는 두 가지 경우에 따라 나눌 수 있다.

ⅰ) 박과장이 수요일에 건강검진을 받을 경우 : 목요일은 최사원이, 금요일은 김대리가 건강검진을 받는다.
ⅱ) 박과장이 목요일에 건강검진을 받을 경우 : 수요일은 최사원이, 금요일은 김대리가 건강검진을 받는다.
따라서 반드시 참이 될 수 있는 것은 ①이다.

03 정답 ①

주어진 조건에 따라 A∼H가 앉을 수 있는 경우는 A−B−D−E−C−F−H−G이다. 여기서 D와 E의 자리를 서로 바꿔도 모든 조건이 성립하고, A−G−H와 D−E−C를 통째로 바꿔도 모든 조건이 성립한다. 따라서 경우의 수는 총 2×2=4가지이다.

04 정답 ①

B사원은 2층에 묵는 A사원보다 높은 층에 묵지만, C사원보다는 낮은 층에 묵으므로 3층 또는 4층에 묵을 수 있다. 그러나 D사원이 C사원 바로 아래층에 묵는다고 하였으므로 D사원이 4층, B사원이 3층에 묵는 것을 알 수 있다. 따라서 A∼D를 높은 층에 묵는 순서대로 나열하면 'C−D−B−A'가 되며, E사원은 남은 1층에 묵는 것을 알 수 있다.

05 정답 ③

주어진 조건을 정리하면 다음과 같다.

구분	월	화	수	목	금	토	일
첫째	○	×		×	○		
둘째						○	
셋째							○
넷째			○				

첫째는 화요일과 목요일에 병간호할 수 없고, 수요일과 주말에는 다른 형제들이 간호를 하므로 월요일과 금요일에 병간호한다. 둘째와 셋째에게 남은 요일은 화요일과 목요일이지만, 둘 중 누가 화요일에 간호를 하고 목요일에 간호를 할지는 알 수 없다.

06 정답 ④

먼저 N씨가 월요일부터 토요일까지 운동 스케줄을 등록할 때, 토요일에는 리포머 수업만 진행되므로 N씨는 토요일에 리포머 수업을 선택해야 한다.
금요일에는 체어 수업에 참여하므로 네 번째 조건에 따라 목요일에는 바렐 또는 리포머 수업만 선택할 수 있다. 그런데 N씨가 화요일에 바렐 수업을 선택한다면, 목요일에는 리포머 수업만 선택할 수 있다. 따라서 수요일에는 리포머 수업을 선택할 수 없으며, 반드시 체어 수업을 선택해야 한다.

월	화	수	목	금	토
리포머	바렐	체어	리포머	체어	리포머

[오답분석]
N씨가 등록할 수 있는 월∼토요일까지의 운동 스케줄은 다음과 같다.

구분	월	화	수	목	금	토
경우 1	리포머	바렐	체어	리포머	체어	리포머
경우 2	리포머	체어	바렐	리포머	체어	리포머
경우 3	리포머	체어	리포머	바렐	체어	리포머
경우 4	체어	리포머	바렐	리포머	체어	리포머
경우 5	바렐	리포머	체어	리포머	체어	리포머

① 경우 2와 경우 3에 따라 옳은 내용이다.
② 경우 4에 따라 옳은 내용이다.
③ 경우 2에 따라 옳은 내용이다.

01

직원 4명에 대한 1일 평균임금 및 퇴직금을 구하면 다음과 같다.

(단위 : 원)

구분	A	B	C	1일 평균임금	퇴직금
최과장	9,000,000	450,000	175,000	106,944	38,499,840
박과장	8,100,000	375,000	143,750	95,764	28,729,200
홍대리	8,850,000	337,500	156,250	103,819	24,916,560
신대리	9,000,000	300,000	121,875	104,688	18,843,840

따라서 두 번째로 퇴직금이 적은 직원은 홍대리이다.

02

세 번째와 다섯 번째 정보로부터 A사원은 야근을 3회, 결근을 2회 하였고, 네 번째와 여섯 번째 정보로부터 B사원은 지각을 2회, C사원은 지각을 3회 하였다. C사원의 경우 지각을 3회 하였으므로 결근과 야근을 각각 1회 또는 2회 하였는데, 근태 총점수가 -2점이므로 지각에서 -3점, 결근에서 -1점, 야근에서 +2점을 얻어야 한다. 마지막으로 B사원은 결근을 3회, 야근을 1회 하여 근태 총점수가 -4점이 된다. 이를 표로 정리하면 다음과 같다.

(단위 : 회)

구분	A사원	B사원	C사원	D사원
지각	1	2	3	1
결근	2	3	1	1
야근	3	1	2	2
근태 총점수(점)	0	-4	-2	0

따라서 C사원이 지각을 가장 많이 하였다.

03

02번의 결과로부터 A사원과 B사원이 지각보다 결근을 많이 하였음을 알 수 있다.

04

거래우수 고객으로 우대금리를 받으려면, 이 적금 신규 가입 시에 예금주의 S은행 거래기간이 3년 이상이어야 하므로 거래우수 우대금리는 받을 수 없다.

05

A대리는 기본금리 연 1.8%에 가족회원, 거래우수 항목으로 우대금리를 연 1.2%p 적용받으므로 총 연 3.0%의 금리를 적용받는다. A대리가 가입하려고 하는 적금상품의 만기환급금액을 계산하면 다음과 같다.

- 세전 만기환급 금액 :
$$200,000 \times \frac{(1+0.03)^{\frac{25}{12}} - (1+0.03)^{\frac{1}{12}}}{(1+0.03)^{\frac{1}{12}} - 1}$$
$$= 200,000 \times \frac{1.06 - 1.002}{1.002 - 1} = 200,000 \times 29 = 5,800,000원$$

- 적립원금 : $200,000 \times 24 = 4,800,000$원
- 세후 이자 소득 : $(5,800,000 - 4,800,000) \times (1 - 0.1) = 900,000$원

따라서 A대리가 받을 만기환급액은 $4,800,000 + 900,000 = 5,700,000$원이다.

출제유형분석 05 ⬛ 실전예제

01

정답 ③

ㄴ. WO전략은 약점을 보완하여 기회를 포착하는 전략이다. ㄴ에서 말하는 원전 운영 기술력은 강점에 해당되므로 적절하지 않다.

ㄷ. ST전략은 강점을 살려 위협을 회피하는 전략이다. ㄷ은 위협 회피와 관련하여 정부의 탈원전 정책 기조를 고려하지 않았으므로 적절하지 않다.

[오답분석]

ㄱ. SO전략은 강점을 살려 기회를 포착하는 전략으로, 강점인 기술력을 활용해 해외 시장에서 우위를 점하려는 ㄱ은 적절한 SO전략으로 볼 수 있다.

ㄹ. WT전략은 약점을 보완하여 위협을 회피하는 전략이다. 안전우려를 고려하여 안전점검을 강화하고, 정부의 탈원전 정책 기조에 협조하는 것은 적절한 WT전략으로 볼 수 있다.

02

정답 ②

ㄴ. S사가 이미 갖추고 있는 네트워크, 인력, 자본 구조라는 강점을 활용해 고객 충성도라는 또 다른 강점을 더욱 강화하는 전략이다. 그러나 외부의 기회를 활용할 수 있는 내용은 아니므로 SO전략이라 할 수 없다.

ㄷ. 시장 점유율 1위라는 강점을 활용해 경쟁에서 승리함으로써 부동의 1위라는 기업 위상을 더욱 공고히 하는 전략은 내부의 강점을 더욱 강화할 수 있지만, 위협을 최소화 또는 극복하는 내용은 포함하지 않으므로 ST전략이라 할 수 없다.

ㅁ. S사는 자유 여행 상품보다는 패키지 여행 상품으로 수익을 창출하고 있으므로 패키지 상품의 인기 감소와 자유 상품의 상대적 약진은 극복해야 할 약점으로 작용할 수 있다. 그런데 패키지 상품 판매를 촉진해 얻은 추가 수익으로 자유 상품 판매에서의 부진을 메우려고 하는 것은 약점을 보완할 수는 있지만 위협에 대응할 수 있는 내용은 아니므로 WT전략이라 할 수 없다. 또한, 자유 여행 상품의 상대적 약진은 여행업을 영위하는 S사의 입장에서는 새로운 기회가 될 수 있으므로 위협으로 간주할 수 없다.

[오답분석]

ㄱ. 국내 소비자들의 여가 시간이 늘어난 것을 기회로 삼아 이들을 타깃으로 하여 보다 세분화된 해외여행 상품을 선보이는 것은 차별화된 개인 맞춤형 여행 패키지 상품 출시로 상품 종류의 다양화라는 S사의 강점을 더욱 강화할 수 있는 SO전략에 해당한다.

ㄹ. 코로나19 종식으로 인한 중국 시장의 리오프닝을 기회로 삼아 중국 관광객들에게 할인 상품을 제공해 국내 여행 산업을 코로나19 사태 이전으로 회복시키려는 것은 외부의 기회를 활용하며 내부의 약점을 보완하는 WO전략에 해당한다.

ㅂ. S사가 N포털 등의 신흥 경쟁사와 제휴해 자유 여행 상품을 공동 출시하는 것은 자유 여행 상품의 약진이라는 S사의 약점을 보완하고 공존 상생으로서 경쟁사의 위협을 극복할 수 있으므로 WT전략에 해당한다.

03

정답 ③

전기의 가격은 $10 \sim 30$원/km인 반면, 수소의 가격은 72.8원/km로 전기보다 수소의 가격이 더 비싸다. 따라서 원료의 가격은 자사 내부환경의 약점(Weakness) 요인이 아니라 거시적 환경에서 비롯된 위협(Treat) 요인으로 보아야 한다.

[오답분석]

㉠ 보조금 지원을 통해 첨단 기술이 집약된 친환경 차를 중형 SUV 가격에 구매할 수 있다고 하였으므로, 자사의 내부환경(자사 경영자원)의 강점(Strength) 요인으로 볼 수 있다.

ⓛ 충전소가 전국 12개소에 불과하며, 올해 안에 10개소를 더 설치한다고 계획 중이지만 완공 여부는 알 수 없으므로, 자사의 내부환경(자사 경영자원)의 약점(Weakness) 요인으로 볼 수 있다.

ⓔ 친환경차에 대한 인기가 뜨겁다고 하였으므로, 고객이라는 외부환경에서 비롯된 기회(Opportunity) 요인으로 볼 수 있다.

04

정답 ③

- (가) : 외부의 기회를 활용하면서 내부의 강점을 더욱 강화시키는 SO전략
- (나) : 외부의 기회를 활용하여 내부의 약점을 보완하는 WO전략
- (다) : 외부의 위협을 회피하며 내부의 강점을 적극 활용하는 ST전략
- (라) : 외부의 위협을 회피하고 내부의 약점을 보완하는 WT전략

따라서 바르게 나열되어 있는 것은 ③이다.

출제유형분석 01 | 실전예제

01 정답 ③

탕	컹	펑	컁	탕	컹	형	팽	탱	컹
팽	탱	형	탱	텅	펄	캥	행	헝	떰
컁	형	펑	펑	행	뎅	팽	펑	평	헝
펄	탕	컁	텅	평	컁	탕	펑	컹	펄

02 정답 ④

부리지	뿌러지	뿌리자	뿌리지	푸리지	부리지	푸리지	뿌러지	뿌라지	뿌리자	뿌리치	뿌러지
뿌라지	뿌리자	부리지	뿌라지	뿌리치	뿌러지	뿌리자	뿌리지	뿌리치	뿌리지	뿌리지	뿌리치
뿌리지	부리지	뿌러지	뿌러지	뿌리치	부리지	뿌리치	뿌리지	뿌러지	뿌러지	뿌라지	뿌리자
뿌리자	뿌리치	뿌리지	푸리지	뿌라지	푸리지	뿌라지	뿌리자	푸리지	부리지	부리지	푸리지

03 정답 ①

심폐소생술은 심장과 폐의 활동이 갑자기 멈췄을 때 실시하는 응급조치를 말합니다. 심폐소생술은 크게 '의식 확인 및 119 신고 단계', '가슴 압박 단계', '인공호흡 단계'로 나눌 수 있습니다. 먼저 '의식 확인 및 119 신고 단계'에서는 환자를 바로 눕힌 후 어깨를 가볍게 치면서 상태를 확인합니다. 만약 의식이나 호흡이 없거나 자발적인 움직임이 없고 헐떡이는 등의 상태가 나타나면, 즉시 주변 사람들 중 한 명을 지목해서 119에 신고하도록 하고 주변에 자동제세동기가 있다면 가져올 것을 요청합니다.
다음은 '가슴 압박 단계'입니다. 이 단계에서는 환자의 양쪽 젖꼭지 부위를 잇는 선의 정중앙 부분을 깍지 낀 손의 손바닥으로 힘껏 누릅니다. 이때, 팔꿈치는 펴고 팔은 환자의 가슴과 수직이 되어야 합니다. 가슴 압박 깊이는 적어도 5cm 이상으로 하고, 압박 속도는 분당 100회 이상 실시해야 합니다.
마지막으로 '인공호흡 단계'에서는 한 손으로는 환자의 이마를 뒤로 젖히고 다른 한 손으로는 턱을 들어 올려 기도를 열어줍니다. 그리고 이마를 젖힌 손의 엄지와 검지로 코를 막은 뒤 환자의 입에 숨을 2회 불어 넣습니다. 이때 곁눈질로 환자의 가슴이 상승하는지를 잘 살펴보아야 합니다. 그리고 119 구급대나 자동제세동기가 도착할 때까지 가슴 압박과 인공호흡을 30 : 2의 비율로 반복합니다. 이후 환자가 스스로 숨을 쉬거나 움직임이 명확하게 나타난다면 심폐소생술을 중단할 수 있습니다.

04 정답 ①

서울 강동구 임원동 355 − 14

05

정답 ①

제시된 문자를 내림차순으로 나열하면 'S – R – M – L – H – C'이므로 3번째 오는 문자는 'M'이다.

06

정답 ④

자각	촉각	매각	소각	기각	내각	후각	감각	둔각	망각	각각	엇각
기각	내각	청각	조각	갑각	해각	종각	자각	주각	간각	매각	시각
망각	지각	갑각	엇각	주각	촉각	매각	청각	부각	내각	조각	기각
대각	후각	촉각	자각	후각	망각	조각	내각	기각	촉각	청각	감각

출제유형분석 02 　실전예제

01

정답 ②

한글 자음과 한글 모음의 치환 규칙은 다음과 같다.

• 한글 자음

ㄱ	ㄴ	ㄷ	ㄹ	ㅁ	ㅂ	ㅅ	ㅇ	ㅈ	ㅊ	ㅋ	ㅌ	ㅍ	ㅎ
a	b	c	d	e	f	g	h	i	j	k	l	m	n

• 한글 모음

ㅏ	ㅑ	ㅓ	ㅕ	ㅗ	ㅛ	ㅜ	ㅠ	ㅡ	ㅣ
A	B	C	D	E	F	G	H	I	J

따라서 목요일의 암호인 '완벽해'를 치환하면 다음과 같다.

완 : hㅗㅏb, 벽 : fDa, 해 : nㅐ

이때, 목요일에는 암호 첫째 자리에 숫자 4를 입력해야 하므로 A씨가 입력할 암호는 ②이다.

02

정답 ④

[오답분석]

① 7hEeFnAcA → 일요일의 암호 '오묘하다'

② 3iJfhㅔaAbcA → 수요일의 암호 '집에간다'

③ 2bAaAbEdcA → 화요일의 암호 '나가놀다'

03

정답 ③

6hJdㅐcEaAenJaIeaEdIdhDdgGhJㅆcAaE → 이래도 감히 금고를 열 수 있다고

• 6 : 토요일

• hJdㅐcE : 이래도

• aAenJ : 감히

• aIeaEdId : 금고를

• hDdgG : 열 수

• hJㅆcAaE : 있다고

04

정답 ②

서울 지점의 B씨에게 배송할 제품과 경기남부 지점의 P씨에게 배송할 제품에 대한 기호를 모두 기록해야 한다.

• B씨 : MS11EISS
 − 재료 : 연강(MS)
 − 판매량 : 1box(11)
 − 지역 : 서울(E)
 − 윤활유 사용 : 윤활작용(I)
 − 용도 : 스프링(SS)
• P씨 : AHSS00SSST
 − 재료 : 초고강도강(AHSS)
 − 판매량 : 1set(00)
 − 지역 : 경기남부(S)
 − 윤활유 사용 : 밀폐작용(S)
 − 용도 : 타이어코드(ST)

모든 전사 중 가장 강한 전사는 이 두 가지, 시간과 인내다.

- 레프 톨스토이 -

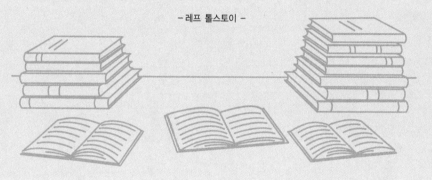

PART 2

최종점검 모의고사

최종점검 모의고사

01	02	03	04	05	06	07	08	09	10	11	12	13	14	15	16	17	18	19	20
④	③	①	②	④	①	②	③	②	①	②	②	②	③	②	②	④	③	④	④
21	22	23	24	25	26	27	28	29	30	31	32	33	34	35	36	37	38	39	40
③	④	②	④	③	②	④	④	④	①	③	④	④	④	③	③	③	②	④	③
41	42	43	44	45	46	47	48	49	50										
③	①	③	③	③	③	④	④	③	②										

01
정답 ④

풋귤은 젖산을 분해하는 구연산 함량이 1.5% ~ 2%로 완숙과보다 3배 정도 높다.

오답분석
① 마지막 문단을 통해 풋귤이 감귤의 미숙과로 솎아내 버려졌음을 알 수 있다.
② 풋귤 추출물의 피부 보습 효과 실험을 통해 확인할 수 있다.
③ 동물 대식세포를 이용한 풋귤 추출물의 염증 억제 실험을 통해 확인할 수 있다.

02
정답 ③

(다) 문단에서 보건복지부와 국립암센터에서 국민 암 예방 수칙의 하나를 '하루 한두 잔의 소량 음주도 피하기'로 개정하였으며, 뉴질랜드 연구진의 연구에 따르면 '소량에서 적당량의 알코올 섭취도 몸에 상당한 부담으로 작용한다.'고 하였으므로 '가벼운 음주라도 몸에 위험하다.'는 결과를 끌어낼 수 있다. 따라서 가벼운 음주, 대사 촉진에 도움이 된다는 소제목은 적절하지 않다.

03
정답 ①

B는 보이스피싱 범죄의 확산에 대한 일차적 책임이 개인에게 있다고 했으며 C는 개인과 정부 모두에게 있다고 말하였다.

오답분석
② B는 개인의 부주의함으로 인한 사고를 은행이 책임지는 것은 문제가 있다고 말하며 책임질 수 없다는 의견을 냈고 C는 은행의 입장에 대해 언급하지 않았다.
③ B는 근본적 해결을 위해 개인의 역할, C는 정부의 역할을 강조하고 있다.
④ B는 제도적인 방안의 보완에 대해서는 언급하고 있지 않으며, C는 정부의 근본적인 해결책 마련을 촉구하고 있다.

04
정답 ②

신문기사는 원화 강세에 대한 내용이다. 원화 강세가 되면 수입업자에게 유리하기 때문에 수입 재료를 많이 쓰는 음식점들에게는 좋은 소식이다. 따라서 ②는 적절하지 않다.

05
정답 ④

(라) 문단은 연금형 희망나눔주택 사업의 대상자로 선정되어 LH에 집을 판 어르신의 이후 주거 방법에 대한 설명이다. 따라서 사업 대상자로 선정된 이후의 매입 임대 또는 전세 임대 주택에 입주 가능한 조건이므로 연금형 희망나눔주택 사업 자체의 제한 대상을 이야기하는 것은 아니다.

06
정답 ①

첫 문단에서 '4차 산업혁명 시대의 유망업종은 인공지능(AI)과 관련된 분야'라고 하며 대표적 사례를 들어 설명하고 있다. 따라서 주제는 '4차 산업혁명 시대의 유망업종'이다.

07
정답 ②

재무현황 안내에 대한 설명은 자료에서 찾아볼 수 없다.

오답분석

① (나)에 해당한다.
③ (가)에 해당한다.
④ (다)에 해당한다.

08
정답 ③

ㄴ. 네 번째 문단에서 소비자물가가 아니라 소비자물가의 상승률이 남은 상반기 동안 1% 미만의 수준에서 등락하다가 하반기에 들어 1%대 중반으로 상승할 것임을 알 수 있다.
ㄷ. 세 번째 문단에 따르면, 국내의 수출이 하락세로 진입한 것이 아니라 수출의 증가세가 둔화된 것뿐이다.

오답분석

ㄱ. 두 번째 문단에 따르면, 미 연방준비은행의 통화정책 정상화가 온건한 속도로 이루어짐에 따라 국제금융시장의 변동성이 축소되는 경향이 지속되었음을 알 수 있다. 따라서 미 연준의 통화정책의 변동성이 커진다면 국제금융시장의 변동성도 확대될 것임을 예측할 수 있다.
ㄹ. 마지막 문단에 따르면, 금융통화위원회는 국내 경제가 잠재성장률 수준에서 크게 벗어나지 않으면서 수요 측면의 물가상승압력도 크지 않기 때문에 통화정책 기조를 유지할 것이라고 하였다. 따라서 국내 경제성장률은 잠재성장률 수준을 유지하더라도, 수요 측면에서의 물가상승압력이 급증한다면 완화기조를 띠고 있는 통화정책 기조를 변경할 수 있을 것이라 추론할 수 있다.

09
정답 ②

제시문의 핵심 논점은 첫 번째 문단의 끝에서 '제로섬(Zero-sum)적인 요소를 지니는 경제 문제'와 두 번째 문단의 끝에서 '우리 자신의 수입을 보호하기 위해 경제적 변화가 일어나는 것을 막거나 혹은 사회가 우리에게 손해를 입히는 공공정책이 강제로 시행되는 것을 막기 위해 싸울 것'에 대한 것이다. 따라서 제시문은 사회경제적인 총합이 많아지는 정책, 즉 '사회의 총생산량이 많아지게 하는 정책이 좋은 정책'이라는 주장에 대한 비판이라고 할 수 있다.

10
정답 ①

제8조에 따르면 제1호에 해당하는 사람 외에도 제2호에 해당하는 자도 임명될 수 있음을 알 수 있다.

오답분석

② 제9조 제1항에 따르면 '상호금융 소비자보호, 업무전담자에 대하여 징계 등 특별한 경우를 제외하고 타 업무 종사자에 비해 인사평가의 불이익이 발생하지 않도록 하여야 한다.'는 내용을 통해 징계를 받는 특별한 경우가 있음을 알 수 있으므로 적절한 설명이다.
③ 제11조에 따르면 적절한 설명이다.
④ 제9조 제2항 제1호에 따르면 적절한 설명이다.

11

정답 ②

첫 문단에서는 S은행이 기업경영 컨설팅을 받은 J사를 찾아 컨설팅 최종보고회를 가졌음을 설명하고 있다. 이러한 첫 문단에 뒤이어 기업경영 컨설팅이 무엇인지 설명하는 (나) 문단이 오는 것이 가장 적절하며, 다음으로 기업경영 컨설팅 이전의 J사의 어려움을 설명하는 (라) 문단이, 뒤이어 J사가 기업경영 컨설팅을 통해 흑자전환과 유동성을 확보했다는 (다) 문단이 오는 것이 적절하다. 이어서 마지막 문단은 S은행의 기업경영 컨설팅에 대해 감사함을 표하는 (가) 문단이 오는 것이 적절하다.

12

정답 ②

ㄱ. 별표 1의 업무상 재해 유형 중 ②에 해당하는 상황이며, 제3조 제3항에 따라 부당하게 수급한 보험급여액의 2배를 징수하여야 하므로, 300만 원의 부당이득을 징수하여야 한다.
ㄷ. 별표 1의 급여청구 유형 중 ④에 해당하는 상황이며, 제3조 제3항에 따라 부당하게 수급한 보험급여액의 2배를 징수하여야 하므로, 230만 원의 부당이득을 징수하여야 한다.

오답분석

ㄴ. 별표 1의 급여청구 유형 중 ②에 해당하는 상황이며, 부정수급 여부 조사 시작 전에 자진신고를 하였으므로 제3조 제3항 3호에 해당한다. 하지만 자진신고를 한 경우라도 해당 금액까지 면제되는 것은 아니다.
ㄹ. 제3조 제2항 1호에 해당하는 상황으로 부당이득은 부당하게 수급한 보험급여액인 310만 원 맞지만, 징수대상은 E주임이 아닌 F주임이다.

13

정답 ②

컵으로 퍼낸 설탕물의 양을 xg이라고 하자.

- 10% 설탕물에 들어있는 설탕의 양 : $\dfrac{10}{100} \times 480 = 48$g

- 20% 설탕물에 들어있는 설탕의 양 : $\dfrac{20}{100} \times 120 = 24$g

- 두 설탕물을 섞었을 때의 농도 : $\dfrac{48+24}{480+120} \times 100 = 12$%

- 컵으로 퍼낸 설탕의 양 : $\dfrac{12}{100}x$

컵으로 퍼낸 만큼 물을 부었을 때의 농도는 $\dfrac{(48+24)-\dfrac{12}{100}x}{600-x+x} \times 100 = 11$이므로 다음과 같은 식이 성립한다.

$$\dfrac{\left(72-\dfrac{12}{100}x\right) \times 100}{600} = 11$$

→ $7,200 - 12x = 600 \times 11$

→ $12x = 600$

∴ $x = 50$

따라서 컵으로 퍼낸 설탕물의 양은 50g이다.

14

정답 ③

A를 $10x$, B를 y라고 하자.
$10x+y+y=10y+x$ → $9x=8y$
∴ $x=8$, $y=9$
따라서 $B+A=9+8=17$이다.

15

정답 ②

일반열차가 쉬지 않고 부산에 도착하는 데 걸리는 시간은 400km÷160km/h=2.5h, 즉 2시간 30분이다.

중간에 4개 역에서 10분씩 정차하므로 총 40분의 지연이 발생한다. 그러므로 A씨가 부산에 도착하는 시각은 오전 10시+2시간 30분+40분=오후 1시 10분이다.

반면에, 급행열차가 쉬지 않고 부산에 도착하는 데 걸리는 시간은 400km÷200km/h=2h, 즉 2시간이다.

따라서 B씨가 급행열차를 타고 A씨와 동시에 부산에 도착하려면 오후 1시 10분−2시간=오전 11시 10분에 급행열차를 타야 한다.

16

정답 ②

더 넣은 소금의 양을 xg이라고 하면 다음과 같은 식이 성립한다.

$\frac{4}{100} \times 450 + x = \frac{10}{100}(450+x) \rightarrow 1,800+100x=4,500+10x \rightarrow 90x=2,700$

$\therefore x=30$

따라서 더 넣은 소금의 양은 30g이다.

17

정답 ④

B의 속력을 xm/min라 하자.

서로 반대 방향으로 걸으므로, 한 번 만날 때 두 사람은 연못을 1바퀴 걸은 것이다.

1시간 동안 5번을 만났다면, 두 사람의 이동거리는 600×5=3,000m이므로

$3,000=60(15+x) \rightarrow 60x=2,100$

$\therefore x=35$

따라서 B의 속력은 35m/min이다.

18

정답 ③

전체 작업량을 1로 둘 때, 6명이 5시간 만에 청소를 완료하므로 직원 한 명의 시간당 작업량은 $\frac{1}{30}$이다.

3시간 만에 일을 끝마치기 위한 직원의 수를 x명이라 하면 $\frac{x}{30} \times 3 = 1 \rightarrow x=10$이다.

따라서 총 10명의 직원이 필요하며, 추가로 필요한 직원의 수는 4명이다.

19

정답 ④

전체 가입자 중 여자 가입자 수의 비율은 $\frac{9,804,482}{21,942,806} \times 100 = 44.7\%$이다.

오답분석

① 남자 사업장가입자 수는 8,059,994명이며, 남자 지역가입자 수 2배인 3,861,478×2=7,722,956명보다 많다.

② 여자 가입자 전체 수인 9,804,482명에서 여자 사업장가입자 수인 5,775,011명을 빼면 4,029,471명이다. 따라서 여자 사업장 가입자 수가 이를 제외한 항목의 여자 가입자 수를 모두 합친 것보다 많다.

③ 전체 지역가입자 수는 전체 사업장가입자 수의 $\frac{7,310,178}{13,835,005} \times 100 = 52.8\%$이다.

계산해야 할 수가 커지면 작은 자릿수(백의 자리)를 0으로 만들거나 대략적인 배수$\left(\frac{7,310,178}{13,835,005} = \frac{7}{13}\right)$로 바꿔서 계산하면 빠르게 풀 수 있다.

20

은행별 감축률을 구하면 다음과 같다.

- A은행 : $\dfrac{1,170-1,009}{1,170}\times100 ≒ 13.8\%$

- B은행 : $\dfrac{1,695-1,332}{1,695}\times100 ≒ 21.4\%$

- C은행 : $\dfrac{980-950}{980}\times100 ≒ 3.1\%$

- D은행 : $\dfrac{1,530-1,078}{1,530}\times100 ≒ 29.5\%$

따라서 D은행 – B은행 – A은행 – C은행 순서로 우수하다.

[오답분석]

① 제시된 자료에서 2022년 대비 2023년에 모든 은행의 민원 건수가 감소한 것을 확인할 수 있다.

② C은행의 2023년 금융민원 건수는 950건으로 가장 적지만, 감축률은 3.1%로 다른 은행과 비교해 미비한 수준이다.

③ 각 은행의 고객 수는 '(전체 민원 건수)÷(고객 십만 명당 민원 건수)×(십만 명)'으로 구할 수 있다. B은행이 약 29,865,471명으로 가장 많으며, 2023년 금융민원 건수도 1,332건으로 가장 많다.

21

쓰레기 1kg당 처리비용은 400원으로 동결상태이고, 오히려 쓰레기 종량제 봉투 가격이 인상될수록 S신도시의 쓰레기 발생량과 쓰레기 관련 예산 적자가 급격히 감소하는 것을 볼 수 있다.

22

1인당 GDP 순위는 E>C>B>A>D이다. 그런데 1인당 GDP가 가장 큰 E국은 1인당 GDP가 2위인 C국보다 1% 정도밖에 높지 않은 반면, 인구는 C국의 $\dfrac{1}{10}$ 이하이므로 총 GDP 역시 C국보다 작다. 따라서 1인당 GDP 순위와 총 GDP 순위는 일치하지 않는다.

[오답분석]

① 경제성장률이 가장 큰 국가는 3.2%인 D국이고, 5개국의 총 GDP는 다음과 같다.
- A국 : 27,214×50.6=1,377,028.4백만 달러
- B국 : 32,477×126.6=4,111,588.2백만 달러
- C국 : 55,837×321.8=17,968,346.6백만 달러
- D국 : 25,832×46.1=1,190,855.2백만 달러
- E국 : 56,328×24=1,351,872백만 달러

따라서 경제성장률이 가장 큰 D국의 총 GDP가 가장 작다.

② 총 GDP가 가장 큰 국가는 C국이고, 가장 작은 국가는 D국이다. C국의 총 GDP는 D국의 총 GDP보다 $\dfrac{17,968,346.6}{1,190,855.2} ≒ 15$배이므로 적절한 설명이다.

③ 수출 및 수입 규모에 따른 순위는 각각 C>B>A>D>E이므로 적절한 설명이다.

23

월간 용돈을 5만 원 미만으로 받는 비율은 중학생 89.4%, 고등학생 60%로 중학생이 고등학생보다 높다.

[오답분석]

① 용돈을 받는 남학생과 여학생의 비율은 각각 82.9%, 85.4%이다. 따라서 여학생이 더 높다.

③ 고등학교 전체 인원을 100명이라 한다면 그중에 용돈을 받는 고등학생은 약 80.8명이다. 따라서 80.8명 중에 용돈을 5만 원 이상 받는 학생의 비율은 40%이므로 80.8×0.4 ≒ 32.3명이다.

④ 전체에서 금전출납부의 기록, 미기록 비율은 각각 30%, 70%이다. 따라서 기록하는 비율이 더 낮다.

24

선택지에 해당되는 연도의 고용률과 실업률의 차이는 다음과 같다.

- 2016년 : $40.4-7.6=32.8\%p$
- 2017년 : $40.3-7.5=32.8\%p$
- 2020년 : $41.2-9.1=32.1\%p$
- 2023년 : $42.7-9.5=33.2\%p$

따라서 2023년 고용률과 실업률의 차이가 가장 크다.

25

ㄴ. 그래프를 통해 2월 21일의 원/달러 환율이 지난주 2월 14일보다 상승하였음을 알 수 있다.

ㄷ. 달러화의 강세란 원/달러 환율이 상승하여 원화가 평가절하되면서 달러의 가치가 높아지는 것을 의미한다. 3월 12일부터 3월 19일까지는 원/달러 환율이 계속해서 상승하는 추세이므로 적절한 설명이다.

오답분석

ㄱ. 3월 원/엔 환율의 경우 최고 환율은 3월 9일의 1172.82원으로, 3월 한 달 동안 1,100원을 상회하는 수준에서 등락을 반복하고 있다.

ㄹ. 달러/엔 환율은 $\dfrac{(원/엔\ 환율)}{(원/달러\ 환율)}$로 도출할 수 있다. 그래프에 따르면 3월 27일 원/달러 환율은 3월 12일에 비해 상승하였고, 반대로 원/엔 환율은 하락하였다. 따라서 분모는 증가하고 분자는 감소하였으므로 3월 27일의 달러/엔 환율은 3월 12일보다 하락하였음을 알 수 있다.

26

'야근을 하는 사람'을 A, 'X분야의 업무를 하는 사람'을 B, 'Y분야의 업무를 하는 사람'을 C라고 하면, 전제1과 전제2는 다음과 같은 벤다이어그램으로 나타낼 수 있다.

1) 전제1   2) 전제2

이를 정리하면 다음과 같은 벤다이어그램이 성립한다.

따라서 'Y분야의 업무를 하는 어떤 사람은 X분야의 업무를 한다.'라는 결론이 도출된다.

27

'공부를 잘하는 사람은 모두 꼼꼼하다.'는 전제1을 통해 '꼼꼼한 사람 중 일부는 시간 관리를 잘한다.'는 결론이 나오기 위해서는 '공부를 잘한다.'와 '시간 관리를 잘한다.' 사이에 어떤 관계가 성립되어야 한다. 그런데 결론에서 그 범위를 '모두'가 아닌 '일부'로 한정하였으므로 '공부를 잘하는 어떤 사람은 시간 관리를 잘한다.'는 전제2가 필요하다.

28

우선 이 문제는 일반 논리 문제들과 다르게 각 명제가 길다. 하지만 자세히 보면, 각 직원에 대한 명제들에서 모두 기존부서와 이동부서가 동일하다. 즉, 직원의 이름을 기준으로 하나의 명제로 보면 되는 것이지, 굳이 기존부서, 이동부서까지 나눌 필요가 없음을 알아차려야 한다.

따라서 각 직원들이 'O부서에서 □부서로 이동하였다.'는 것을 '이동하였다'라고 줄여서 생각하면 된다.

정보에 따르면 C는 이동하며, 첫 번째 정보의 대우 명제에 따라 A는 이동하지 않는다.

그러면 세 번째 정보의 대우 명제에 따라 B도 이동하지 않는다.

여섯 번째 정보에 따라 E, G는 이동한다.

두 번째 정보의 경우, '□하는 경우에만 O한다.'는 명제의 경우, 'O → □'이렇게 기호화할 수 있다.

그러므로 D는 이동하지 않음을 알 수 있다.

그리고 다섯 번째 정보에 따라 F는 이동한다.

따라서 이동하는 직원은 C, E, F, G이고, A, B, D는 명제에 따라 이동하지 않으며 E는 기획재무본부로 이동하지 않는다.

29

주어진 조건을 표로 정리하면 다음과 같다.

구분	노래	기타 연주	마술	춤	마임
인사팀	O(4명)				
영업팀		O(1명)			
홍보팀			O(2명)		
디자인팀				O(6명)	
기획팀					O(7명)

따라서 홍보팀에서는 총 2명이 참가하며, 참가 종목은 마술이다.

30

같은 색깔로는 심지 못한다고 할 때 아래의 경우로 꽃씨를 심을 수 있다.

1) 빨간색 화분 : 파랑, 노랑, 초록
2) 파란색 화분 : 빨강, 노랑, 초록
3) 노란색 화분 : 빨강, 파랑, 초록
4) 초록색 화분 : 빨강, 파랑, 노랑

주어진 조건을 적용하면 아래와 같은 경우로 꽃씨를 심을 수 있다.

1) 빨간색 화분 : 파랑, 초록
2) 파란색 화분 : 빨강, 노랑
3) 노란색 화분 : 파랑, 초록
4) 초록색 화분 : 빨강, 노랑

따라서 초록색 화분과 노란색 화분에 심을 수 있는 꽃씨의 종류는 다르므로 보기는 확실히 틀린 설명이다.

31

명제가 참이면 대우 명제도 참이다. 즉, '유민이가 좋아하는 과일은 신혜가 싫어하는 과일이다.'가 참이면 '신혜가 좋아하는 과일은 유민이가 싫어하는 과일이다.'도 참이다. 따라서 신혜는 딸기를 좋아하고, 유민이는 사과와 포도를 좋아한다.

32

태경이와 승규 사이의 거리는 3km이고, 형욱이와 승규 사이의 거리는 2km이다. 현수와 태경이 사이의 거리가 2km이므로, 정훈이는 형욱이보다 3km 뒤까지 위치할 수 있다. 정훈이는 태경이보다 뒤에 있다고 했으므로, 정훈이와 승규의 거리는 최소 0km, 최대 5km이다. 또한 마라톤 경기의 1등은 현수이다. 따라서 옳은 것은 ④이다.

33

정답 ④

10월 20 ~ 21일은 주중이며, 출장 혹은 연수 일정이 없고, 부서이동 전에 해당되므로 김인턴이 경기본부의 파견 근무를 수행할 수 있는 일정이다.

[오답분석]

① 10월 6 ~ 7일은 김인턴의 연수 참석 기간이므로 파견 근무를 진행할 수 없다.
② 10월 11 ~ 12일은 주말인 11일을 포함하고 있다.
③ 10월 14 ~ 15일 중 15일은 목요일로, 김인턴이 강원본부로 출장을 가는 날짜이다.

34

정답 ④

선정 방식에 따라 업체별 경영 건전성 점수, 시공 실적 점수, 전력 절감 점수, 친환경 점수를 합산한 값의 평균에 가점을 가산하여 최종점수를 구하면 다음과 같다.

(단위 : 점)

구분	A업체	B업체	C업체	D업체
경영 건전성 점수	85	91	79	88
시공 실적 점수	79	82	81	71
전력 절감 점수	71	74	72	77
친환경 점수	88	75	85	89
평균	80.75	80.5	79.25	81.25
가점	수상 2점	무사고 1점, 수상 2점	입찰가격 2점	무사고 1점, 입찰가격 2점
최종점수	82.75	83.5	81.25	84.25

따라서 선정될 업체는 최종점수가 84.25점으로 가장 높은 D업체이다.

35

정답 ③

- 1일 평균임금 : (월+5월+6월 임금총액)÷(근무 일수)
  → {(160만원+25만원)+[(160만원÷16일)×6일]+(160만원+160만원+25만원)}÷(22일+6일+22일)=118,000원
- 총근무 일수 : 31일+28일+31일+22일+6일+22일=140일
- 퇴직금 : $118,000원 \times 30일 \times \dfrac{140(총근무\ 일수)}{360} ≒ 1,376,667$

  ∴ 1,376,000원(1,000원 미만 절사)
따라서 S직원이 받을 퇴직금은 1,376,000원이다.

36

정답 ③

ㄱ. 유통 중인 농·수·축산물도 수거검사 대상임을 알 수 있다.
ㄴ. 수산물의 경우에도 총수은, 납 등과 함께 항생물질을 검사하고 있다.
ㄹ. 식품 수거검사 결과 적발한 위해정보는 식품의약안전처 홈페이지에서 확인할 수 있다.

[오답분석]

ㄷ. 월별 정기 검사와 수시 수거검사가 있다.

37

정답 ③

오븐은 소비자의 과실로 인한 고장이 맞지만 부품 생산이 중단되어 수리가 불가능한 상황이다. 부품보유기간 이내에 부품을 보유하지 않았고 품질보증기간이 경과하였으므로, '가' 항목의 ⓒ에 해당하며, 정액감가상각한 잔여 금액에 구입가의 5%를 가산하여 환급한다고 안내해야 한다.

38

정답 ②

로봇청소기는 7년으로 정해진 부품보유기간 내에 부품이 없어 수리하지 못하는 경우이기 때문에 보상 규정에 따라 환급을 받는다.
- 감가상각비 : $14 \div 84 \times 2,400,000 = 400,000$원
- 잔존가치액 : $2,400,000 - 400,000 = 2,000,000$원
- 보상금액 : $2,000,000 + 2,400,000 \times 0.05 = 2,120,000$원

따라서 고객에게 다시 안내해야 할 로봇청소기에 대한 보상금액은 212만 원이다.

39

정답 ④

바깥방	바끄럼	바깥목	**바깥문**	바깥목	바람풍	바닷물	바깥방	바람풍	바끄럼	**바깥문**	바깥방
바람풍	**바깥문**	바닷물	바깥방	바깥목	**바깥문**	바깥목	바닷물	**바깥문**	바깥방	**바깥문**	바깥목
바깥목	바끄럼	**바깥문**	바깥방	바른말	바깥방	바끄럼	**바깥문**	바람풍	**바깥문**	바닷물	바른말
바깥문	바깥목	바람풍	바닷물	**바깥문**	바른말	바람풍	바끄럼	바깥목	바깥목	바닷물	바깥방

40

정답 ③

<u>스브스</u>	스부스	<u>스브스</u>	소보스	스브소	스브수	소보스	<u>스브스</u>
<u>스보스</u>	<u>스브스</u>	시브스	<u>스브스</u>	스브시	<u>스뵤스</u>	<u>스브스</u>	<u>스브스</u>
스프스	즈브스	<u>스브스</u>	스므스	스포스	스브신	스그스	<u>스브스</u>

41

정답 ③

☆□▽◎○ - ⅲ ⅱ <u>ⅵ</u> ⅴ <u>ⅳ</u>

42

정답 ①

제시된 문자를 내림차순으로 나열하면 'Y - U - N - L - D - C'이므로 3번째 오는 문자는 'N'이다.

43

정답 ③

<u>57</u>8<u>69</u>325 - <u>57</u>0<u>68</u>245

44

정답 ③

ⅧⅥ|ⅨⅩ<u>Ⅱ</u>Ⅲ| - Ⅷ<u>Ⅳ</u>|ⅨⅩ<u>Ⅲ</u>Ⅲ|

45

정답 ③

- 공므원으로 → 공무원으로
- 희망하는 → 희망하는
- 서류전영 → 서류전형
- 필기시엄일까지 → 필기시험일까지

46

정답 ③

규칙을 역으로 적용하면 다음과 같다.
- 규칙 4. 우리song금!인가 → 우리songu인가
- 규칙 3. 우리songu인가 → 우리SONGu인가

'치환 전 소문자는 알파벳 중 가장 마지막 자리 하나였다.'라고 했으므로 u가 알파벳 소문자이다.
- 규칙 2. 우리SONGu인가 → 어리SONGu인고
- 규칙 1. 어리SONGu인고 → 버니SONGu빛포

따라서 S의 학교 홈페이지 비밀번호는 '버니SONGu빛포'이다.

47

정답 ④

알파벳 대문자는 소문자로 치환하여 입력하고, 치환 전 알파벳 소문자 중 모음 a, e, i o, u만 각각 순서대로 월, 화, 수, 목, 금으로 치환하여 입력하고 !를 붙인다.
따라서 ④를 바르게 고치면 'TAKEpic → takep수!c'이다.

48

정답 ④

비밀번호는 한글만 있으므로 규칙 1과 2만 적용하면 될 것이다.
이에 각 규칙을 순서대로 적용하면 다음과 같다.
규칙 1. 한글 자음은 ㄱ ~ ㅎ은 ㄷ ~ ㄴ로 순서대로 치환하여 입력한다.
- 손으로만드는하트는좋아한다는거야 → 졸츠보살므를나흐를콘차날마를더챠
규칙 2. 한글 모음 중 ㅏ, ㅓ, ㅗ, ㅜ는 순서대로 ㅗ, ㅜ, ㅏ, ㅓ로 치환하여 입력한다.
- 졸츠보살므를나흐를콘차날마를더챠 → 잘츠바솔므를노흐를칸초놀모를두챠
따라서 위 문장에 대한 메모는 ④이다.

49

정답 ③

파월 의장은 21일(현지시각) 전미기업경제학회 토론회에서 "높은 인플레이션을 억제하기 위해 신속하게 움직여야 한다"며 "0.5%p 금리 인상도 가능하다"고 말했다. 연방준비제도는 지난 16일 정책금리를 0.25%p 올리면서 2년 만에 '제로금리' 시대를 끝내고 인상 행보를 시작했다. 올해만 총 7차례 금리를 올릴 수 있다는 전망이 나오는 가운데 빅스텝까지 이뤄진다면 매우 공격적인 인상 행보라고 볼 수 있다. 연방준비제도가 한 번에 0.5%p 금리를 올린 사례는 2000년 5월이 마지막이다.

50

정답 ②

(가)	(나)
One day in February 2009, Stephanie called Betty, her best friend, who was the only employee of her business Best Wedding. Once again, they discussed the company expenses and dwindling revenue. But this time, Stephanie knew what she had to do. She gathered up her courage and told her friend and colleague: "I have to make this work. I have to let you go."	One day in February 2009, Stephanie called Betty, her best friend, how was the only employee of her business Best Wedding. Once again, they discussed the company expenses and dwindling revenue. But this time, Stephanie knew what she had to do. She gathered up her courage and told her friend and colleague: "I have to make this word. I have to let you go."

제2회
최종점검 모의고사

01	02	03	04	05	06	07	08	09	10	11	12	13	14	15	16	17	18	19	20
②	①	④	④	④	①	④	③	④	②	③	②	④	③	①	④	②	③	①	②
21	22	23	24	25	26	27	28	29	30	31	32	33	34	35	36	37	38	39	40
②	④	②	③	④	④	③	④	②	②	④	④	④	③	④	①	②	③	③	④
41	42	43	44	45	46	47	48	49	50										
④	②	④	②	③	④	③	①	③	②										

01
정답 ②

빈칸을 채우는 문제는 빈칸 앞뒤의 진술에 유의할 필요가 있다. 빈칸 앞에서는 제3세계 환자들과 제약회사 간의 신약 가격에 대한 딜레마를 이야기하며 제3의 대안이 필요하다고 한다. 그리고 빈칸 뒤에서는 그 대안이 실현되기 어려운 이유를 '자신의 주머니에 손을 넣어 거기에 필요한 비용을 꺼내는 순간 알게 될 것'이라고 하였으므로 개인 차원의 대안을 제시했음을 추측할 수 있다. 따라서 빈칸에 들어갈 내용으로 ②가 적절하다.

02
정답 ①

제시문은 신뢰의 중요성에 대해 설명하고 있다. 우선 신뢰에 대한 정의가 나오기 전에 신뢰의 사례로 스위스를 제시하고 있는 (나) 문단이 가장 먼저 오는 것이 적절하다. 다음으로 스위스는 우리나라와 비슷한 점이 많다고 제시하는 (마) 문단이 와야 한다. 그리고 (마) 문단의 마지막 문장에서 글의 핵심 주제인 신뢰를 제시하고 있기 때문에 이어서 신뢰의 의미를 설명하는 (다) 문단이 와야 하며, (다) 문단의 프랜시스 후쿠야마가 말한 신뢰가 낮은 나라의 사례인 (라) 문단이 이어지는 것이 적절하다. 그 다음으로 우리나라의 신뢰를 확보할 수 있는 대안을 설명하는 (가) 문단이 오고, 마지막은 (바) 문단으로 신뢰의 중요성을 강조하는 것이 적절하다.

03
정답 ④

제시문은 인공 신경망에 대해 설명하는 글이므로, 이를 읽고 인공 신경망을 활용할 수 있는 분야는 어떤 것이 있을지에 대한 질문을 할 수 있다.

오답분석
① 제시문에 기본 단위는 퍼셉트론으로 제시되어 있다.
② 제시문에 퍼셉트론의 0 아니면 1의 출력값을 도출하는 방식이 제시되어 있다.
③ 제시문에 따르면 퍼셉트론을 층으로 배치하여 복잡한 판단을 내릴 수 있다.

04
정답 ④

제시문을 통해 한국도로공사뿐만 아니라 지방자치단체가 건설하고 관리하는 일반 유료도로도 있음을 알 수 있다.

05

정답 ④

네 번째 문단에서 경쟁 정책의 문제점에 대해 이야기하고 있으나, 구체적인 수치를 언급하고 있지는 않다. 오히려 경쟁으로 인해 소비자가 피해를 보는 구체적인 사례를 통해 경쟁 정책의 문제점을 제시하고 있다.

06

정답 ①

'휴리스틱'의 개념 설명을 시작으로 휴리스틱을 이용하는 방법인 '이용가능성 휴리스틱'에 대한 설명과 휴리스틱의 문제점인 '바이어스(Bias)'의 개념을 연이어서 설명하며 '휴리스틱'에 대한 정보의 폭을 넓혀가며 설명하고 있다.

07

정답 ④

제시문은 1920년대 영화의 소리에 대한 부정적인 견해가 있었음을 이야기하며 화두를 꺼내고 있다. 이후 현대에는 소리와 영상을 분리해서 생각할 수 없음을 이야기하고 영화에서의 소리가 어떤 역할을 하는지에 대해 설명하면서 현대 영화에서의 소리의 의의에 대해 서술하고 있다. 따라서 (라) 1920년대 영화의 소리에 대한 부정적인 견해 – (가) 현대 영화에서 분리해서 생각할 수 없는 소리와 영상 – (다) 영화 속 소리의 역할 – (나) 현대 영화에서의 소리의 의의 순으로 나열하는 것이 가장 적절하다.

08

정답 ③

제시문에서는 마그네틱 카드의 개발 및 원리에 대해 소개하고, 그 원리를 바탕으로 자석 접촉 시 데이터가 손상되는 단점과 이를 보완한 것이 IC카드라고 설명하고 있다. 따라서 (나)에서 IC카드는 데이터 손상의 방지 및 여러 기능의 추가가 가능하고, (가)・(다)에서 메모리 및 프로세서 기능이 추가되었음을 설명하고 있으므로 (나) – (가) – (다) 순으로 나열하는 것이 가장 적절하다.

09

정답 ④

종전 적금의 중도해지에 따른 불이익, 잔여 복무기간 등을 종합적으로 고려하여 판단할 필요는 있으나 효율적이지 않다고 단언할 수는 없다.

오답분석

① 병사들의 가입 편의, 신원확인의 신뢰성 제고 등을 위해 가입자격 확인서는 통일된 양식을 활용한다.
② 향후 적금상품 운용 경과, 병사급여 인상 추이 등을 감안하여 월적립한도 상향 등을 단계적으로 협의해 나갈 계획이다.
③ 적금상품 출시 시기에 맞춰 은행연합회 팝업창, 참여은행 홈페이지 연계 등을 통해 적극 홍보할 계획이다.

10

정답 ②

웨스트팔리아체제라 부르는 주권국가 중심의 현 국제정치질서에서는 주권존중, 내정 불간섭 원칙이 엄격히 지켜진다. 그러나 인권보호질서는 아직 형성과정에 있으며 주권국가 중심의 현 국제정치질서와 충돌하고 있다. 따라서 인권보호질서가 내정 불간섭 원칙의 엄격한 준수를 요구한다는 것은 글의 내용으로 적절하지 않다.

11

정답 ③

금융부실관련자 책임추궁에 따르면 금융회사 부실의 부분적인 원인을 제공한 경우에도 조사 대상이 된다.

오답분석

① 금융부실관련자에 대한 예금보험공사의 책임추궁은 예금자보호법에 근거하므로 옳은 설명이다.
② 예금보험공사는 검찰과 협조하여 금융부실책임조사본부를 발족하여 부실채무기업에 대해 조사를 수행하고 있으므로 옳은 설명이다.
④ 예금보험공사는 2013년에 부실채무기업의 증가에 전담부서인 조사2국을 신설하여 대응하였으므로 옳은 설명이다.

12

정답 ②

수요 탄력성이 완전 비탄력적인 상품은 가격이 내리면 지출액이 감소하며, 수요 탄력성이 완전 탄력적인 상품은 가격이 내리면 지출액이 많이 늘어난다고 설명하고 있다. 따라서 소비자의 지출액을 줄이려면 수요 탄력성이 낮은 생필품의 가격은 낮추고, 수요 탄력성이 높은 사치품은 가격을 높여야 한다고 추론할 수 있다.

13

정답 ④

최소비용입지론에서는 운송비가 최소가 되는 지점이 최적 입지가 되는데, 운송비는 일반적으로 이동 거리가 짧을수록 적게 든다. 또한 최대수요입지론에서는 소비자의 이동 거리를 최소화할 수 있는 지점에 입지를 선정한다. 따라서 두 입지론 모두 최적의 입지 선택을 위해서는 거리에 따른 경제적 효과를 중시하고 있음을 알 수 있다.

14

정답 ③

- 농도 5%인 설탕물 600g에 들어있는 설탕의 양 : $\frac{5}{100} \times 600 = 30$g
- 10분 동안 가열한 후 남은 설탕물의 양 : $600 - (10 \times 10) = 500$g
- 가열 후 남은 설탕물의 농도 : $\frac{30}{500} \times 100 = 6\%$

여기에 더 넣은 설탕물 200g의 농도를 $x\%$라 하면, 다음과 같은 식이 성립한다.

$$\frac{6}{100} \times 500 + \frac{x}{100} \times 200 = \frac{10}{100} \times 700 \rightarrow 2x + 30 = 70$$
$$\therefore x = 20$$

따라서 더 넣은 설탕물 200g의 농도는 20%이다.

15

정답 ①

- A가 21분 동안 움직인 걸음 수 : $\frac{21 \times 60}{9} \times 8 = 140 \times 8 = 1,120$걸음
- B가 21분 동안 움직인 걸음 수 : $\frac{21 \times 60}{9} \times 6 = 140 \times 6 = 840$걸음

두 사람이 만나기 위해서 이동할 수 있는 경로 중 최단 경로는 두 사람이 있는 곳을 직선으로 연결한 경로이고, 각각 동쪽과 북쪽으로 이동했으므로 피타고라스 정리에 의해 두 사람이 걸어야 할 걸음 수는 다음과 같다.

$$\sqrt{(140 \times 8)^2 + (140 \times 6)^2} = 140\sqrt{8^2 + 6^2} = 140\sqrt{100} = 140 \times 10 = 1,400$$걸음

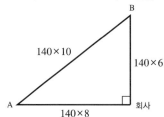

두 사람은 이전과 같은 속력으로 같은 시간 동안 움직여 만난다고 하였으므로 두 사람이 만날 때까지 걸리는 시간을 x초라고 하면
$x \times (8 + 6) \div 9 = 140 \times 10 \rightarrow x \times 14 \div 9 = 140 \times 10$
$\therefore x = (140 \times 10) \div (14 \div 9) = 900$
A가 이동한 거리를 물었으므로 A의 걸음 수는 $900 \times 8 \div 9 = 800$걸음이다.
따라서 A가 이동한 거리는 $800 \times 60 = 48,000$cm, 즉 480m이다.

16

정답 ④

물의 중량을 xg이라고 하면 다음과 같은 식이 성립한다.

$$\frac{120}{120+x}\times100=24 \rightarrow x+120=\frac{120}{24}\times100$$

$$\therefore \ x=500-120=380$$

따라서 24%의 식염수가 되려면 120g의 식염을 380g의 물에 넣어야 한다.

17

정답 ②

A, B, C, D의 투자액의 비율을 $a:b:c:d$라고 하자.

$$\frac{b+c}{a+b+c+d}\times3=1 \rightarrow 2(b+c)=a+d \rightarrow 2b+2c=a+d \ \cdots ㉠$$

$$\frac{a+2c}{a+b+c+d}\times3=\frac{28}{9} \ \cdots ㉡$$

$$2c=a \ \cdots ㉢$$

㉠과 ㉢을 연립하면 $d=2b \ \cdots ㉣$

㉢과 ㉣을 ㉡에 대입하면 $\dfrac{4c}{2c+b+c+2b}\times3=\dfrac{28}{9} \rightarrow \dfrac{4c}{b+c}=\dfrac{28}{9} \rightarrow 2c=7b$

네 명의 투자자들의 투자액 비율을 b로 나타내면

$$a=2\times\frac{7}{2}b, \ b, \ c=\frac{7}{2}b, \ d=2b \rightarrow a:b:c:d=14:2:7:4$$

따라서 B가 받을 하반기 배당금은 $\dfrac{2}{14+2+7+4}\times2.7=\dfrac{2}{27}\times2.7=0.2$억 원이다.

18

정답 ③

엘리베이터 적재 용량이 305kg이고, A사원이 타기 전 60kg의 B사원이 80kg의 사무용품을 싣고 타 있는 상태이기 때문에 남은 적재 용량은 305−140=165kg이다. A사원의 몸무게가 50kg이므로 165−50=115kg의 A4용지를 실을 수 있고, A4용지 한 박스는 10kg이므로 115÷10=11.5이다. 따라서 11박스의 A4용지를 가지고 엘리베이터에 탈 수 있다.

19

정답 ①

제시된 조건을 정리하면 다음과 같다.

구분	남성	여성	합계
운전 가능	36	24	60
운전 불가능	4	36	40
합계	40	60	100

여성으로만 이루어진 팀의 수를 최소화하려면 남성과 여성으로 이루어진 팀의 수는 최대가 되어야 한다.
먼저, 운전을 할 수 없는 남성 사원과 운전을 할 수 있는 여성 사원을 짝지어주면 운전을 할 수 있는 여성은 20명이 남게 된다.
운전을 할 수 있는 남성 사원과 운전을 할 수 없는 여성 사원은 둘 다 36명으로 36개의 남성 – 여성 팀을 편성할 수 있다.
따라서 여성 – 여성으로 이루어진 팀은 최소 10팀이다.

20

작년 매출액을 x만 원, 올해 매출액을 y만 원이라고 하자.

$1.2x = y$ … ㉠

$y - 0.5x = 14,000$ … ㉡

㉠, ㉡을 연립하면

$1.2x - 0.5x = 14,000 \rightarrow 0.7x = 14,000$

$\therefore x = 20,000$

따라서 올해 매출액은 $1.2x = 1.2 \times 20,000 = $ 2억 4천만 원이다.

21

A, B, C, D항목의 점수를 각각 a, b, c, d점이라고 하자.

각 가중치에 따른 점수는 다음과 같다.

$a + b + c + d = 82.5 \times 4 = 330$ … ㉠

$2a + 3b + 2c + 3d = 83 \times 10 = 830$ … ㉡

$2a + 2b + 3c + 3d = 83.5 \times 10 = 835$ … ㉢

㉠과 ㉡을 연립하면

$a + c = 160$ … ⓐ

$b + d = 170$ … ⓑ

㉠과 ㉢을 연립하면

$c + d = 175$ … ⓒ

$a + b = 155$ … ⓓ

각 항목의 만점은 100점이므로 ⓐ와 ⓓ를 통해 최저점이 55점이나 60점인 것을 알 수 있다. 만약 A항목이나 B항목의 점수가 55점이라면 ⓐ와 ⓑ에 의해 최고점이 100점 이상이 되므로 최저점은 60점인 것을 알 수 있다.

따라서 $a = 60$, $c = 100$이므로 최고점과 최저점의 차는 $100 - 60 = 40$점이다.

22

D는 현재 4,100만 원을 받을 수 있지만 10년을 더 근무하면 8,300만 원을 받을 수 있다.

오답분석

① 월별 연금 지급액 100개월 치를 더하면 5,000만 원이지만 일시불 연금 지급액은 4,150만 원으로 더 낮다.

② A의 일시불 연금 지급액은 4,150만 원이고, D는 4,100만 원이다.

③ C의 월별 연금 지급액은 84만 원이지만 B는 80만 원이다. 하지만 초과 규정 때문에 C도 80만 원을 받는다.

23

2016 ~ 2023년 동안 전년 대비 가계대출이 가장 많이 증가한 해는 $583.6 - 530.0 = 53.6$조 원인 2021년이다.

(단위 : 조 원)

구분	2016년	2017년	2018년	2019년
가계대출 증가액	$427.1 - 403.5 = 23.6$	$437.5 - 427.1 = 10.4$	$450 - 437.5 = 12.5$	$486.4 - 450 = 36.4$
구분	2020년	2021년	2022년	2023년
가계대출 증가액	$530 - 486.4 = 43.6$	$583.6 - 530 = 53.6$	$621.8 - 583.6 = 38.2$	$640.6 - 621.8 = 18.8$

오답분석

① 2017 ~ 2022년 전년 대비 주택담보대출 증가액이 부동산담보대출 증가액보다 높지 않은 연도는 2017년, 2018년, 2022년이다.

③ 부동산담보대출이 세 번째로 많은 연도는 2021년이며, 이때의 주택담보대출은 가계대출의 $\frac{421.5}{583.6} \times 100 ≒ 72.2\%$이다.

④ 2021년 대비 2023년 주택담보대출 증가율은 $\frac{455.0-421.5}{421.5} \times 100 \fallingdotseq 7.9\%$이고, 기업대출 증가율은 $\frac{584.3-539.4}{539.4} \times 100 \fallingdotseq$ 8.3%이므로 기업대출 증가율이 더 높다.

24

정답 ③

서울의 수박 가격은 5월 16일에 감소했다가 5월 19일부터 다시 증가하고 있으며, 수박 가격 증가의 원인이 높은 기온 때문인지는 주어진 조건만으로는 알 수 없다.

25

정답 ④

4인 가족의 경우 경차는 54,350원, 중형차는 94,680원, 고속버스는 82,080원, KTX는 120,260원으로 중형차는 두 번째로 비용이 많이 든다.

오답분석

① 4인 가족이 중형차를 이용할 경우, $74,600+25,100 \times 0.8 = 94,680$원의 비용이 든다.

② 4인 가족의 경우 KTX를 이용할 때, $(114,600+57,200) \times 0.7 = 120,260$원으로 가장 비용이 많이 든다.

③ 4인 가족이 중형차를 이용할 경우 94,680원의 비용이 들며, 고속버스의 경우는 $(68,400+34,200) \times 0.8 = 82,080$원의 비용이 든다.

26

정답 ④

신입사원들이 만난 외부 인사 세 사람에 대한 정보를 정리해 보면 다음과 같다.

혜민	김지후	최준수	이진서
민준	최지후	최준수	이진서
서현	이지후	김준수	최진서

혜민과 민준은 외부 인사인 준수와 진서의 성을 동일하게 기억하고 있으므로 최준수 또는 이진서 둘 중 하나는 반드시 옳은 것이 된다. 만약 이진서가 맞다면, 서현이 바르게 기억하고 있는 사람의 이름은 김준수가 된다(이지후는 성이 이진서와 겹치므로 모순이 됨). 그렇다면 남은 성인 '최'는 지후의 성이 된다. 하지만 이럴 경우 민준이 이진서와 최지후 두 사람의 성명을 바르게 기억한 셈이 되므로 단 한 명씩의 성명만을 올바르게 기억하고 있다는 조건에 위배된다. 따라서 혜민과 민준이 바르게 기억한 외부 인사의 성명은 최준수가 되고, 그 결과 서현이 기억한 이지후가 맞게 되며 진서의 성은 '이'가 될 수 없기에 김진서가 된다.

27

정답 ③

B는 시나몬 가루가 들어간 커피인 카푸치노를 시키지 않았다고 했는데, 점원은 B가 카푸치노를 주문했다고 하였으므로 둘 중 한 명은 거짓을 말하고 있다. 만약 점원이 거짓을 말하고 있다고 하면 나머지 사람들은 참을 말하고 있으므로 A는 아메리카노, D는 캐러멜마키아토, B는 카페라테를 주문한 것이 된다. 그러면 카푸치노만 남게 되는데 C는 두 가지 재료만 들어간 커피, 즉 아메리카노 또는 카페라테를 주문했다고 하였으므로 모순이 된다.

따라서 거짓을 말하고 있는 사람은 B이고, A는 아메리카노, B는 카푸치노, C는 카페라테, D는 캐러멜마키아토를 주문하였으므로, 카페라테를 시킨 사람은 C이다.

28

정답 ④

'용돈을 합리적으로 쓴다.'를 A, '이자가 생긴다.'를 B, '저축을 한다.'를 C, '소비를 줄인다.'를 D로 기호화하면 첫 번째 명제는 $\sim C \rightarrow \sim B$, 세 번째 명제는 $\sim D \rightarrow C$, 네 번째 명제는 $\sim D \rightarrow \sim A$이므로 네 번째 명제가 도출되기 위해서는 $\sim B \rightarrow \sim A$가 필요하다. 따라서 대우인 ④가 답이 된다.

29

정답 ②

2개의 불고기 버거 중 1개는 A가 먹었고, 나머지 1개는 C와 D 중 1명이 먹었으므로 B는 불고기 버거를 먹을 수 없다. 또한 B는 치킨 버거를 먹지 않았으므로 반드시 1개 이상의 버거를 먹는다는 조건에 따라 B는 새우 버거를 먹었을 것이다.

30

정답 ②

C가 불고기 버거를 먹었다면 C는 새우 버거와 불고기 버거를 먹은 것이 된다. 29번 해설을 참고하면 B가 새우 버거를 먹었으므로 D는 남은 치킨 버거만 먹을 수 있다. 이때, 한 사람이 같은 종류의 버거 2개를 먹을 수 없으므로 D는 치킨 버거만 먹게 되고, 남은 치킨 버거 1개는 A가 먹게 된다. 따라서 A는 불고기 버거와 치킨 버거, B는 새우 버거, C는 새우 버거와 불고기 버거, D는 치킨 버거를 먹었다.

31

정답 ④

두 번째 · 네 번째 조건을 이용하면 막걸리 → 소주 → 맥주 → 고량주 순으로 마셨음을 알 수 있다.
따라서 양주를 *이라 하면 *막소맥고, 막*소맥고, 막소*맥고, 막소맥*고, 막소맥고*의 경우가 있고, 맥주 다음에 양주를 마실 가능성이 있으므로, 반드시 고량주를 이어서 마셨다고는 할 수 없다.

[오답분석]
② 양주 또는 막걸리가 항상 맨 앞에 위치한다.

32

정답 ④

지원자 4의 진술이 거짓이면 지원자 5의 진술도 거짓이고, 지원자 4의 진술이 참이면 지원자 5의 진술도 참이다. 즉, 1명의 진술만 거짓이므로 지원자 4, 5의 진술은 참이다. 그러면 지원자 1과 지원자 2의 진술이 모순이다.
ⅰ) 지원자 1의 진술이 참인 경우
지원자 2는 A부서에 선발되었고, 지원자 3은 B 또는 C부서에 선발되었다. 이때, 지원자 3의 진술에 따라 지원자 4가 B부서, 지원자 3이 C부서에 선발되었다.
∴ A부서 : 지원자 2, B부서 : 지원자 4, C부서 : 지원자 3, D부서 : 지원자 5
ⅱ) 지원자 2의 진술이 참인 경우
지원자 3은 A부서에 선발되었고, 지원자 2는 B 또는 C부서에 선발되었다. 이때, 지원자 3의 진술에 따라 지원자 4가 B부서, 지원자 2가 C부서에 선발되었다.
∴ A부서 : 지원자 3, B부서 : 지원자 4, C부서 : 지원자 2, D부서 : 지원자 5
따라서 지원자 4는 항상 B부서에 선발된다.

33

정답 ④

주어진 조건에 따라 앞서 달리고 있는 순서대로 나열하면 'A − D − C − E − B'가 된다. 따라서 이 순위대로 결승점까지 달린다면 C는 3등을 할 것이다.

34

정답 ③

1행과 2행에 빈자리가 한 곳씩 있고 a자동차는 대각선을 제외하고 주변에 주차된 차가 없다고 하였으므로 a자동차는 1열이나 3열에 주차되어 있다. b자동차와 c자동차는 바로 옆에 주차되어 있다고 하였으므로 같은 행에 주차되어 있다. 또한 1행과 2행에 빈자리가 한 곳씩 있다고 하였으므로 b자동차와 c자동차가 주차된 행에는 a자동차와 d자동차가 주차되어 있을 수 없다. 따라서 a자동차와 d자동차는 같은 행에 주차되어 있다. 이를 정리하면 다음과 같다.

• 경우 1

a		d
	b	c

• 경우 2

a		d
	c	b

• 경우 3

d		a
b	c	

• 경우 4

d		a
c	b	

따라서 a자동차가 항상 2열에 주차되어 있다는 것은 거짓이다.

[오답분석]

① 경우 1, 4에서는 b자동차의 앞 주차공간이 비어있지만, 경우 2, 3에서는 b자동차의 앞 주차공간에 d자동차가 주차되어 있으므로 항상 거짓은 아니다.

② 경우 1, 4에서는 c자동차의 옆 주차공간에 빈자리가 없지만, 경우 2, 3에서는 c자동차의 옆 주차공간에 빈자리가 있으므로 항상 거짓은 아니다.

④ 경우 1, 2, 3, 4에서 모두 a자동차와 d자동차는 1행에 주차되어 있으므로 항상 참이다.

35
정답 ④

먼저 첫 번째 조건과 두 번째 조건에 따라 6명의 신입 사원을 부서별로 1명, 2명, 3명으로 나누어 배치한다. 이때, 세 번째 조건에 따라 기획부에 3명, 구매부에 1명이 배치되므로 인사부에는 2명의 신입 사원이 배치된다. 또한 1명이 배치되는 구매부에는 마지막 조건에 따라 여자 신입 사원이 배치될 수 없으므로 반드시 1명의 남자 신입 사원이 배치된다. 남은 5명의 신입 사원을 기획부와 인사부에 배치하는 방법은 다음과 같다.

구분	기획부(3명)	인사부(2명)	구매부(1명)
경우 1	남자 1명, 여자 2명	남자 2명	남자 1명
경우 2	남자 2명, 여자 1명	남자 1명, 여자 1명	

경우 1에서는 인사부에 남자 신입 사원만 배치되므로 '인사부에는 반드시 여자 신입 사원이 배치된다.'는 옳지 않다.

36
정답 ①

오전 심층면접은 9시 10분에 시작하므로 12시까지 170분의 시간이 있다. 1명당 15분씩 면접을 볼 때, 가능한 면접 인원은 $170 \div 15$ ≒ 11명이다. 오후 심층면접은 1시부터 바로 진행할 수 있으므로 종료시간까지 240분의 시간이 있다. 1명당 15분씩 면접을 볼 때 가능한 인원은 $240 \div 15 = 16$명이다. 즉, 심층면접을 할 수 있는 최대 인원수는 $11 + 16 = 27$명이다.

27번째 면접자의 기본면접이 끝나기까지 걸리는 시간은 $10 \times 27 + 60$(점심・휴식 시간)=330분이다. 따라서 마지막 심층면접자의 기본면접 종료 시각은 오전 9시+330분=오후 2시 30분이다.

37
정답 ②

1단계 조사는 그 조사 실시일을 기준으로 3년마다 실시해야 하므로 을단지 주변지역은 2023년 3월 1일에 실시해야 한다.

[오답분석]

① 2단계 조사는 1단계 조사 판정일 이후 1개월 내에 실시해야 하므로 2022년 12월 31일 전에 실시해야 한다.

③ 환경부장관이 2단계 조사를 실시해야 한다.

④ 병단지 주변지역은 정상지역으로 판정이 났으므로 2단계 조사를 실시할 필요가 없다.

38

정답 ③

(가)	(나)
펀드(Fund)를 우리말로 바꾸면 '모금한 기금'을 뜻하지만 경제 용어로는 '경제적 이익을 보기 위해 불특정 다수인으로부터 모금하여 운영하는 투자 기금'을 가리키는 말로 사용합니다. 펀드는 주로 주식이나 채권에 많이 투자를 하는데, 개인이 주식이나 채권에 투자하기 위해서는 어떤 회사의 채권을 사야 하는지, 언제 사야 하는지, 언제 팔아야 하는지, 어떻게 계약을 하고 세금을 얼마나 내야 하는지, 알아야 할 게 너무 많아 복잡합니다.	펀드(Fund)를 우리말로 바꾸면 '모금한 자금'을 뜻하지만 경제 용어로는 '경제적 이익을 보기 위해 불특정 다수인으로부터 모금하여 운영하는 투자 기금'을 가리키는 말로 사용합니다. 펀드는 주로 주식이나 채권에 많이 투자를 하는데, 개인이 주식이나 채권에 투자하기 위해서는 어떤 회사의 채권을 사야 하는지, 언제 사야 하는지, 언제 팔아야 하는지, 어떻게 계약을 하고 세금을 얼마나 내야 하는지, 알아야 될 게 너무 많아 복잡합니다.

39

정답 ③

갉	갋	꺍	깔	꾀	꺾	겂	긁	꿁	꺍	캹	겸
겷	갋	걇	겱	갉	갋	갋	갋	햜	갉	갉	갉
갉	갋	꼄	꺍	끌	꼴	글	걸	갉	걇	걇	갈
걀	칼	걇	걇	걕	겔	걇	갋	꺾	걇	겷	꿀

40

정답 ④

kEt	koT	ket	keT	keI	KeI	KET	KeT	keT	keI	keT	Ket
kOT	keT	kel	ket	KET	Kei	keT	koT	KeT	kET	ksT	koT
KeT	kEt	keT	KeI	keI	ket	EeT	kET	keT	kOT	Ket	koI
ket	keI	kET	keT	Ket	kET	kel	ket	KET	kei	keP	KET

41

정답 ④

阿	珀	茶	自	呪	主	珍	拍	球	棧	兜	多
眼	碼	戊	但	迫	迫	是	尸	舶	拍	朴	搏
拍	泊	押	相	吐	森	牧	放	杏	搏	瑛	抵
捨	恃	身	挑	拍	珏	汗	胛	疸	柯	合	引

42

정답 ②

6q6	8p8	6q8	696	868	969	696	686	8q6	898	8p8	868
8p6	898	8P8	686	8q6	6p6	6P8	6q8	6P6	6p8	8P8	8p6
696	686	6p8	8p8	898	8P8	6q6	696	8p6	969	6p6	6q6
969	6p6	6P8	696	6p6	6p8	8p6	8q6	868	6q8	696	686

43

정답 ④

가도	**가나**	가고	가라	가주	가치	가마	가호	가정	가세	가리	가수
가이	가용	가진	가누	**가루**	가추	가하	가준	가무	가서	가로	가인
가시	가창	가회	가니	가우	가양	가신	가오	가노	가산	가포	가조
가다	가부	가타	가요	가중	가미	가소	가두	가뇨	가연	**가지**	가빈

44

정답 ②

춌	춞	칣	춢	춨	칬	춨	**춞**	축	칤	춞	츅
칥	츙	췙	춲	칬	칡	춲	췙	츙	칬	칣	춞
츅	칣	츅	춌	칤	**췡**	칣	칡	춞	춨	춲	칤
춲	춨	칬	춢	츙	춨	췙	츙	춌	칤	춨	**춢**

45

정답 ③

$\dfrac{d^2 f(x)}{dx^2} = f^{(2)}(x)$

46

정답 ④

금감원은 최근 우크라이나 사태와 글로벌 통화정책 정상화 등으로 대내외 경제의 불확실성이 더욱 커지면서 현재 은행의 손실흡수능력이 충분하다고 안심할 수는 없는 상황이라고 설명했다. 금감원 관계자는 "은행이 대내외 경제 충격에도 건전성을 유지하면서 본연의 기능을 충실히 수행할 수 있도록 손실흡수능력 확충을 지속적으로 유도할 예정"이라며 "이를 위해 은행이 전례없는 팬데믹 상황 이후 잠재돼 있는 신용위험을 충실히 평가하고 이를 바탕으로 충분한 대손충당금을 적립하도록 지도해나갈 방침"이라고 밝혔다.

47

정답 ③

최근 데이터센터 하드웨어 시장은 장비 구매에서 구독 중심으로 넘어가는 첫 능선을 넘고 있다. 실물 IT자산을 회사 데이터센터에 유지하면서도 실제 사용한 양만큼만 비용을 지불하는 이른바 구독형 IT서비스다. 서비스형 하드웨어는 이제 모든 데이터센터 장비 제조사에서 제공된다. 대규모로 하드웨어를 한 번에 공급해 매출을 올리던 서버, 스토리지 등의 하드웨어 제조사는 서비스 업체로 변신을 꾀하고 있다.

48

정답 ①

순서대로 상품번호를 정리하면 다음과 같다.
- 2018년 8월 10일에 생산하였고, 2019년 5월 17일에 구매하였으므로 → 1819
- 인도에서 2020년 7월 2일 선적하여 수입하였으므로 → IN0702
- 인도네시아로 2021년 1월 5일에 선적하여 수출하기로 계약했으므로 → ID0105
- 해당상품은 성인 신발이므로 → AAD
- 수출 시에는 해당 보험에 대한 언급이 없으므로 해상보험을 가입하지 않았다고 가정 → −0
따라서 해당 상품의 상품번호는 '1819IN0702ID0105AAD−0'이다.

49

순서대로 상품번호를 정리하면 다음과 같다.

- 생산연도 – 구매·수입연도 : 2019년 출시하였다고 했으므로 2019년을 생산연도로 보는 것이 가장 적절하며, A씨는 2차 수입 상품을 구매하였으므로 수입연도는 2020년으로 보는 것이 적절하다. → 1920
- 수입국 – 수입 선적월일 : 중국으로부터 수입하였고, 선적일은 수입일 다음 날이라 했으므로 2020년 1월 21일이다. → CN0121
- 수출국 – 수출 선적월일 : 국내 판매이다. → KR0000
- 상품종류 및 상품사이즈 : 키즈용 모자이다. → AKD
- 해상보험유무 : 국내 판매이므로 해당사항이 없다. → –0

따라서 상품번호는 '1920CN0121KR0000AKD–0'이다.

50

2020년 수입한 상품 중 2018년 이후에 생산한 것을 표시하면 다음과 같다.

1920KR0000TW0425OKD–1	2020CN1020KR0000ATD–0	1820KR0000IN0918AKD–1
2020KR0000PH1212DKD–1	2020ID0801CN0921PBB–1	1919KR0000MN0301DKD–1
1719JP0102KR0000TKD–0	1720K0000CN0518OTD–0	1920IN1101KR0000PKD–0
1919KR0000JP0125PAD–1	2020TW1215JP1228AKD–1	1820KR0000IN0425TAD–0
1819CN0314JP0821AAD–0	1920KR0000PH1111ABB–1	1819IN1014KKR0000TBB–0

이 중 외투와 기타 악세사리를 제외한 의류라고 했으므로 외투류와 액세서리를 지우면 다음과 같다.

1920KR0000TW0425OKD–1	2020CN1020KR0000ATD–0	1820KR0000IN0918AKD–1
2020KR0000PH1212DKD–1	2020ID0801CN0921PBB–1	1919KR0000MN0301DKD–1
1719JP0102KR0000TKD–0	1720K0000CN0518OTD–0	1920IN1101KR0000PKD–0
1919KR0000JP0125PAD–1	2020TW1215JP1228AKD–1	1820KR0000IN0425TAD–0
1819CN0314JP0821AAD–0	1920KR0000PH1111ABB–1	1819IN1014KKR0000TBB–0

또 키즈 이상 사이즈의 상품이라 했으므로 베이비와 토들러 상품을 지우면 다음과 같다.

1920KR0000TW0425OKD–1	2020CN1020KR0000ATD–0	1820KR0000IN0918AKD–1
2020KR0000PH1212DKD–1	2020ID0801CN0921PBB–1	1919KR0000MN0301DKD–1
1719JP0102KR0000TKD–0	1720K0000CN0518OTD–0	1920IN1101KR0000PKD–0
1919KR0000JP0125PAD–1	2020TW1215JP1228AKD–1	1820KR0000IN0425TAD–0
1819CN0314JP0821AAD–0	1920KR0000PH1111ABB–1	1819IN1014KKR0000TBB–0

따라서 B사원이 대답할 내용으로 적절한 것은 ②이다.

전국수협 인적성검사 OMR 답안카드

교시장	

성 명	

수 험 번 호

0	0	0	0	0	0	0
1	1	1	1	1	1	1
2	2	2	2	2	2	2
3	3	3	3	3	3	3
4	4	4	4	4	4	4
5	5	5	5	5	5	5
6	6	6	6	6	6	6
7	7	7	7	7	7	7
8	8	8	8	8	8	8
9	9	9	9	9	9	9

감독위원 확인

(인)

인적성검사

문번	1	2	3	4	문번	1	2	3	4	문번	1	2	3	4
01	①	②	③	④	21	①	②	③	④	41	①	②	③	④
02	①	②	③	④	22	①	②	③	④	42	①	②	③	④
03	①	②	③	④	23	①	②	③	④	43	①	②	③	④
04	①	②	③	④	24	①	②	③	④	44	①	②	③	④
05	①	②	③	④	25	①	②	③	④	45	①	②	③	④
06	①	②	③	④	26	①	②	③	④	46	①	②	③	④
07	①	②	③	④	27	①	②	③	④	47	①	②	③	④
08	①	②	③	④	28	①	②	③	④	48	①	②	③	④
09	①	②	③	④	29	①	②	③	④	49	①	②	③	④
10	①	②	③	④	30	①	②	③	④	50				
11	①	②	③	④	31	①	②	③	④					
12	①	②	③	④	32	①	②	③	④					
13	①	②	③	④	33	①	②	③	④					
14	①	②	③	④	34	①	②	③	④					
15	①	②	③	④	35	①	②	③	④					
16	①	②	③	④	36	①	②	③	④					
17	①	②	③	④	37	①	②	③	④					
18	①	②	③	④	38	①	②	③	④					
19	①	②	③	④	39	①	②	③	④					
20	①	②	③	④	40	①	②	③	④					

※ 본 답안카드는 마킹연습용 모의 답안카드입니다.

※ 절취선을 따라 분리하여 실제 시험과 같이 사용하면 더욱 효과적입니다.

전국수험 인적성검사 OMR 답안카드

인적성검사

문번	1	2	3	4		문번	1	2	3	4		문번	1	2	3	4
01	①	②	③	④		21	①	②	③	④		41	①	②	③	④
02	①	②	③	④		22	①	②	③	④		42	①	②	③	④
03	①	②	③	④		23	①	②	③	④		43	①	②	③	④
04	①	②	③	④		24	①	②	③	④		44	①	②	③	④
05	①	②	③	④		25	①	②	③	④		45	①	②	③	④
06	①	②	③	④		26	①	②	③	④		46	①	②	③	④
07	①	②	③	④		27	①	②	③	④		47	①	②	③	④
08	①	②	③	④		28	①	②	③	④		48	①	②	③	④
09	①	②	③	④		29	①	②	③	④		49	①	②	③	④
10	①	②	③	④		30	①	②	③	④		50	①	②	③	④
11	①	②	③	④		31	①	②	③	④						
12	①	②	③	④		32	①	②	③	④						
13	①	②	③	④		33	①	②	③	④						
14	①	②	③	④		34	①	②	③	④						
15	①	②	③	④		35	①	②	③	④						
16	①	②	③	④		36	①	②	③	④						
17	①	②	③	④		37	①	②	③	④						
18	①	②	③	④		38	①	②	③	④						
19	①	②	③	④		39	①	②	③	④						
20	①	②	③	④		40	①	②	③	④						

※ 본 답안카드는 마킹연습용 답안카드 이며 실제 답안카드와 다를 수 있습니다.

고사장

성 명

수 험 번 호

⓪	①	②	③	④	⑤	⑥	⑦	⑧	⑨
⓪	①	②	③	④	⑤	⑥	⑦	⑧	⑨
⓪	①	②	③	④	⑤	⑥	⑦	⑧	⑨
⓪	①	②	③	④	⑤	⑥	⑦	⑧	⑨
⓪	①	②	③	④	⑤	⑥	⑦	⑧	⑨
⓪	①	②	③	④	⑤	⑥	⑦	⑧	⑨
⓪	①	②	③	④	⑤	⑥	⑦	⑧	⑨

감독위원 확인

인

전국수협 인적성검사 OMR 답안카드

인적성검사

문번	1	2	3	4	문번	1	2	3	4	문번	1	2	3	4
01	①	②	③	④	21	①	②	③	④	41	①	②	③	④
02	①	②	③	④	22	①	②	③	④	42	①	②	③	④
03	①	②	③	④	23	①	②	③	④	43	①	②	③	④
04	①	②	③	④	24	①	②	③	④	44	①	②	③	④
05	①	②	③	④	25	①	②	③	④	45	①	②	③	④
06	①	②	③	④	26	①	②	③	④	46	①	②	③	④
07	①	②	③	④	27	①	②	③	④	47	①	②	③	④
08	①	②	③	④	28	①	②	③	④	48	①	②	③	④
09	①	②	③	④	29	①	②	③	④	49	①	②	③	④
10	①	②	③	④	30	①	②	③	④	50	①	②	③	④
11	①	②	③	④	31	①	②	③	④					
12	①	②	③	④	32	①	②	③	④					
13	①	②	③	④	33	①	②	③	④					
14	①	②	③	④	34	①	②	③	④					
15	①	②	③	④	35	①	②	③	④					
16	①	②	③	④	36	①	②	③	④					
17	①	②	③	④	37	①	②	③	④					
18	①	②	③	④	38	①	②	③	④					
19	①	②	③	④	39	①	②	③	④					
20	①	②	③	④	40	①	②	③	④					

※ 본 답안카드는 마킹연습용 모의 답안카드입니다.

※ 절취선에 따라 분리하여 실제 시험과 같이 사용하면 더욱 효과적입니다.

전국수험 인적성검사 OMR 답안카드

인적성검사

문번	1	2	3	4	문번	1	2	3	4	문번	1	2	3	4
01	①	②	③	④	21	①	②	③	④	41	①	②	③	④
02	①	②	③	④	22	①	②	③	④	42	①	②	③	④
03	①	②	③	④	23	①	②	③	④	43	①	②	③	④
04	①	②	③	④	24	①	②	③	④	44	①	②	③	④
05	①	②	③	④	25	①	②	③	④	45	①	②	③	④
06	①	②	③	④	26	①	②	③	④	46	①	②	③	④
07	①	②	③	④	27	①	②	③	④	47	①	②	③	④
08	①	②	③	④	28	①	②	③	④	48	①	②	③	④
09	①	②	③	④	29	①	②	③	④	49	①	②	③	④
10	①	②	③	④	30	①	②	③	④	50	①	②	③	④
11	①	②	③	④	31	①	②	③	④					
12	①	②	③	④	32	①	②	③	④					
13	①	②	③	④	33	①	②	③	④					
14	①	②	③	④	34	①	②	③	④					
15	①	②	③	④	35	①	②	③	④					
16	①	②	③	④	36	①	②	③	④					
17	①	②	③	④	37	①	②	③	④					
18	①	②	③	④	38	①	②	③	④					
19	①	②	③	④	39	①	②	③	④					
20	①	②	③	④	40	①	②	③	④					

※ 본 답안카드는 마킹연습용 답안카드입니다.

교시장

성 명

수험번호

⑩	①	②	③	④	⑤	⑥	⑦	⑧	⑨
⑩	①	②	③	④	⑤	⑥	⑦	⑧	⑨
⑩	①	②	③	④	⑤	⑥	⑦	⑧	⑨
⑩	①	②	③	④	⑤	⑥	⑦	⑧	⑨
⑩	①	②	③	④	⑤	⑥	⑦	⑧	⑨
⑩	①	②	③	④	⑤	⑥	⑦	⑧	⑨
⑩	①	②	③	④	⑤	⑥	⑦	⑧	⑨

감독위원 확인

인

2024 최신판 SD에듀 전국수협 인적성검사
최신기출유형 + 모의고사 5회 + 무료NCS특강

개정3판1쇄 발행	2024년 04월 15일 (인쇄 2024년 04월 02일)
초 판 발 행	2021년 05월 25일 (인쇄 2021년 05월 11일)
발 행 인	박영일
책 임 편 집	이해욱
편 저	SDC(Sidae Data Center)
편 집 진 행	안희선 · 윤지원
표지디자인	박서희
편집디자인	최미란 · 장성복
발 행 처	(주)시대고시기획
출 판 등 록	제10-1521호
주 소	서울시 마포구 큰우물로 75 [도화동 538 성지 B/D] 9F
전 화	1600-3600
팩 스	02-701-8823
홈 페 이 지	www.sdedu.co.kr
I S B N	979-11-383-6900-8 (13320)
정 가	23,000원

전국수협

정답 및 해설

금융권 필기시험 "기본서" 시리즈

최신 기출유형을 반영한 NCS와 직무상식을 한 권에! 합격을 위한
Only Way!

금융권 필기시험 "봉투모의고사" 시리즈

실제 시험과 동일하게 구성된 모의고사로 마무리! 합격으로 가는
Last Spurt!

SD에듀가 합격을 준비하는 당신에게 제안합니다.

성공의 기회! SD에듀를 잡으십시오.
성공의 Next Step!

결심하셨다면 지금 당장 실행하십시오.
SD에듀와 함께라면 문제없습니다.

기회란 포착되어 활용되기 전에는
기회인지조차 알 수 없는 것이다.

– 마크 트웨인 –